English | Chinese | Japanese

KOREAN Picture Dictionary

Written by : **Kang Hyoun-hwa** Yonsei University

Translated by : **Peter Schroepfer** English **Piao Wenzi** Chinese **Ogoshi Naoki** Japanese

 **DARAKWON**

Introduction

처음 이 책을 만들겠다고 생각하게 된 것은 우연히 대형 서점의 외국 서적 코너에서 영어판 그림 사전을 접한 후부터이다. 깔끔하게 만들어진 영어판 그림 사전을 보면서 왜 한국어판 그림 사전은 아직 나오지 않았을까 하는 생각이 들었다. 그러나 막상 그림 사전을 만들기로 마음을 먹기 시작하면서부터 곧 그 이유를 알 수 있었다. 우선 상대적으로 적은 수요를 가진 한국어 학습 시장에서 많은 정성과 경비가 소요되는 그림 사전을 만드는 작업은 만만치 않았다. 또한 외국의 것과 차별화되는 우리의 독특한 생활환경 설정이나 그에 따른 어휘 선정 작업도 쉽지 않았다. 그러나 일을 진행하면서 많은 외국인 학습자들이나 외국어 전공자들이 한국어 학습을 위한 그림 사전의 필요성에 대해 조언해 주었고 그런 호응 덕분에 한동안 접어 두었던 이 책의 작업을 마무리 지을 수 있는 용기를 가지게 되었다.

외국어로서의 한국어 학습 목적은 학습자에 따라 다양할 수 있으며, 그 목적에 따라 목표로 하는 습득 어휘의 수나 질이 달라질 수 있다. 관광, 단기 연수의 경우 일상생활에 꼭 필요한 기초어휘 몇 백 개 정도만 필요하며, 유학생, 주재원 등의 장기 체류자의 경우는 훨씬 더 많은 수의 어휘 습득이 요구된다고 하겠다. 그러나 기존의 한국어 교재는 교육기관에서의 교육을 전제로 한 급별(단계별) 언어 학습에 주안점을 두고 편찬되어 이런 다양한 요구를 반영할 수 없었다. 또한 사전을 참고하려 해도 일반 국어사전은 단어 수도 많고 한국어로 기술되어 있어서 한국어를 전혀 모르는 외국인이 접할 수 없는 문제점이 있었다. 따라서 생활에 필요한 기초어휘를 쉽게 알 수 있는 주제별 그림 사전이 반드시 필요함을 절감하게 되었다.

이 책은 이해가 쉬운 그림을 이용한 사전이므로 정규적 언어 학습 없이도 한국에서 단기 체류하는 외국인이나 한국 입국을 준비하는 외국인을 위한 생활 안내 사전으로 활용될 수 있다. 또한 정규 수업과정에서의 주제별 어휘 보충 학습 자료로 활용될 수 있으며, 국내 거주 외국인(단기 체류자, 외국인 노동자, 주재원)들에게도 실제 한국 생활을 위한 기초 생활 어휘 사전의 역할을 하게 될 것이다.

이 책은 약 13 section의 주제로 이루어져 있고 각 section마다 4~5개의 하위 주제로 구성되어 있다. 각각의 주제에서는 단기 체류자가 가장 많이 접하는 환경(주거, 교통, 쇼핑, 음식점, 은행 등)에서 주로 쓰이는 기초어휘를 주제별로 선정하고 실생활에서 사용되는 필수어휘를 다루고 있다. 장면별로 제시되는 구체적인 삽화 제시는 한국어나 한국 문화에 대한 사전 이해가 없는 사람도 쉽게 접근 가능하다. 아울러 이 사전은 해당 지역의 한국어 전문가들이 대역한 영어, 중국어, 일본어의 3개 언어를 제공하고 있다는 것이 장점이다.

끝으로 어려운 제작 환경에도 불구하고 흔쾌히 출판을 허락해 주신 다락원의 사장님과 실무진께 진심으로 감사드리며 훌륭한 대역을 제공해 주신 서반석 선생님(영어), 오고시 나오키 선생님(일본어), 박문자 선생님(중국어)에게도 감사를 드린다. 끝으로 본 사전이 나오기까지 함께 고생한 도우미 김유미에게도 감사의 뜻을 전한다.

강현화

I first had the idea of this book after seeing an English picture dictionary in the foreign publications section in one of Seoul's large bookstores. It was well made, and I wondered why Korean picture dictionary has not been produced. Soon, I realized why. The demand for Korean language learning materials is still relatively small, and producing a picture dictionary would require a lot of effort and expense. Also, the work of creating uniquely Korean environments with the drawings and selecting the appropriate vocabulary for inclusion was not going to be easy. But in the course of putting the book together there were many foreign learners of Korean and teachers of foreign languages who told me of the need for one. For a time I had set the work aside, but, thanks to their support, I had the courage to finish.

Different people will have different goals in studying Korean as a foreign language, and so the number and character of the words each student needs can vary. Someone needing Korean as a tourist or for a short period of professional training in a Korean context will need only a few hundred basic words, while long-term residents such as foreign students or people stationed in Korea will need to learn a far larger vocabulary. So far, however, Korean language learning materials have been developed for mostly for step-by-step, formal classroom education in language institutes, and so have been unable to meet such diverse demands. Furthermore, most regular Korean dictionaries include a lot of words, and the definitions are in Korean, making it problematic for foreigners who speak no Korean at all to use them. Subsequently I came to be keenly aware of the absolute necessity of a picture dictionary of basic vocabulary needed in daily life and organized by theme.

This book uses pictures to promote easy understanding, and can be used as a daily vocabulary guide for foreigners preparing to come to Korea or who are here for a short time, even if they do not take formal language classes. It can be used in regular courses as well, to supplement the learning of vocabulary specific to different areas, and it will serve as a dictionary of basic practical vocabulary for foreigners (shot-term residents, migrant workers, and persons relocated for professional reasons) actually living in Korea.

This book is organized into approximately thirteen subject areas, each of which has four or five subsections. Vocabulary was chosen for each subject for being words that short-term residents frequently come into contact with. The focus was actual use in everyday life, and what has been included is essential daily vocabulary. The illustrations in each scene are easy for persons with no prior knowledge of Korean or Korean culture to understand. Another advantage of this dictionary is that it has English, Chinese, and Japanese definitions as well, translated by Korean language experts from the areas those languages are spoken.

Finally I would like to extent my heartfelt thanks to the president of Darakwon and the staff there, for agreeing to publish this despite a difficult publishing environment. I also thank Peter Schroepfer, Ogoshi Naoki, and Piao Wenzi for their fine translations, in English, Japanese, and Chinese, respectively. Thanks finally to assistant Kim Yu-mi, who suffered with me until the very end.

Kang Hyoun-hwa

How to Use This Book

This book was designed for easy use by new foreign learners of Korean. It covers a total of approximately 3,800 words chosen from the 50,000 vocabulary words found on the National Academy of the Korean Language's (NAKL) list of most frequently used words in Korean and the Yonsei Korean Dictionary, as well as from textbooks used in teaching Korean as a foreign language at the university level. 2,400 words are accompanied by individual drawings in the main section of the book and an additional 1,400 are listed in the appendix. Each word is followed by its equivalent in English, Chinese, and Japanese.

Thirteen categories cover a diverse range of vocabulary from everyday life, in subjects from home to school and from nature to the galaxy.

> **Each category in the main section is divided into Pictures & Vocabulary, More Vocabulary, and Phrases & Expressions.**

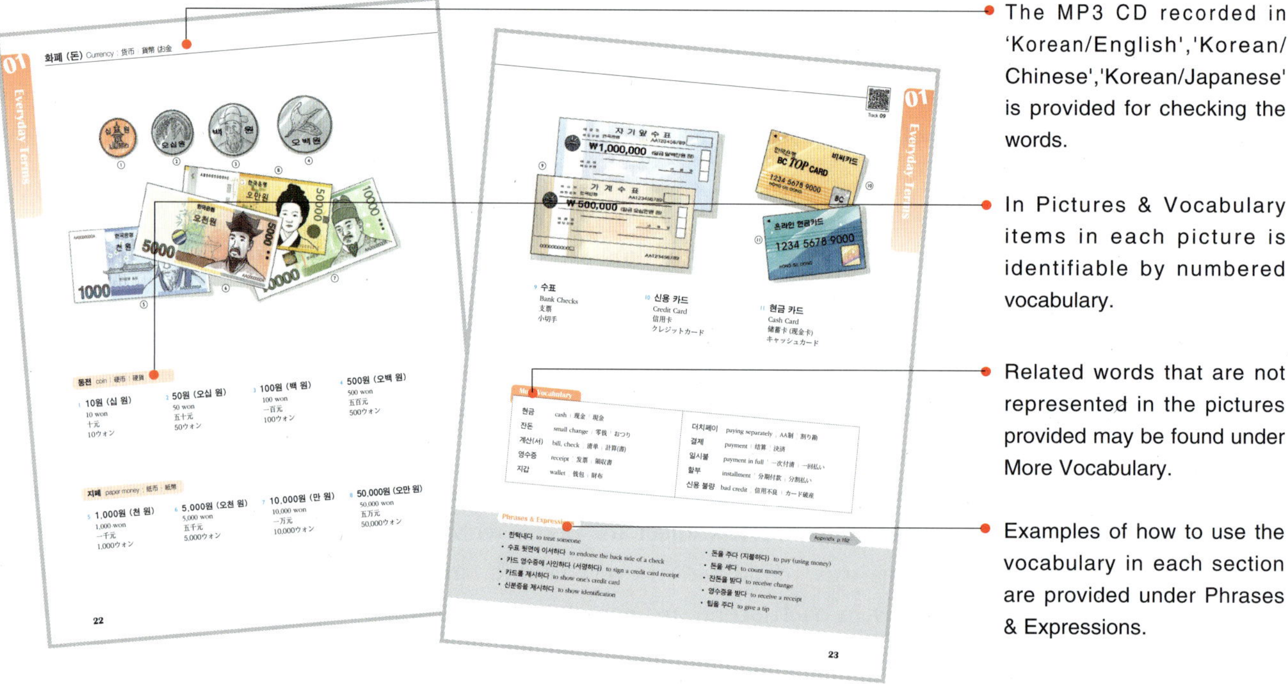

The MP3 CD recorded in 'Korean/English','Korean/ Chinese','Korean/Japanese' is provided for checking the words.

In Pictures & Vocabulary items in each picture is identifiable by numbered vocabulary.

Related words that are not represented in the pictures provided may be found under More Vocabulary.

Examples of how to use the vocabulary in each section are provided under Phrases & Expressions.

> **Appendix: In the Appendix you will find "Verbs & Adjectives," "Practical Vocabulary," and "Phrases & Expressions." The overwhelming number of words included in the book's main section are nouns. Frequently used verbs and adjectives are provided in Verbs & Adjectives. In Practical Vocabulary you will find basic words not included in the main section. Phrases & Expressions covers the Chinese and Japanese not included in each category of the main section for reasons of space.**

> **Index: All vocabulary provided in the book's main section are listed in English, Chinese, and Japanese for ease of use.**

Contents

KOREAN
Picture
Dictionary

1 해 (년) year 年 年	**5 주말** weekend 周末 週末	**9 일요일** Sunday 星期日 日曜日	**13 목요일** Thursday 星期四 木曜日
2 달 (월) month 月 月	**6 주중** during the week 本周内 週の半ば	**10 월요일** Monday 星期一 月曜日	**14 금요일** Friday 星期五 金曜日
3 주 week 星期(周) 週	**7 평일** weekday 平日 平日	**11 화요일** Tuesday 星期二 火曜日	**15 토요일** Saturday 星期六 土曜日
4 일 day 日 日	**8 요일** days of the week 星期(周) 曜日	**12 수요일** Wednesday 星期三 水曜日	

계절 seasons │ 季节 │ 季節

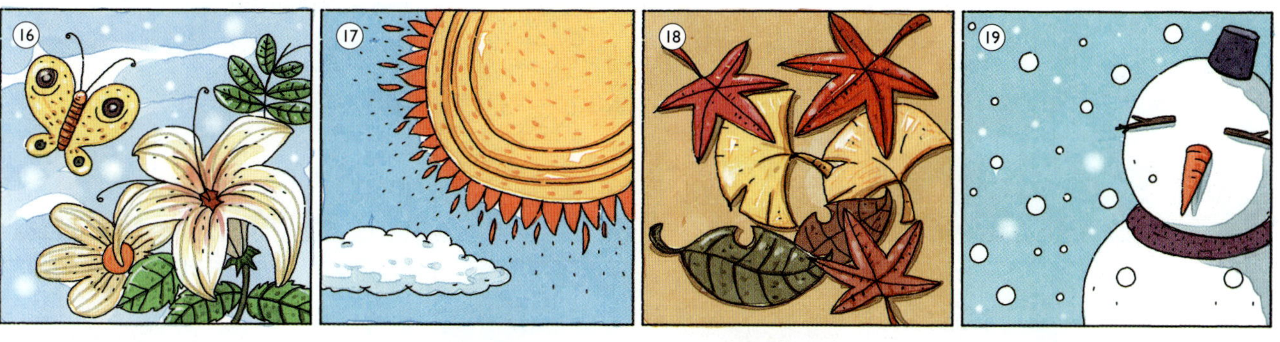

16 **봄** spring │ 春天 │ 春   17 **여름** summer │ 夏天 │ 夏   18 **가을** fall │ 秋天 │ 秋   19 **겨울** winter │ 冬天 │ 冬

월 months │ 月 │ 月

20 **1월** January 一月 1月	24 **5월** May 五月 5月	28 **9월** September 九月 9月
21 **2월** February 二月 2月	25 **6월** June 六月 6月	29 **10월** October 十月 10月
22 **3월** March 三月 3月	26 **7월** July 七月 7月	30 **11월** November 十一月 11月
23 **4월** April 四月 4月	27 **8월** August 八月 8月	31 **12월** December 十二月 12月

More Vocabulary

그제 (그저께)	the day before yesterday	前天 │ おととい	
어제	yesterday	昨天 │ 昨日	
오늘	today	今天 │ 今日	
내일	tomorrow	明天 │ 明日	
모레	the day after tomorrow	后天 │ あさって	
글피	two days after tomorrow	大后天 │ しあさって	

지난주	last week │ 上星期 │ 先週
이번 주 (금주)	this week │ 这星期 │ 今週
다음 주 (내주)	next week │ 下星期 │ 来週
지난달	last month │ 上个月 │ 先月
이번 달	this month │ 这个月 │ 今月
다음 달	next month │ 下个月 │ 来月

Track **02**

 ①
 ②
 ③
 ④
 ⑤
 ⑥
 ⑦
 ⑧
 ⑨
 ⑩
 ⑪
 ⑫

1 해 (태양)
sun
太阳
太陽

2 구름
cloud
云彩
雲

3 안개
fog, mist
雾
霧

4 비
rain
雨
雨

5 홍수
flood
洪水
洪水

6 폭풍
storm
暴风
嵐

7 번개
lightening
闪电
稲妻

8 눈
snow
雪
雪

9 고드름
icicle
冰柱
つらら

10 맑다
to be clear
晴天
晴れている

11 흐리다
to be cloudy
阴天
曇っている

12 덥다
to be hot
酷热
暑い

Track **03**

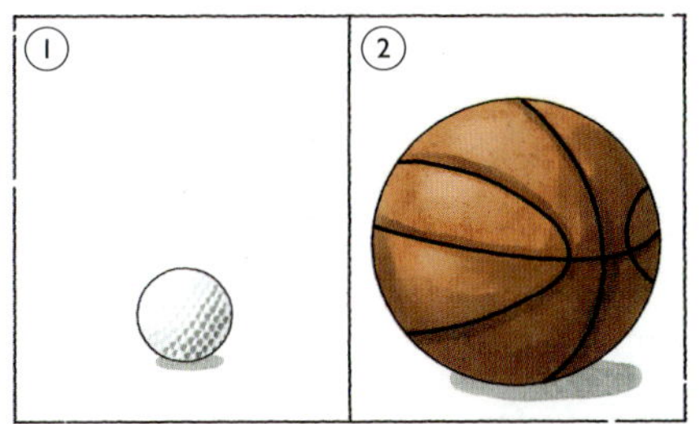

1 작다
to be small
小
小さい

2 크다
to be large
大
大きい

3 빠르다
to be fast
快
早い

4 느리다
to be slow
慢
遅い

5 딱딱하다
to be hard
硬
固い

6 부드럽다
to be soft
软
柔らかい

7 두껍다
to be thick
厚
厚い

8 얇다
to be thin
薄
薄い

9 가득하다
to be full
満
いっぱいだ

10 비다
to be empty
空
空く

11 무겁다
to be heavy
重
重い

12 가볍다
to be light
轻
軽い

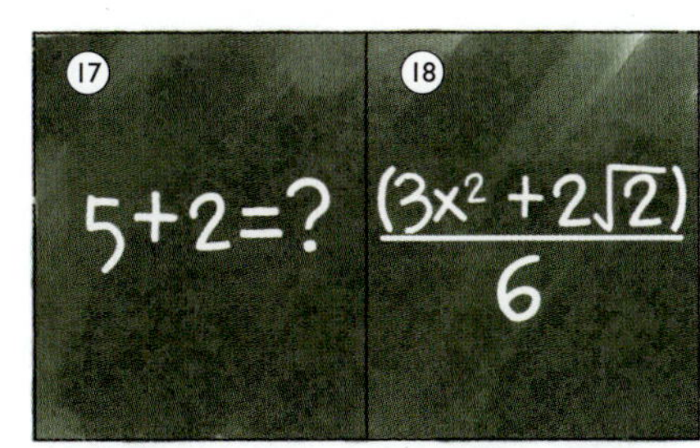

13 착하다
to be good
善良
良い

14 나쁘다
to be bad
邪恶
悪い

15 비싸다
to be expensive
昂贵
高い

16 싸다
to be inexpensive
低廉的
安い

17 쉽다
to be easy
容易
易しい

18 어렵다
to be difficult
难
難しい

색깔 Colors ┊ 颜色 ┊ カラー

Track **04**

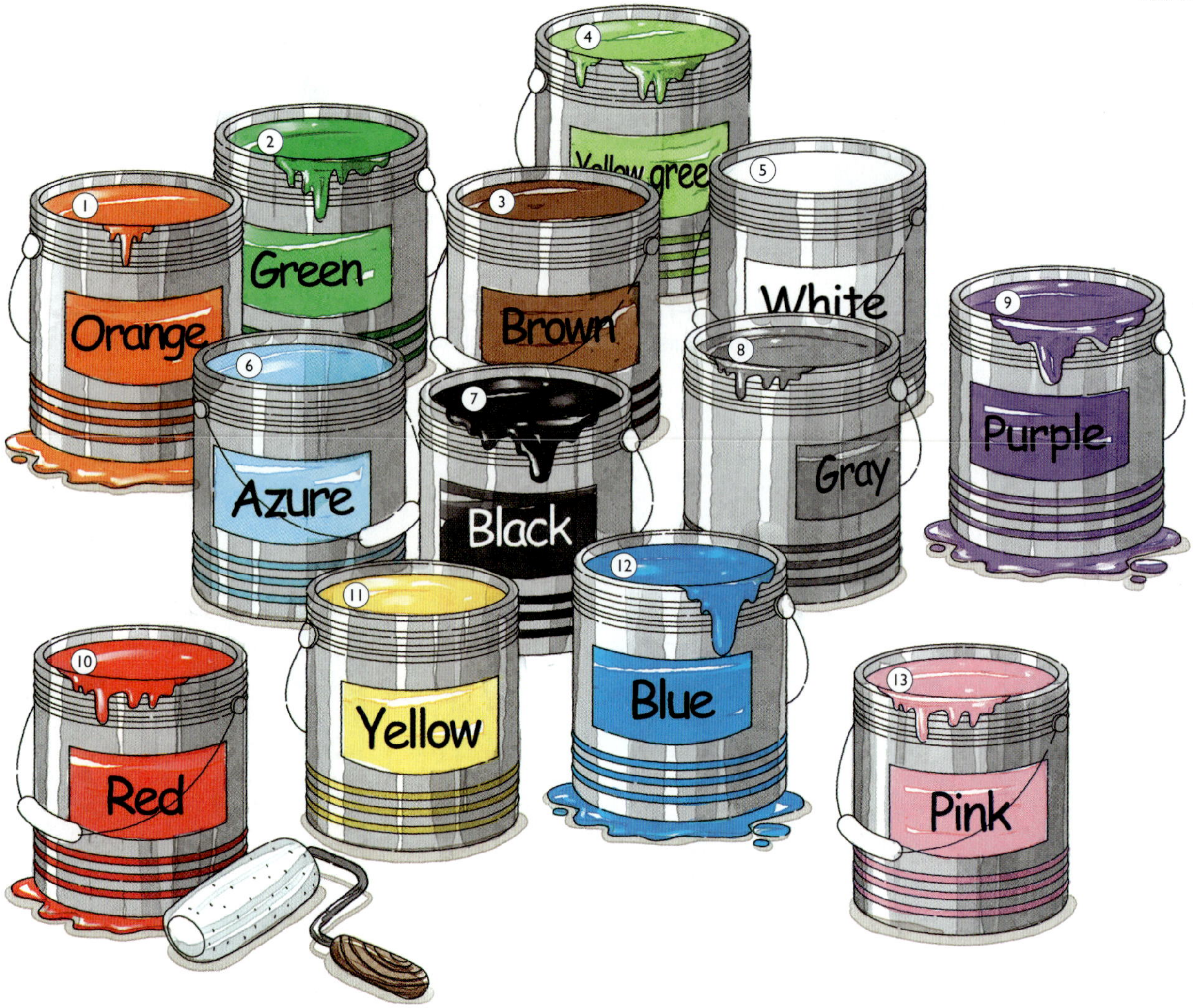

1 **주황색**
orange
朱黄色
オレンジ色

2 **초록색**
green
绿色
緑色

3 **갈색**
brown
棕色（褐色）
茶色

4 **연두색**
yellow green
淡绿色
黄緑

5 **흰색 (하얀색)**
white
白色
白

6 **하늘색**
azure
天蓝色
水色

7 **검은색**
black
黑色
黒

8 **회색**
gray
灰色
灰色

9 **보라색**
purple
紫色
紫色

10 **빨간색**
red
红色
赤

11 **노란색**
yellow
黄色
黄色

12 **파란색**
blue
蓝色
青

13 **분홍색**
pink
粉红色
ピンク

Track **05**

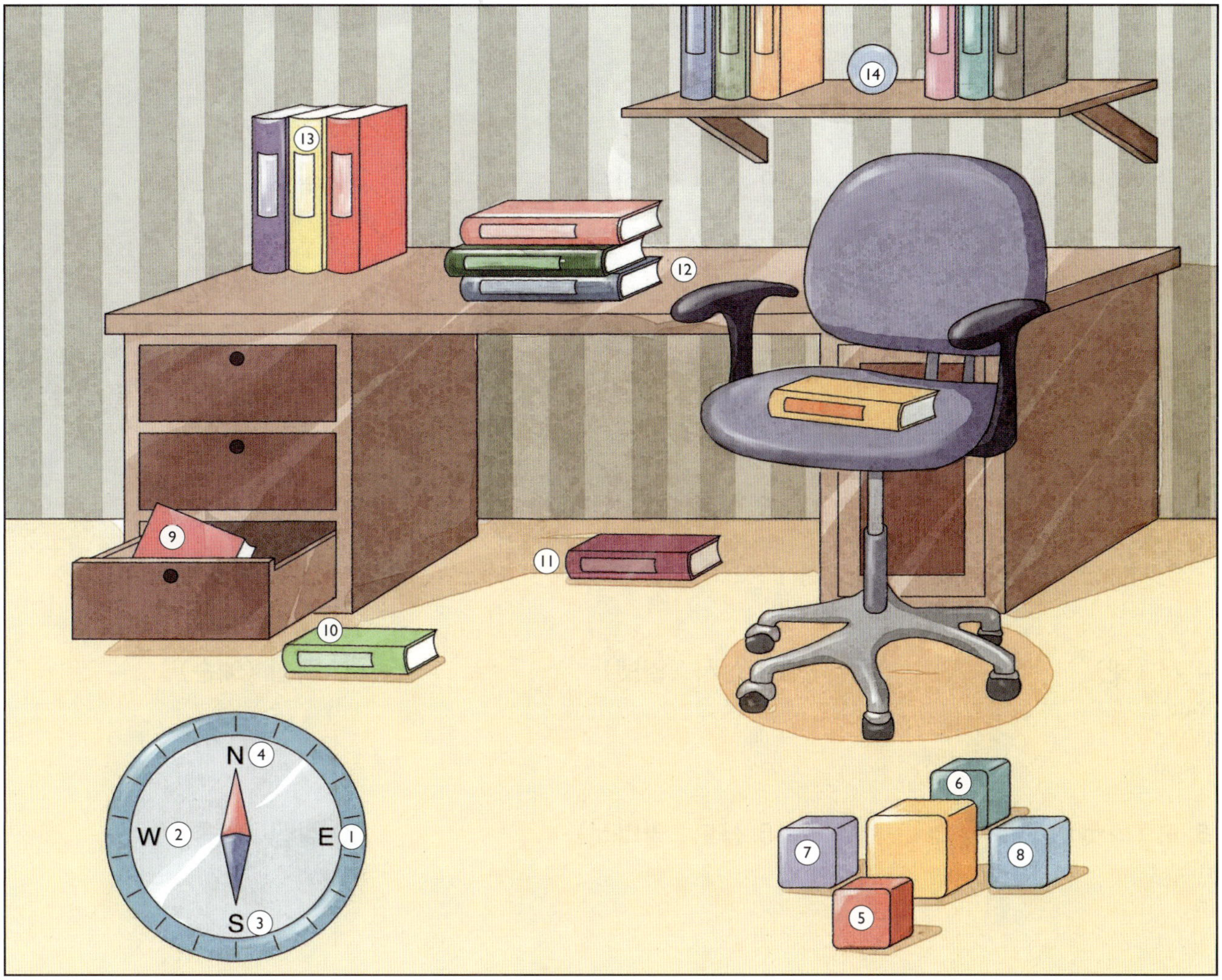

1 동 east 东 東	**4 북** north 北 北	**7 왼쪽** left 左 左
2 서 west 西 西	**5 앞** front 前 前	**8 오른쪽** right 右 右
3 남 south 南 南	**6 뒤** rear 后 後ろ	**9 안** inside 里 中

10 밖 outside 外 外	**13 가운데** middle 中间 真ん中
11 아래 (밑) below 下 下	**14 사이** between 之间 間
12 위 above 上 上	

More Vocabulary

옆	next to	旁边	横	
양쪽	both sides	两边	両側	

안쪽	the inside	里边	内側
바깥쪽	the outside	外边	外側

0 영 (공)
zero
零
0

1 일 (하나)
one
一
一 (一つ)

2 이 (둘)
two
二
二 (二つ)

3 삼 (셋)
three
三
三 (三つ)

4 사 (넷)
four
四
四 (四つ)

5 오 (다섯)
five
五
五 (五つ)

6 육 (여섯)
six
六
六 (六つ)

7 칠 (일곱)
seven
七
七 (七つ)

8 팔 (여덟)
eight
八
八 (八つ)

9 구 (아홉)
nine
九
九 (九つ)

10 십 (열)
ten
十
十 (とお)

11 십일 (열하나)
eleven
十一
十一

12 십이 (열둘)
twelve
十二
十二

13 십삼 (열셋)
thirteen
十三
十三

14 십사 (열넷)
fourteen
十四
十四

15 십오 (열다섯)
fifteen
十五
十五

16 십육 (열여섯)
sixteen
十六
十六

17 십칠 (열일곱)
seventeen
十七
十七

18 십팔 (열여덟)
eighteen
十八
十八

19 십구 (열아홉)
nineteen
十九
十九

20 이십 (스물)
twenty
二十
二十

30 삼십 (서른)
thirty
三十
三十

40 사십 (마흔)
forty
四十
四十

50 오십 (쉰)
fifty
五十
五十

60 육십 (예순)
sixty
六十
六十

70 칠십 (일흔)
seventy
七十
七十

80 팔십 (여든)
eighty
八十
八十

90 구십 (아흔)
ninety
九十
九十

100 백
one hundred
一百
百

1,000 천
one thousand
一千
千

10,000 만
ten thousand
一万
一万

100,000 십만
one hundred thousand
十万
十万

1,000,000 백만
one million
一百万
百万

1,000,000,000 십억
one billion
十亿
十億

첫째
first (1st)
第一
1番目

둘째
second (2nd)
第二
2番目

셋째
third (3rd)
第三
3番目

넷째
fourth (4th)
第四
4番目

다섯째
fifth (5th)
第五
5番目

여섯째
sixth (6th)
第六
6番目

일곱째
seventh (7th)
第七
7番目

여덟째
eighth (8th)
第八
8番目

아홉째
ninth (9th)
第九
9番目

열 번째
tenth (10th)
第十
10番目

스무 번째
twentieth (20th)
第二十
20番目

밥 한 그릇
a bowl of rice
一碗米饭
ご飯1杯

맥주 한 병
a bottle of beer
一瓶啤酒
ビール1本

콜라 한 캔
a can of coke
一听可乐
コーラ1缶

사과 한 상자(박스)
a box of apples
一箱苹果
りんご1箱

밀가루 한 봉지
a bag of flour
一袋面粉
小麦粉1袋

달걀 한 판(30개)
a box of eggs (30 eggs)
一板鸡蛋(30个)
卵1パック(30個入り)

우유 한 팩
a carton of milk
一袋牛奶
牛乳1パック

빵 한 조각
a piece of bread
一块面包
パン一切れ

떡 한 접시
a plate of tteok
一碟年糕
餅一皿

휴지 한 두루마리
a roll of tissue paper
一卷卫生纸
トイレットペーパー1ロール

치약 한 통
a tube of toothpaste
一支牙膏
歯磨き粉1つ

기름 한 숟가락
a spoon of oil
一勺油
油1さじ

분수 fractions │ 分数 │ 分数

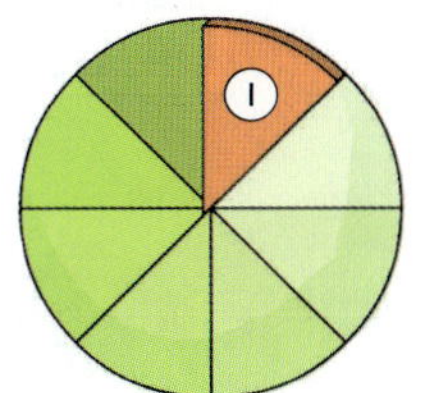
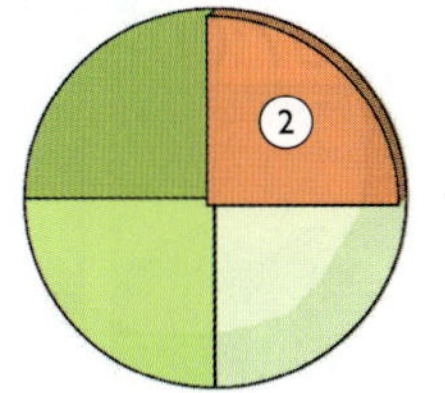
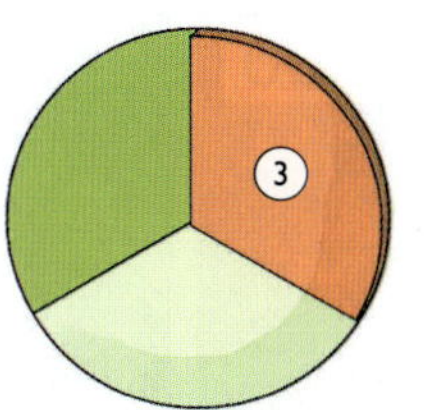
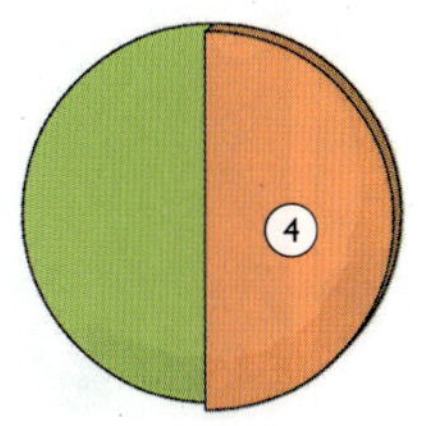
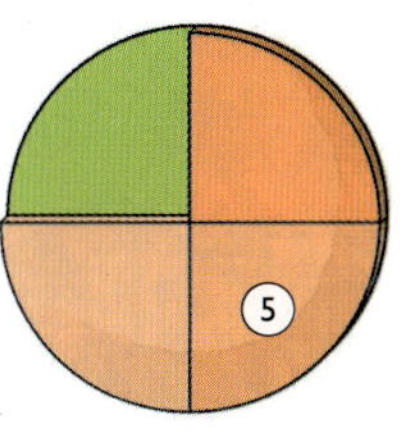

1 1/8 (8분의 1)	**2** 1/4 (4분의 1)	**3** 1/3 (3분의 1)	**4** 1/2 (2분의 1)	**5** 3/4 (4분의 3)
one eighth	one fourth	one third	one half	three fourths
八分之一	四分之一	三分之一	二分之一	四分之三
8分の1	4分の1	3分の1	2分の1	4分の3

퍼센트 percent │ 百分比 │ パーセント

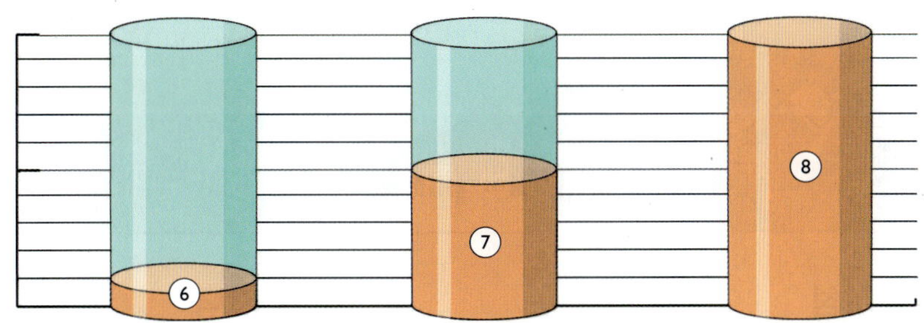

6 10% (10퍼센트)	**7** 50% (50퍼센트)	**8** 100% (100퍼센트)
ten percent	fifty percent	one hundred percent
百分之十	百分之五十	百分之百
10パーセント	50パーセント	100パーセント

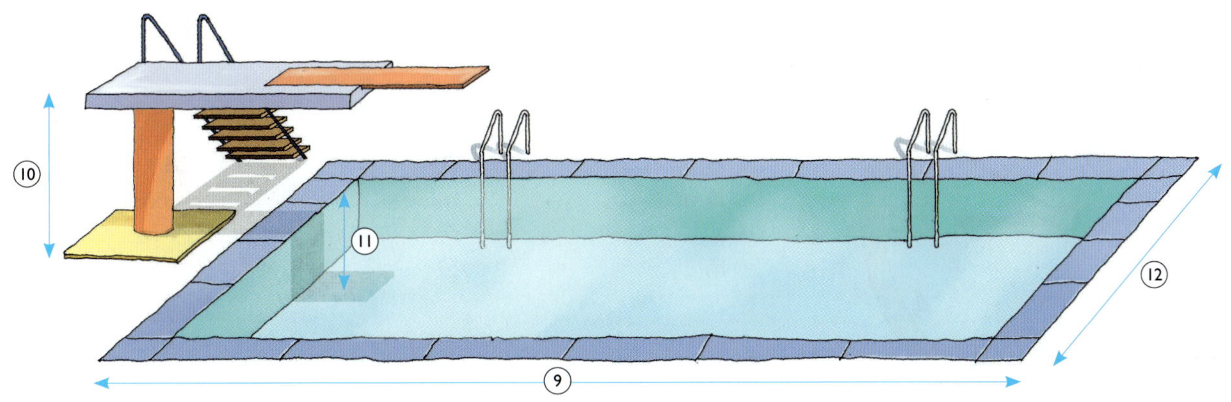

9 길이	**10** 높이	**11** 깊이	**12** 넓이
length	height	depth	width
長度	高度	深度	寬度
長さ	高さ	深さ	幅

1 정오
noon
中午
正午

2 자정
midnight
午夜
夜中の12時

3 오전
morning
上午
午前

4 오후
afternoon
下午
午後

5 새벽
dawn
凌晨
明け方

6 아침
morning
早晨
朝

7 낮
day
白天
昼

8 저녁
evening
晚上
夕方

9 밤
night
夜
夜

10 시
hour
点
時

11 분
minute
分
分

12 초
second
秒
秒

Track **08**

1시 (한 시)
one o'clock
一点
1時

2시 5분 (두 시 오 분)
five past two
两点五分
2時5分

3시 10분 (세 시 십 분)
ten past three
三点十分
3時10分

4시 15분 (네 시 십오 분)
fifteen past four
四点十五分
4時15分

5시 20분 (다섯 시 이십 분)
twenty past five
五点二十分
5時20分

More Vocabulary

02:20 a.m. (새벽 두 시 이십 분)	two twenty in the morning	凌晨两点二十分	明け方の2時20分
07:10 a.m. (오전 일곱 시 십 분)	seven ten in the morning	上午七点十分	午前7時10分
01:50 p.m. (오후 한 시 오십 분 / 두 시 십 분 전)	one fifty p.m./ten to two	下午一点五十分	午後1時 50分/午後2時10分前
08:30 p.m. (오후 여덟 시 삼십 분 / 여덟 시 반)	eight thirty p.m.	下午八点半	午後8時 30分/午後8時半
6시 25분 (여섯 시 이십오 분)	twenty five past six	六点二十五分	6時25分
7시 30분 (일곱 시 삼십 분)	seven thirty	七点三十分	7時 30分
8시 35분 (여덟 시 삼십오 분)	thirty five past eight	八点三十五分	8時 35分
9시 40분 (아홉 시 사십 분)	forty past nine	九点四十分	9時40分
10시 45분 (열 시 사십오 분)	forty five past ten	十点四十五分	10時45分
11시 50분 (열한 시 오십 분)	fifty past eleven	十一点五十分	11時50分
12시 55분 (열두 시 오십오 분)	fifty five past twelve	十二点五十五分	12時55分

①
②
③
④
⑤
⑥
⑦
⑧

동전 coin | 硬币 | 硬貨

1	**10원 （십 원）**	2	**50원 （오십 원）**	3	**100원 （백 원）**	4	**500원 （오백 원）**
	10 won 十元 10ウォン		50 won 五十元 50ウォン		100 won 一百元 100ウォン		500 won 五百元 500ウォン

지폐 paper money | 纸币 | 紙幣

5	**1,000원 （천 원）**	6	**5,000원 （오천 원）**	7	**10,000원 （만 원）**	8	**50,000원 （오만 원）**
	1,000 won 一千元 1,000ウォン		5,000 won 五千元 5,000ウォン		10,000 won 一万元 10,000ウォン		50,000 won 五万元 50,000ウォン

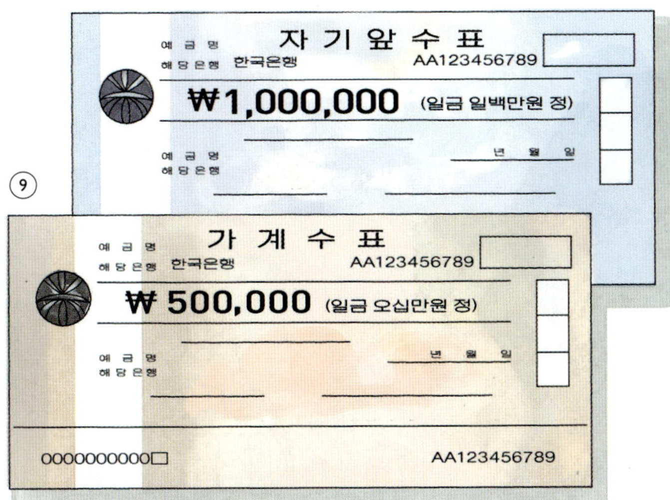

9 **수표**
Bank Checks
支票
小切手

10 **신용 카드**
Credit Card
信用卡
クレジットカード

11 **현금 카드**
Cash Card
储蓄卡 (现金卡)
キャッシュカード

현금	cash	現金	現金
잔돈	small change	零钱	おつり
계산(서)	bill, check	清单	計算(書)
영수증	receipt	发票	領収書
지갑	wallet	钱包	財布

더치페이	paying separately	AA制	割り勘
결제	payment	結算	決済
일시불	payment in full	一次付清	一回払い
할부	installment	分期付款	分割払い
신용 불량	bad credit	信用不良	カード破産

Appendix p.162

Phrases & Expressions

- 한턱내다 to treat someone
- 수표 뒷면에 이서하다 to endorse the back side of a check
- 카드 영수증에 사인하다 (서명하다) to sign a credit card receipt
- 카드를 제시하다 to show one's credit card
- 신분증을 제시하다 to show identification

- 돈을 주다 (지불하다) to pay (using money)
- 돈을 세다 to count money
- 잔돈을 받다 to receive change
- 영수증을 받다 to receive a receipt
- 팁을 주다 to give a tip

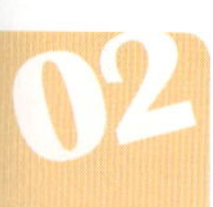

얼굴 Face | 脸 | 顔

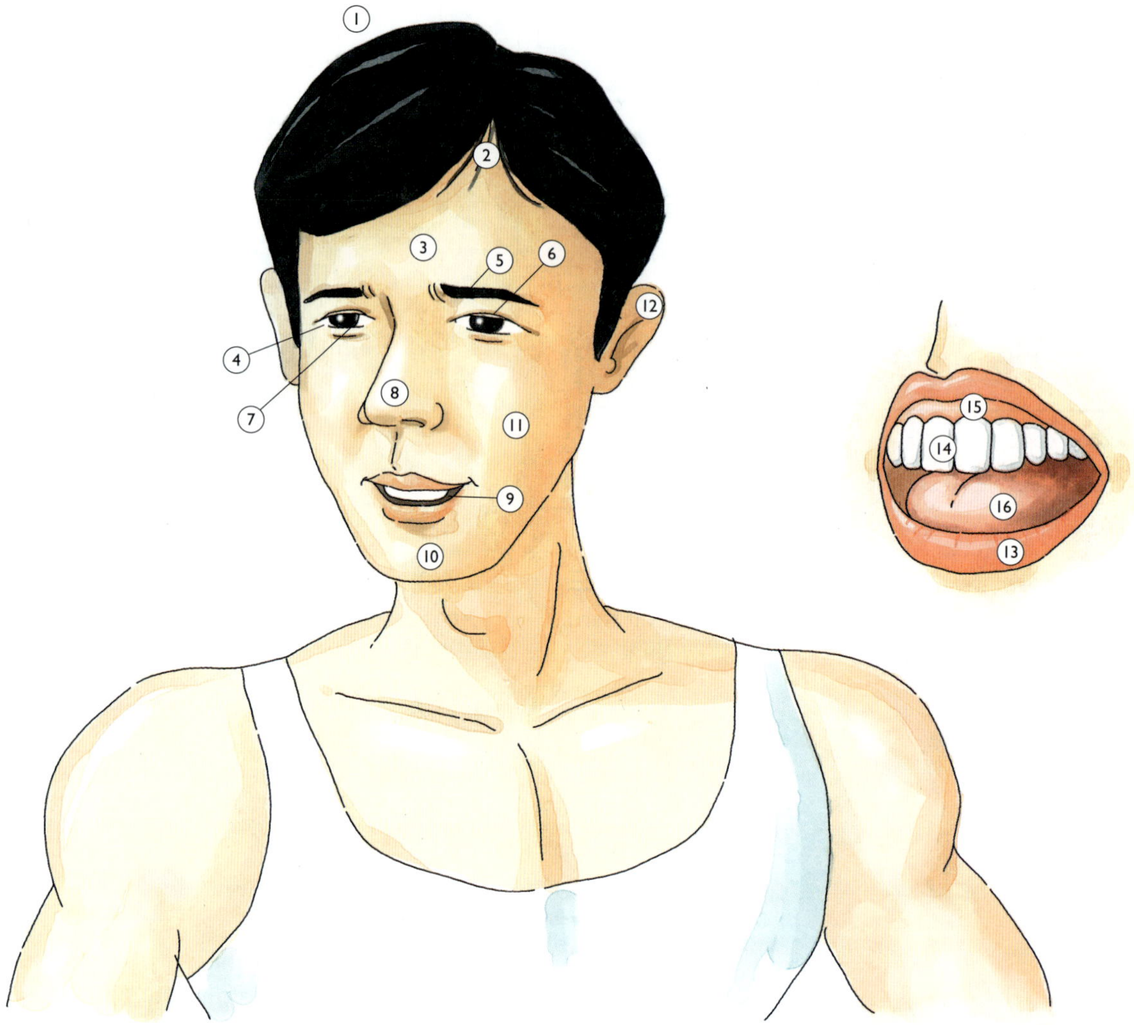

1 **머리**
head
头
頭

2 **머리카락**
hair
头发
髪の毛

3 **이마**
forehead
额头
額

4 **눈**
eyes
眼睛
目

5 **눈썹**
eyebrow
眉毛
眉

6 **쌍꺼풀**
a double-edged eyelid
双眼皮
二重まぶた

7 **눈동자**
pupil
眼珠
瞳

8 **코**
nose
鼻子
鼻

9 **입**
mouth
嘴
口

10 **턱**
chin
下颌
あご

11 **뺨 (볼)**
cheek
腮
頬

12 **귀**
ear
耳朵
耳

13 **입술**
lips
嘴唇
唇

14 **이**
teeth
牙齿
歯

15 **잇몸**
gums
牙龈
歯茎

16 **혀**
tongue
舌头
舌

여드름	pimple	青春痘	にきび
털	hair	毛	毛
주근깨	freckle	雀斑	そばかす
점	mole	痣	ほくろ
턱수염	beard	山羊胡子	あごひげ
콧구멍	nostril	鼻孔	鼻の穴
귓불	earlobe	耳垂儿	耳たぶ

머리 모양	hair style	发型	ヘアースタイル
짧은 머리	short hair	短发	ショートヘアー
긴 머리	long hair	长发	ロングヘアー
생머리	straight hair	直发	ストレートヘアー
대머리	bald	秃头	はげ頭
파마머리	perm	卷发 (烫发)	パーマヘアー

Appendix p.162

Phrases & Expressions

- 얼굴을 씻다 (세수하다) to wash one's face
- 손을 닦다 (손을 씻다) to wash one's hands
- 이를 닦다 (양치질하다) to brush one's teeth
- 입안을 헹구다 to rinse one's mouth
- 머리를 감다 to wash one's hair
- 머리를 헹구다 to rinse one's hair
- 머리를 말리다 to dry one's hair

- 코를 풀다 to blow one's nose
- 눈을 뜨다 / 감다 to open / close one's eyes
- 입을 벌리다 / 다물다 to open / close one's mouth
- 고개를 숙이다 / 들다 to lower / raise one's head
- 머리를 빗다 to comb one's hair
- 머리를 묶다 to tie one's hair

신체와 기관 Body and Organs ｜ 身体与器官 ｜ 身体と器官

1 **목** neck 脖子 首	5 **손** hand 手 手	9 **등** back 后背 背中	13 **발** foot 脚 足
2 **어깨** shoulder 肩膀 肩	6 **손가락** finger 手指头 手の指	10 **엉덩이** buttocks 臀部 尻	
3 **가슴** chest 胸脯 胸	7 **손목** wrist 手腕 手首	11 **허리** waist 腰 腰	
4 **팔** arm 胳膊 腕	8 **손등** back of the hand 手背 手の甲	12 **다리** leg 腿 脚	

14 허벅지
inside of the thigh
大腿
内もも

15 무릎
knee
膝盖
膝

16 종아리
calf
小腿
ふくらはぎ

목구멍	throat	喉咙	喉	**손가락의 명칭**	finger names	手指头的名称	指の名称
겨드랑이	armpit	腋窝	わき	엄지	thumb	拇指	親指
팔꿈치	elbow	胳膊肘儿	肘	검지	index finger	食指	人差し指
손톱	fingernail	手指甲	手の爪	중지	middle finger	中指	中指
손바닥	palm	手心	手のひら	약지	ring finger	无名指	薬指
발톱	toenail	脚指甲	足の爪	새끼손가락	little finger	小拇指	小指
발꿈치	heel	脚后跟	かかと				
발바닥	sole of the foot	脚心	足の裏	**내부 기관**	internal organs	内脏器官	内部器官
발목	ankle	脚腕	足首	뇌	brain	脑	脳
발등	the instep of the foot	脚背	足の甲	심장	heart	心脏	心臓
발가락	toe	脚指头	足の指	허파 (폐)	lung	肺	肺
배	abdomen	肚子	腹	간	liver	肝	肝臓
배꼽	navel	肚脐	へそ	쓸개	gallbladder	胆囊	胆囊
피부	skin	皮肤	皮膚	위	stomach	胃	胃
뼈	bone	骨头	骨	장	intestines	肠	腸
동맥	artery	动脉	動脈	신장	kidney	肾脏	腎臓
정맥	vein	静脉	静脈	방광	bladder	膀胱	膀胱

나이 (연령) Age | 年龄 | 年齢

1 아기
baby
婴儿
赤ちゃん

2 유아
infant
幼儿
乳児

3 어린이 (아이)
child
儿童, 小孩
子供

4 청소년
juvenile
青少年
青少年

More Vocabulary

소년	boy	少年 | 少年
소녀	girl	少女 | 少女
성인	adult	成人 | 成人
여자	woman	女人 | 女
남자	man	男人 | 男
어리다	to be young (child age)	年少 | 幼い
젊다	to be young	年轻 | 若い
중년	middle aged	中年 | 中年
늙다	to be old	年老 | 年を取る
연상	older	年长 | 年上
연하	younger	年少 | 年下

동갑	of the same age	同岁 | 同い年
나이	age	岁数 | 歳
생일	birthday	生日 | 誕生日
유부남	married man	有妇之夫 | 既婚男性
유부녀	married woman	有夫之妇 | 既婚女性
임산부	pregnant woman	孕妇 | 妊婦
독신	single	独身 | 独身
가정	family, home, household	家庭 | 家庭
신혼부부	newlywed couple	新婚夫妇 | 新婚夫婦
신랑	groom	新郎 | 新郎
신부	bride	新娘 | 新婦

5 아가씨
unmarried woman
小姐
未婚の若い女性

6 청년
young man
青年
青年

7 아줌마
ajumma, middle aged woman
大婶
おばさん

8 아저씨
ajeossii, adult man
大叔
おじさん

9 노인
old person
老人
老人

Appendix p.162

Phrases & Expressions

- **나이가 많다** be old (of many years)
- **연세가 많다** be old (honorific form)
- **나이가 적다** be young (of few years)
- **연세가 적다** be young (of few years)

- **젊어 보이다** to look young
- **늙어 보이다** to look old
- **나이 들어 보이다** to look old (of many years)

가족 Family | 家族 | 家族

1 할아버지 (조부)
grandfather
爷爷（祖父）
おじいさん（祖父）

2 할머니 (조모)
grandmother
奶奶（祖母）
おばあさん（祖母）

3 외할아버지 (외조부)
maternal grandfather
姥爷
おじいさん（母方の祖父）

4 외할머니 (외조모)
maternal grandmother
姥姥
おばあさん（母方の祖母）

5 아빠 (아버지)
father
爸爸
お父さん

6 엄마 (어머니)
mother
妈妈
お母さん

7 형
elder brother of a man
哥哥
兄

8 오빠
elder brother of a woman
哥哥
兄

9 누나
elder sister of a man
姐姐
姉

10 언니
elder sister of a woman
姐姐
姉

11 나
I, me, myself
我
私

12 남동생
younger brother
弟弟
弟

13 **여동생**
younger sister
妹妹
妹

14 **삼촌 (숙부)**
uncle, younger brother of one's father
叔叔（叔父）
おじさん（父の兄弟）

15 **고모**
paternal aunt
姑姑
おばさん（父の姉妹）

16 **고모부**
husband of one's paternal aunt
姑父
おじさん（父の姉妹の夫）

17 **이모**
maternal aunt
姨妈
おばさん（母の姉妹）

18 **외삼촌**
maternal uncle
舅舅
おじさん（母方のおじ）

More Vocabulary

부모	parents	父母	両親
형제	brothers	兄弟	兄弟
자매	sisters	姐妹	姉妹
남매	brother and sister	兄妹	兄と妹、姉と弟
부부	married couple	夫妇	夫婦
남편	husband	丈夫	夫
부인 (아내, 마누라)	wife	夫人 (妻子, 老婆)	妻
자식(자녀)	child	儿女 (子女)	子供
딸	daughter	女儿	娘
아들	son	儿子	息子
장남 (큰아들)	first son	长子	長男
막내	lastborn	老幺	末っ子
손자	grandson	孙子	(男の)孫
손녀	granddaughter	孙女	孫娘
사촌	cousin	堂兄弟	いとこ
조카	nephew, niece	侄子	甥、姪

시부모	parents of one's husband	公婆	夫の父母
시아버지	woman's father-in-law	公公	舅
시어머니	woman's mother-in-law	婆婆	姑
장인	man's father-in-law	岳父	義父
장모	man's mother-in-law	岳母	義母
사위	son-in-law	女婿	婿
며느리	daughter-in-law	儿媳妇	嫁
친척	relative	亲戚	親戚
큰아버지	uncle, elder brother of one's father	伯父	伯父さん
큰어머니	aunt, wife of the elder brother of one's father	伯母	伯母さん
숙모	aunt, wife of the younger brother of one's father	婶婶 (叔母)	叔母さん
이모부	husband of one's maternal aunt	姨夫	おじさん（母の姉妹の夫）
외숙모	wife of one's maternal uncle	舅妈	おばさん（母方のおじの妻）

Appendix p.162

Phrases & Expressions

- **약혼하다** to be engaged to marry
- **결혼하다** to marry
- **장가가다** to marry (a woman, as a man)
- **시집가다** to marry (a man, as a woman)
- **이혼하다** to divorce
- **재혼하다** to remarry

사람의 일생 Events in a Lifetime | 人的一生 | 人の一生

1 **출생**
birth
出生
出生

2 **돌잔치**
party marking a baby's first birthday
周岁宴
一歳の誕生日

3 **입학식**
ceremony marking entrance to a new school
入学典礼
入学式

4 **생일 파티**
birthday party
生日宴
誕生パーティー

5 **제대**
discharge from the military
退伍
除隊

6 **졸업식**
graduation ceremony
毕业典礼
卒業式

7 **입사**
entering a company
进公司
入社

8 **결혼식**
marriage ceremony
婚礼
結婚式

9 **집들이**
housewarming party
乔迁宴
引っ越し祝い

Track **14**

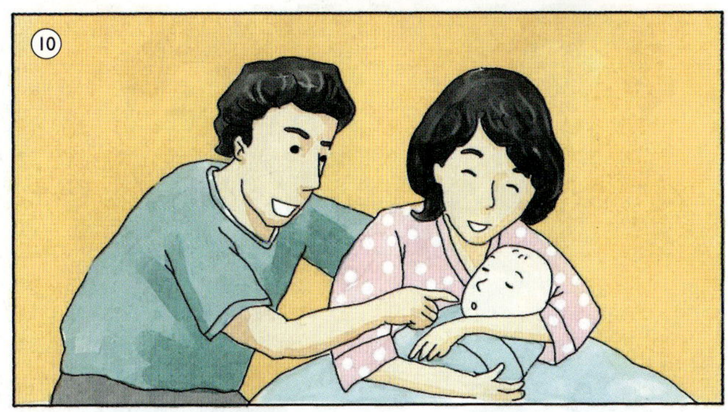

10 출산	**11 승진**	**12 사망**
giving birth	promotion	death
分娩	晋升	过世
出産	昇進	死亡

More Vocabulary

입대	entering the military │ 当兵 │ 入隊	장례식	funeral │ 葬礼 │ 葬式
약혼식	engagement ceremony │ 订婚仪式 │ 婚約の式	제사	ancestral rites │ 祭礼 │ 祭祀
신혼여행	honeymoon │ 蜜月旅行 │ 新婚旅行	성년식	coming-of-age ceremony │ 成年仪式 │ 成人式
환갑 (회갑)	60th birthday │ 花甲 │ 還暦		

느낌 표현 1 Feelings 1 | 表达感觉 1 | 感情表現 1

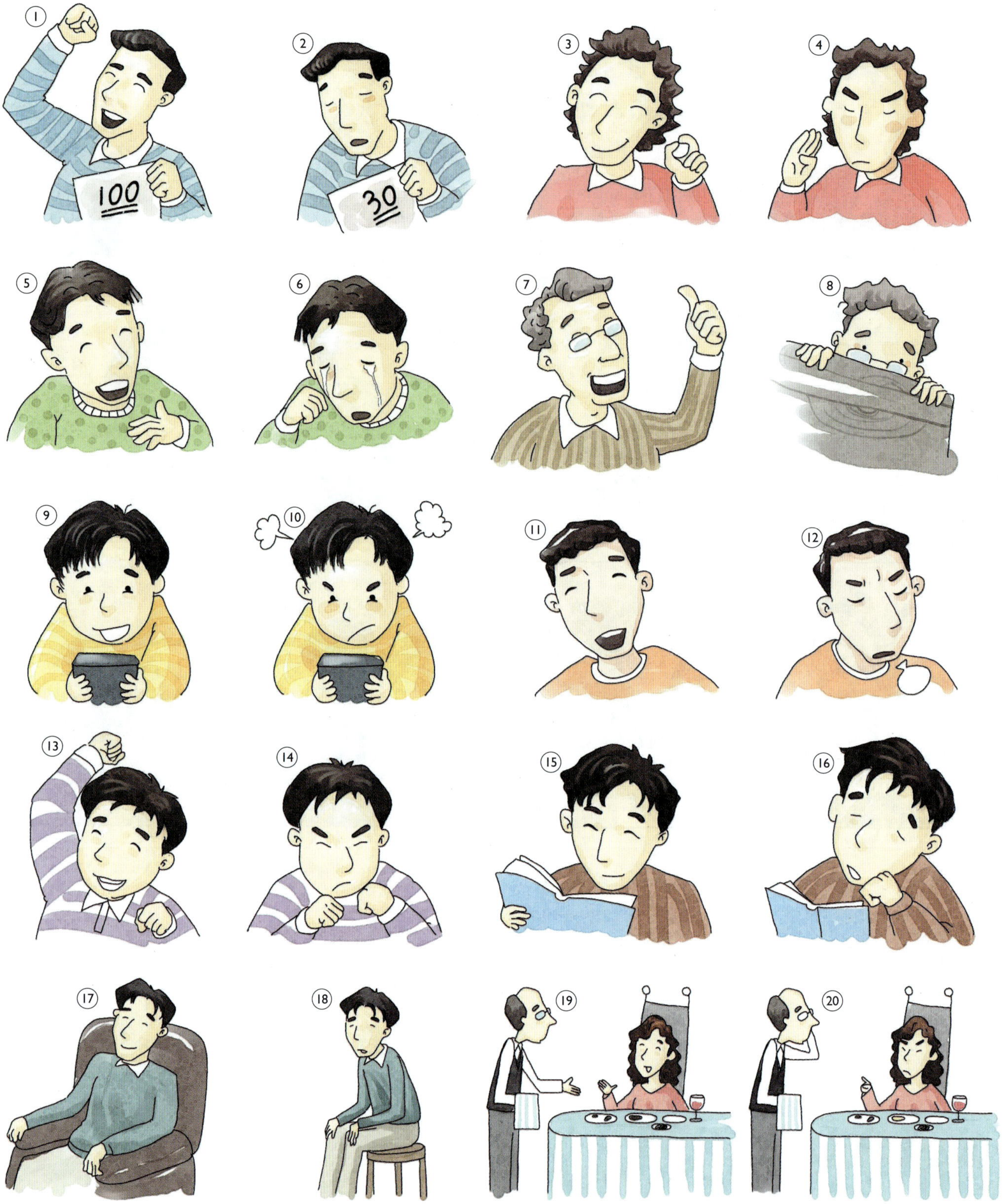

1 **기쁘다** to be happy 高兴 嬉しい	6 **울다** to cry 哭 泣く	11 **상쾌하다** to be refreshing 爽快 爽快だ	16 **재미없다** to be uninteresting 没趣儿 つまらない
2 **슬프다** to be sad 悲哀 悲しい	7 **자랑스럽다** to be proud 骄傲 誇らしい	12 **불쾌하다** to be unpleasant 不快 不快だ	17 **편하다** to be comfortable 方便 便利だ
3 **좋다** to be good 好 良い	8 **부끄럽다** to be shameful 惭愧 恥ずかしい	13 **기분 좋다** to be in a good mood 心情好 気持ちが良い	18 **불편하다** to be uncomfortable 不便 不便だ
4 **싫다** to be disagreeable 不要 / 不喜欢 嫌いだ	9 **즐겁다** to be pleasant 愉快 楽しい	14 **기분 나쁘다** to be in a bad mood 心情坏 不愉快だ	19 **만족하다** to be satisfactory 满足 満足だ
5 **웃다** to smile 笑 笑う	10 **화나다** to get angry 生气 腹が立つ	15 **재미있다** to be interesting 有趣儿 面白い	20 **불만스럽다** to be dissatisfactory 不满 不満だ

More Vocabulary

미워하다	to hate	讨厌	憎む
감사하다	to thank	感谢	感謝する
수줍다	to be shy	害羞	内気だ
대견하다	to be admirable	了不起	感心だ
창피하다	to be embarrassed	羞愧	恥ずかしい
혐오하다	to disgust	厌恶	嫌う
무관심하다	to be indifferent	漠不关心	無関心だ
질투하다	to be jealous	嫉妒	嫉妬する
든든하다	to be strong, reliable	踏实	心強い
억울하다	to feel mistreated	冤枉	悔しい

느낌 표현 2 Feelings 2 | 表达感觉 2 | 感情表現 2

①
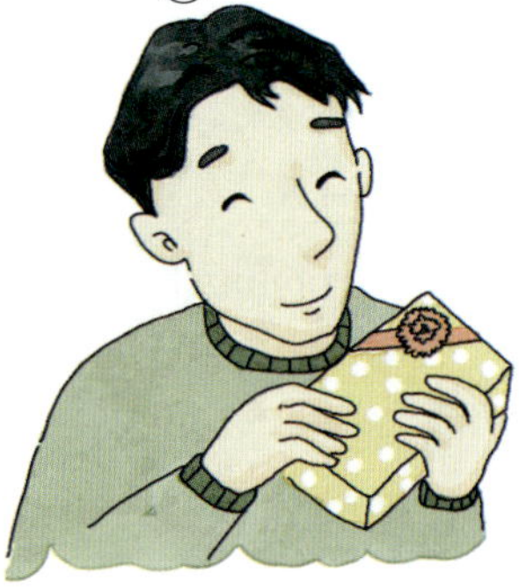

②
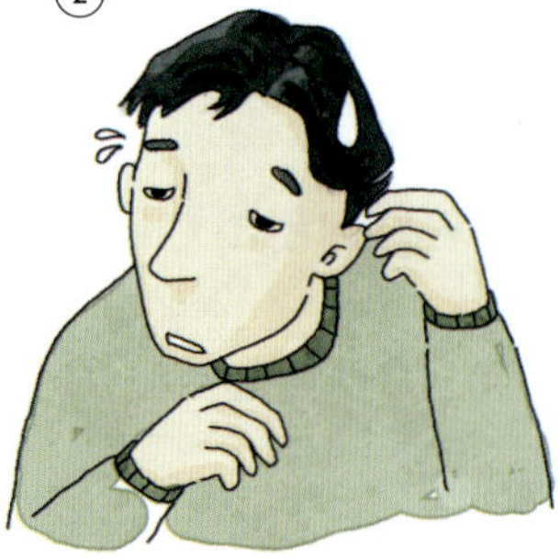

③
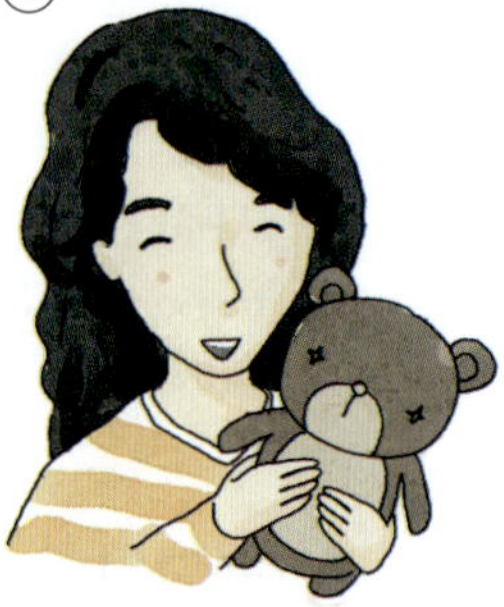

④
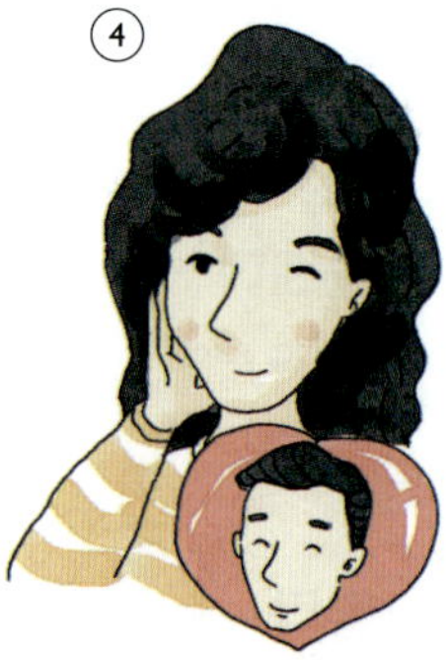

⑤
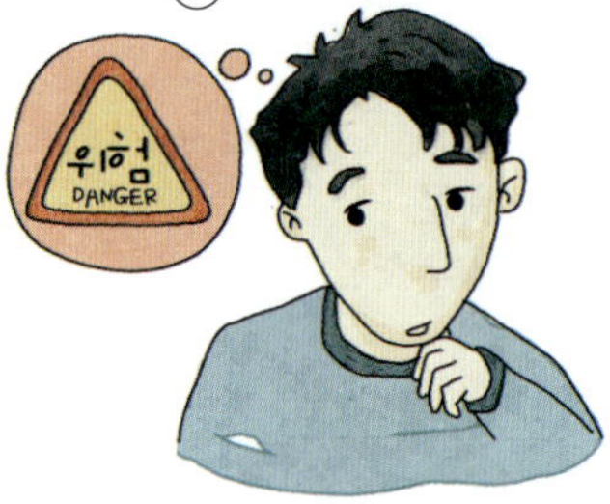

⑥
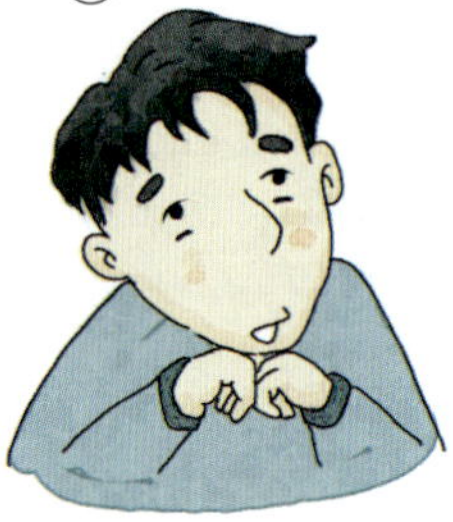

⑦
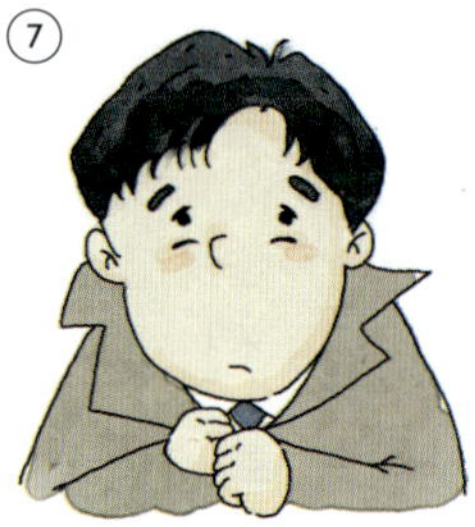

⑧
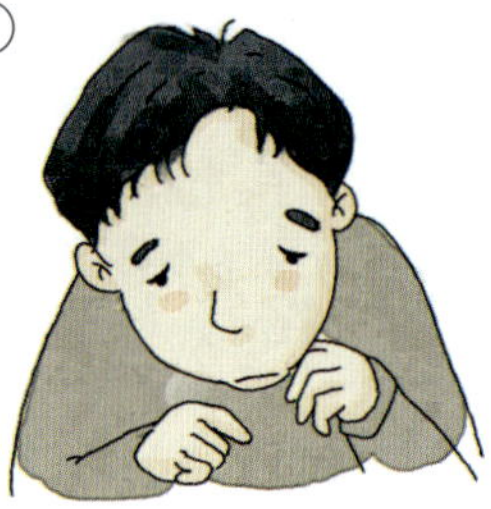

⑨
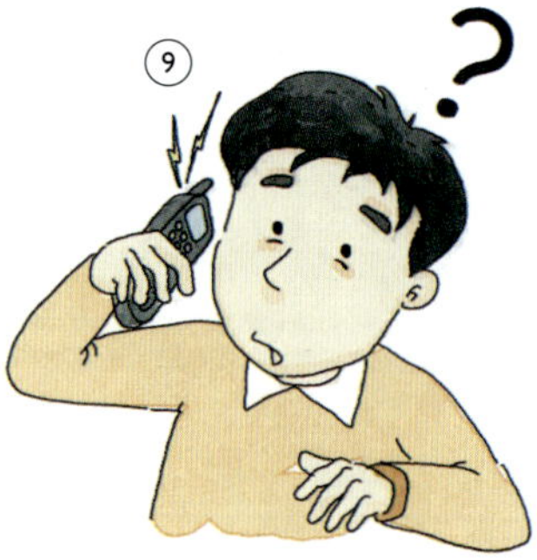

⑩
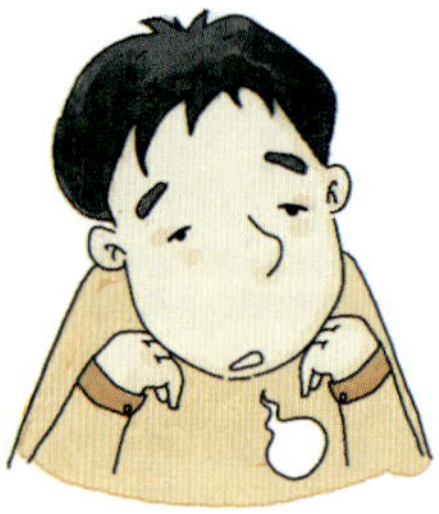

⑪
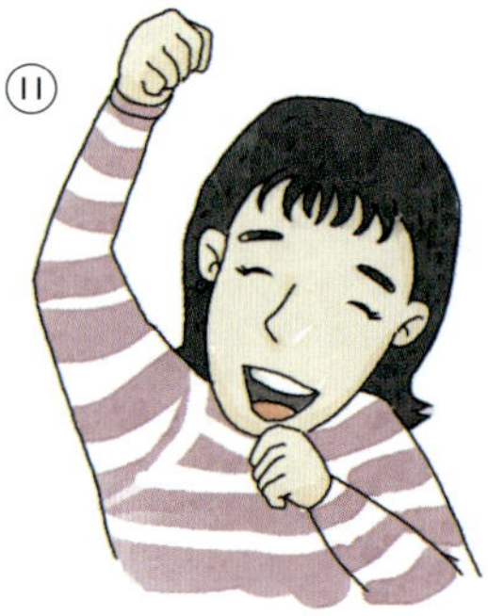

⑫
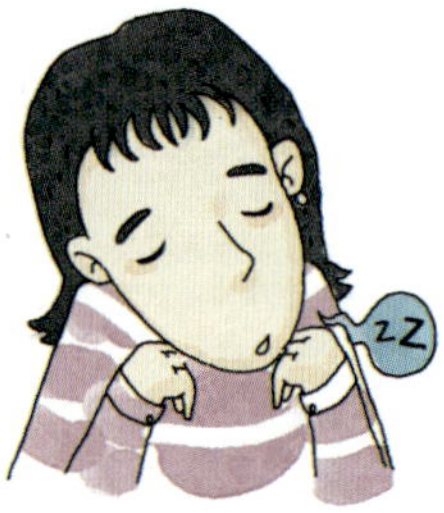

⑬
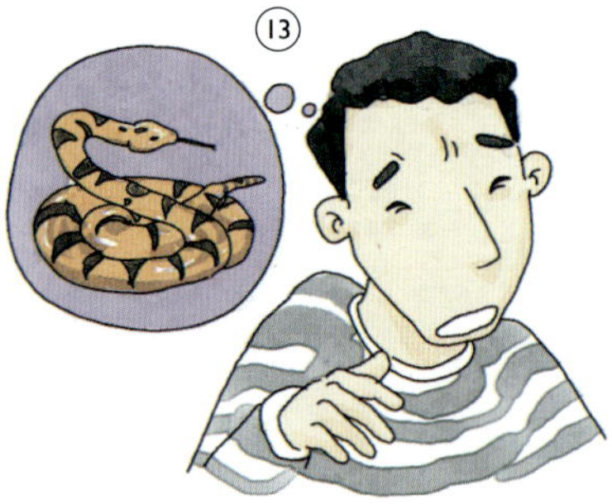

⑭
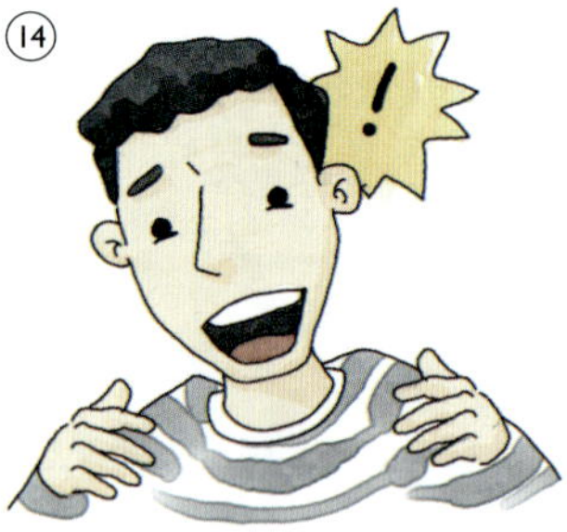

1 **고맙다**
to be thankful
谢谢
ありがたい

2 **미안하다**
to be sorry
抱歉
申し訳ない

3 **좋아하다**
to like
喜欢
好む

4 **사랑하다**
to love
爱
愛する

5 **염려하다**
to worry
担心
心配する

6 **부러워하다**
to be envious of
羡慕
うらやましがる

7 **외롭다**
to be lonely
孤单
寂しい

8 **우울하다**
to be depressed
忧郁
憂鬱だ

9 **당황하다**
to be confused
惊慌
あわてている

10 **피곤하다**
to be tired
累
疲れている

11 **신나다**
to get in high spirits
开心, 兴致勃勃
夢中になる

12 **졸리다**
to feel sleepy
困 (倦)
眠い

13 **무섭다**
to be scared
害怕
怖い

14 **놀랍다**
to be surprised
惊人
驚くべきだ

More Vocabulary

안심하다	to be relieved	放心	安心する
초조하다	to feel anxious	焦急	いらだっている
편안하다	to be peaceful	舒服	安らかだ
불안하다	to be insecure	不安	不安だ
생기 있다	to be animated, lively	有朝气	生き生きとしている
행복하다	to be happy	幸福	幸せだ
불행하다	to be unfortunate	不幸	不幸だ
침착하다	to be composed	沉着	落ち着いている
만만하다	to be easy	小看	くみしやすい

지루하다	to be boring	乏味	退屈だ
자신 있다	to be confident	有信心	自信がある
두렵다	to be afraid of	怕	恐ろしい
짜증 나다	to become annoyed	烦躁	苛立つ
심심하다	to be bored from inactivity	无聊	退屈だ
통쾌하다	to be gratifying	痛快	痛快だ
답답하다	to be stuffy	烦闷	もどかしい
반갑다	to be pleased	(见到您) 很高兴	嬉しい

1 점퍼 (잠바) jumper 夹克 ジャンパー	**4 와이셔츠** (dress) shirt 男衬衫 ワイシャツ
2 바지 pants, trousers 裤子 ズボン	**5 조끼** vest 坎肩 チョッキ
3 남방 buttondown shirt 衬衫 開襟シャツ	**6 원피스** dress 连衣裙 ワンピース

7 칠부바지 cropped pants 七分裤 七分ズボン	**10 티셔츠** T-shirt T恤衫 Tシャツ
8 블라우스 blouse 女式衬衫 ブラウス	**11 반바지** short pants 短裤 半ズボン
9 멜빵바지 pants with suspenders 背带裤 つりズボン	**12 웨딩드레스** wedding dress 婚纱 ウエディングドレス

13 **턱시도**	14 **스웨터**	15 **면바지**	16 **치마**
tuxedo	sweater	cotton pants	skirt
(男) 礼服	毛衣	棉裤	裙子
タキシード	セーター	コットンパンツ	スカート

상의	upper garment	上衣	上着	청바지	blue jeans	牛仔裤	ジーンズ
투피스	two-piece dress	套裝	ツーピース	니트	knit	针织衣	ニット

Clothing

1 **코트**
coat, overcoat
大衣
コート

2 **모피 코트**
fur coat
毛皮大衣
毛皮コート

3 **트렌치코트**
trench coat
防水衣
トレンチコート

4 **카디건**
cardigan
开襟毛线衣
カーディガン

5 **무스탕**
Mustang
羊皮短大衣
羊皮コート

6 **파카**
parka
派克
パーカー

7 **가죽 코트**
leather coat
皮大衣
レザーコート

8 **한복**
Korean clothing, hanbok
韩服
韓服

바바리	trench coat ｜ 风雨衣 ｜ バーバリーコート	파자마	pajamas ｜ 睡衣裤 ｜ パジャマ
신사복	(man's) suit ｜ 男装 ｜ 紳士服	가운	gown, robe ｜ 睡袍 ｜ ガウン
숙녀복	(woman's) suit, dress suit ｜ 女装 ｜ 婦人服		
아동복	children's wear ｜ 童装 ｜ 子供服	**무늬**	patterns ｜ 纹儿 ｜ 柄
유아복	clothing for infants ｜ 婴儿服装 ｜ 乳児服	줄무늬	striped ｜ 条纹 ｜ 縞柄
양복	(man's) suit ｜ 西服 ｜ 洋服	물방울무늬	polka dotted ｜ 水珠纹 ｜ 水玉模様
정장	formal wear ｜ 正装 ｜ 正装	체크무늬	checkered ｜ 格纹 ｜ チェック
캐주얼	casual wear ｜ 便装 ｜ カジュアル	꽃무늬	flower pattern ｜ 花纹 ｜ 花柄

9 비옷 (우비) rain coat 雨衣 レインコート	**11 스키복** ski suit 滑雪运动服 スキーウェアー	**13 교복** school uniform 校服 学校の制服	**15 유니폼** uniform 制服 ユニホーム
10 수영복 swimsuit 泳装 水着	**12 작업복** work clothes 工作服 作業服	**14 트레이닝복 (운동복)** sweat suit, sportswear 运动服 トレーニングウェア (運動着)	**16 잠옷** sleepwear, pajamas 睡衣 寝巻き

More Vocabulary

사이즈	size ┃ 型号 ┃ サイズ	옷감	cloth types, cloth textures ┃ 衣料 ┃ 生地
XL (특대)	extra large ┃ 特大 ┃ XL(特大)	면	cotton ┃ 棉 ┃ 綿
L (대)	large ┃ 大 ┃ L(大)	마	hemp ┃ 麻 ┃ 麻
M (중)	medium ┃ 中 ┃ M(中)	모	fur ┃ 毛 ┃ 毛
S (소)	small ┃ 小 ┃ S(小)	실크 (견)	silk ┃ 绢 ┃ 絹
XS (특소)	extra small ┃ 特小 ┃ XS(極小)	레이온	rayon ┃ 人造纤维 ┃ レーヨン
		나일론	nylon ┃ 尼龙 ┃ ナイロン
		울	wool ┃ 毛 ┃ ウール

Track **19**

1 트렁크 팬티 (사각팬티)
boxer shorts
平口内裤
トランクス

2 삼각팬티
briefs
三角内裤
ブリーフ

3 러닝셔츠
undershirts
背心
ランニングシャツ

4 브래지어
bra
胸罩
ブラジャー

5 팬티
underpants
内裤
パンティー

6 거들
girdle
腹带
ガードル

7 슬립
slip
衬裙
スリップ

8 캐미솔
camisole
背心式女内衣
キャミソール

9 팬티스타킹
pantyhose
连裤丝袜
パンティーストッキング

10 밴드 스타킹
stockings
长统袜
ガーターストッキング

11 판탈롱 스타킹
knee-highs
短袜
ショートストッキング

More Vocabulary

페티코트　petticoat ｜ 衬裙 ｜ ペチコート

1 구두 leather shoes 皮鞋 靴	**5 부츠** boots 靴子 ブーツ	**9 밑창** sole 鞋底 靴底
2 하이힐 high heels 高跟鞋 ハイヒール	**6 샌들** sandals 凉鞋 サンダル	**10 굽** heel 鞋跟 かかと
3 운동화 sneakers, sports shoes 运动鞋 運動靴	**7 고무신** rubber shoes 胶皮鞋 ゴム靴	**11 끈** shoestrings 鞋带 紐
4 등산화 mountaineering boots 登山鞋 登山靴	**8 장화** rain boots 长筒鞋 長靴	**12 구둣주걱** shoehorn 鞋拔 靴べら

More Vocabulary

슬리퍼 ｜ slippers ｜ 拖鞋 ｜ スリッパ

모자, 가방 Hats, Bags ┃ 帽, 箱包 ┃ 帽子、鞄

① ② ③
④ ⑤ ⑥ ⑦

1 야구 모자 baseball cap 棒球帽 野球帽	**4 숄더백** shoulder bag 挂肩式皮包 ショルダーバッグ	**7 배낭** backpack 背包 リュックサック
2 중절모 soft hat, felt hat 礼帽 中折れ帽子	**5 핸드백** handbag 手提包 ハンドバッグ	
3 털모자 knitted cap 毛线帽 毛糸の帽子	**6 서류 가방** briefcase 文件包 ブリーフケース	

More Vocabulary

등산 모자 mountain climbing hat ┃ 登山帽 ┃ 登山帽

선 캡   visor ┃ 太阳帽 ┃ サンバイザー

Track **22**

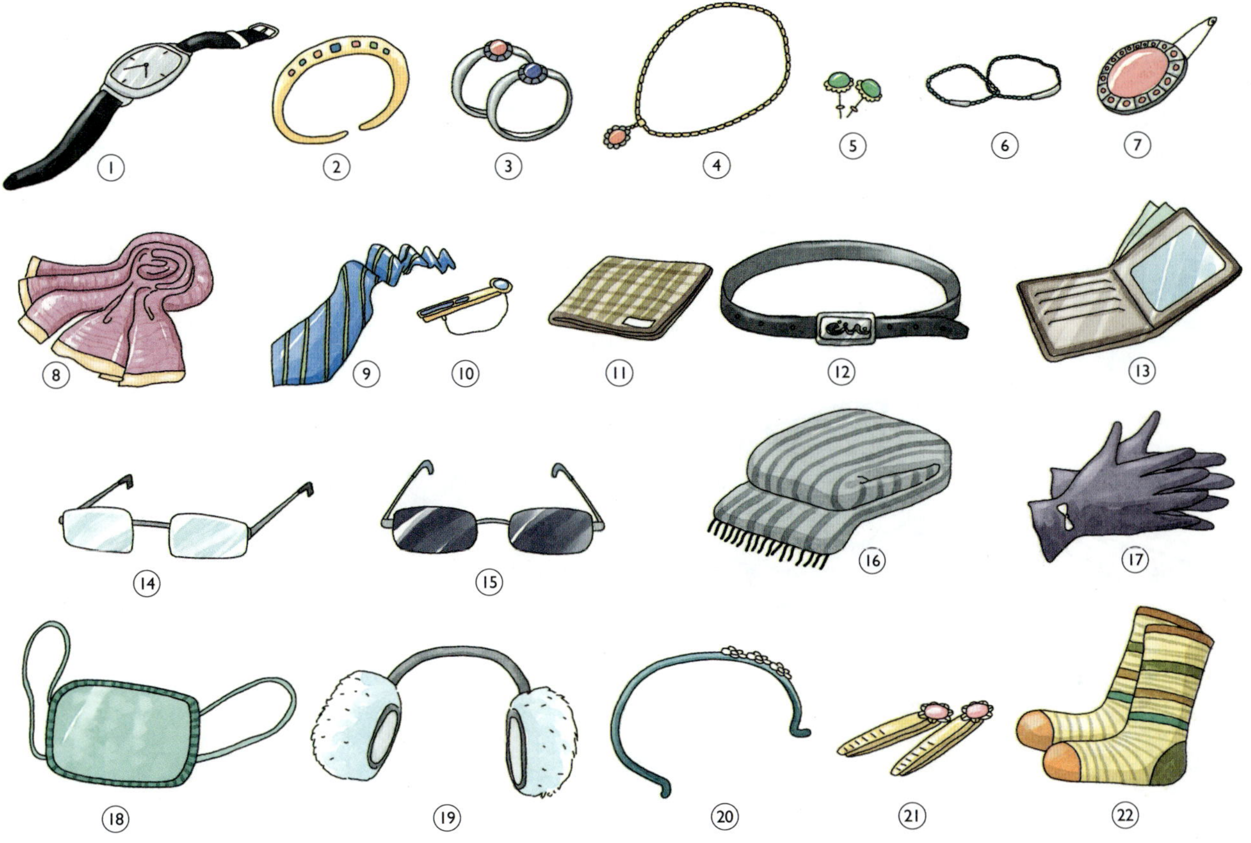

1 **시계** watch 手表 時計	6 **발찌** ankle bracelet 脚镯(脚链) 足輪	11 **손수건** handkerchief 手绢 ハンカチ	15 **선글라스** sunglasses 墨镜（太阳镜） サングラス	19 **귀마개** earflaps 耳盖 耳あて
2 **팔찌** bracelet 手镯(手链) 腕輪	7 **브로치** brooch 胸针 ブローチ	12 **벨트 (혁대)** belt 腰带 ベルト	16 **목도리** winter scarf 围巾 マフラー	20 **머리띠** headband 发带 ヘアバンド
3 **반지** ring 戒指 指輪	8 **스카프** scarf 丝巾 スカーフ	13 **지갑** wallet 钱包 財布	17 **장갑** gloves 手套 手袋	21 **머리핀** hairpin 发夹 ヘアピン
4 **목걸이** necklace 项链 ネックレス	9 **넥타이** necktie 领带 ネクタイ	14 **안경** eyeglasses 眼镜 眼鏡	18 **마스크** mask 口罩 マスク	22 **양말** socks 袜子 靴下
5 **귀걸이** earring 耳环 イヤリング	10 **넥타이핀** tie pin 领带夹 ネクタイピン			

화장품 Cosmetics | 化妆品 | 化粧品

Track **23**

1 스킨 (화장수) skin conditioner 化妆水 スキン（化粧水）	**5 파우더** powder 散粉 パウダー
2 로션 lotion 乳液 ローション	**6 콤팩트** compact (case) 粉饼 コンパクト
3 크림 cream 面霜 クリーム	**7 마스카라** mascara 睫毛膏 マスカラ
4 파운데이션 foundation 粉底液 ファンデーション	**8 아이섀도** eye shadow 眼影 アイシャドー

9 아이브로펜슬 eyebrow pencil 眉笔 アイブロウペンシル	**13 향수** perfume 香水 香水
10 립스틱 lipstick 口红 リップスティック	**14 팩** facial pack 面膜 パック
11 매니큐어 manicure 指甲油 マニキュア	**15 화장 솜** cotton pads 化妆棉 コットン
12 손톱깎이 nail cutter, nail clipper 指甲刀 爪切り	**16 자외선 차단제** sun block 防晒霜 紫外線カット剤

옷이 헐렁하다 / 끼다	clothes are loose / tight	衣服肥 / 紧	服が緩い / きつい
바지 기장이 길다 / 짧다	pant legs are long / short	裤腿长 / 短	ズボンの丈が長い / 短い
옷이 크다 / 작다	clothes are big / small	衣服大 / 小	服が大きい / 小さい
허리가 크다 / 작다	waist is big / small	腰肥 / 瘦	ウエストが大きい / 小さい
옷을 갈아입다 / 벗다	to change / remove clothes	换衣服 / 脱	服を着替える / 脱ぐ
윗옷을 걸치다 / 벗다	to put on / remove upper garment	披外套 / 脱	上着をひっかける / 脱ぐ
단추를 채우다 (잠그다)	to fasten a button	扣扣子	ボタンをかける
단추를 풀다 (끄르다)	to undo a button	解扣子	ボタンを外す
안경을 쓰다 / 벗다	to wear / remove eyeglasses	戴眼镜 / 摘	眼鏡をかける / 外す
모자를 쓰다 / 벗다	to wear / remove hat	戴帽子 / 摘	帽子を被る / 取る
시계를 차다 / 풀다	to wear / remove wristwatch	戴手表 / 摘	時計をはめる / 外す
벨트를 차다 / 풀다	to wear / remove belt	扎腰带 / 解	ベルトをつける / 外す
스카프를 매다 / 풀다	to wear / remove scarf	戴围巾 / 摘	スカーフを巻く / 外す
넥타이를 매다 / 풀다	to wear (tie) / remove (untie) necktie	系领带 / 解	ネクタイを締める / 外す
가방을 들다	to carry a bag	拿包	鞄を持つ
가방을 매다	to wear a bag	背包	鞄を担ぐ
머리핀을 꽂다 / 빼다	to wear / remove a hairpin	戴发夹 / 摘	ヘアピンをする / 取る
머리띠를 하다 / 빼다	to wear / remove a headband	系发带 / 摘	ヘアバンドをする / 取る
귀걸이를 하다 / 빼다	to wear / remove an earring	戴耳环 / 摘	イヤリングをする / 外す
목걸이를 하다 / 빼다	to wear / remove a necklace	戴项链 / 摘	ネックレスをする / 外す
팔찌를 하다 / 빼다	to wear / remove a bracelet	戴手镯 / 摘	腕輪をする / 外す
반지를 끼다 / 빼다	to wear / remove a ring	戴戒指 / 摘	指輪をはめる / 外す
장갑을 끼다 / 벗다	to wear / remove gloves	戴手套 / 摘	手袋をはめる / 脱ぐ
스타킹을 신다 / 벗다	to wear / remove stockings	穿丝袜 / 脱	ストッキングを履く / 脱ぐ
양말을 신다 / 벗다	to wear / remove socks	穿袜子 / 脱	靴下を履く / 脱ぐ
구두를 신다 / 벗다	to wear / remove (leather) shoes	穿皮鞋 / 脱	靴を履く / 脱ぐ
신발을 신다 / 벗다	to wear / remove footwear, shoes	穿鞋 / 脱	履物を履く / 脱ぐ

세탁 Laundry | 洗涤 | 洗濯

1 건조대 clothes rack 晾衣架 物干し台	**5 섬유 유연제** fabric conditioner 纤维柔软剂 繊維柔軟剤	**9 빨랫감** laundry 洗涤物 洗濯物	**13 분무기** sprayer 喷水器 噴霧器
2 옷걸이 hanger 衣架 ハンガー	**6 세제** detergent 洗衣粉 洗剤	**10 빨래 바구니** laundry basket 洗衣筐 洗濯かご	
3 빨래집게 clothes pin 晾衣夹 洗濯バサミ	**7 탈수기** drying machine 甩干机 脱水機	**11 다리미판** ironing board 熨斗架 アイロン台	
4 빨랫비누 laundry soap (bar form) 肥皂 洗濯せっけん	**8 세탁기** laundry machine 洗衣机 洗濯機	**12 다리미** iron 熨斗 アイロン	

More Vocabulary

세탁 망	laundry net ｜ 护衣网 ｜ 洗濯ネット
빨랫줄	clothes line ｜ 晾衣绳 ｜ 洗濯物の干しひも
세탁 기호	laundering symbols ｜ 洗涤说明 ｜ 洗濯マーク
드라이할 것	dry clean ｜ 需干洗 ｜ ドライすること
짜지 말 것	do not wring, squeeze ｜ 不要拧 ｜ 絞ってはいけない
색깔 있는 옷과 같이 빨지 말 것	do not wash with colored clothes ｜ 不可与有色衣物同洗 ｜ 色柄物と一緒に洗わないこと
염소계 표백제는 안 됨	do not use chlorine-based bleach ｜ 不可氯漂 ｜ 塩素系漂白剤使用不可
그늘진 곳에 말릴 것	dry in shade ｜ 阴凉处晾干 ｜ 陰干しすること
다리미 온도	iron temperature ｜ 熨烫温度 ｜ アイロンの温度
다리지 말 것	do not iron ｜ 不可熨烫 ｜ アイロン不可

Appendix p.162

Phrases & Expressions

- 탈수를 하다, 옷을 짜다 to drain, to wring out
- 옷을 털다 to shake clothes out
- 옷을 널다 to hang clothes (to dry)
- 옷을 말리다 to dry clothes
- 옷을 개다 to fold clean clothes
- 옷걸이에 걸다 to hang on a hanger
- 빨래를 삶다 to boil clothes
- 비누칠하다 to apply soap
- 옷을 비비다 to rub clothes
- 옷을 헹구다 to rinse
- 다리다 to iron
- 얼룩을 제거하다 to remove stain(s)
- 물이 빠지다 (탈색되다) to lose color
- 옷이 줄어들다 clothes shrink

야채 Vegetables | 蔬菜 | 野菜

Track **26**

1 감자 potato 土豆 ジャガイモ	**5 토마토** tomato 西红柿(番茄) トマト	**9 양배추** cabbage 卷心菜 キャベツ	**13 양파** onion 洋葱 玉ねぎ
2 고구마 sweet potato 红薯(地瓜) さつまいも	**6 배추** Chinese cabbage 白菜 白菜	**10 마늘** garlic 大蒜 にんにく	**14 파** green onion 葱 ネギ
3 오이 cucumber 黄瓜 きゅうり	**7 옥수수** corn 玉米 とうもろこし	**11 고추** red hot pepper 辣椒 唐辛子	**15 상추** lettuce 生菜 サンチュ
4 호박 squash 南瓜 かぼちゃ	**8 당근** carrot 胡萝卜 人参	**12 콩** bean 豆 豆	**16 콩나물** bean sprouts 大豆芽 豆もやし

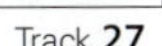

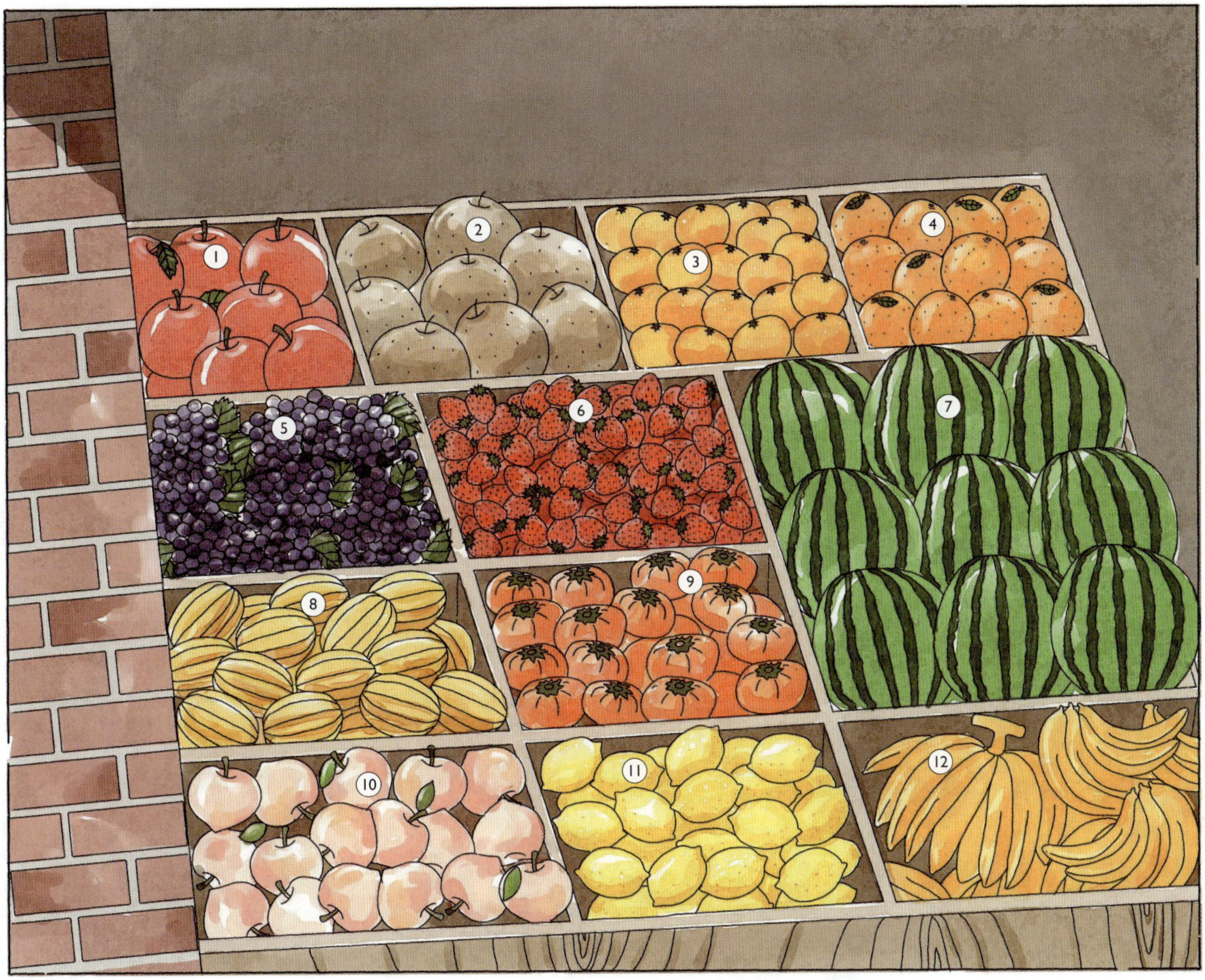

1 사과 apple 苹果 りんご	**5 포도** grape 葡萄 ブドウ	**9 감** persimmon 柿子 柿
2 배 pear 梨 梨	**6 딸기** strawberry 草莓 イチゴ	**10 복숭아** peach 桃 桃
3 귤 mandarin orange 橘子 みかん	**7 수박** watermelon 西瓜 スイカ	**11 레몬** lemon 柠檬 レモン
4 오렌지 orange 橙子 オレンジ	**8 참외** chamoe, "oriental melon" 香瓜 マクワウリ	**12 바나나** banana 香蕉 バナナ

Track **28**

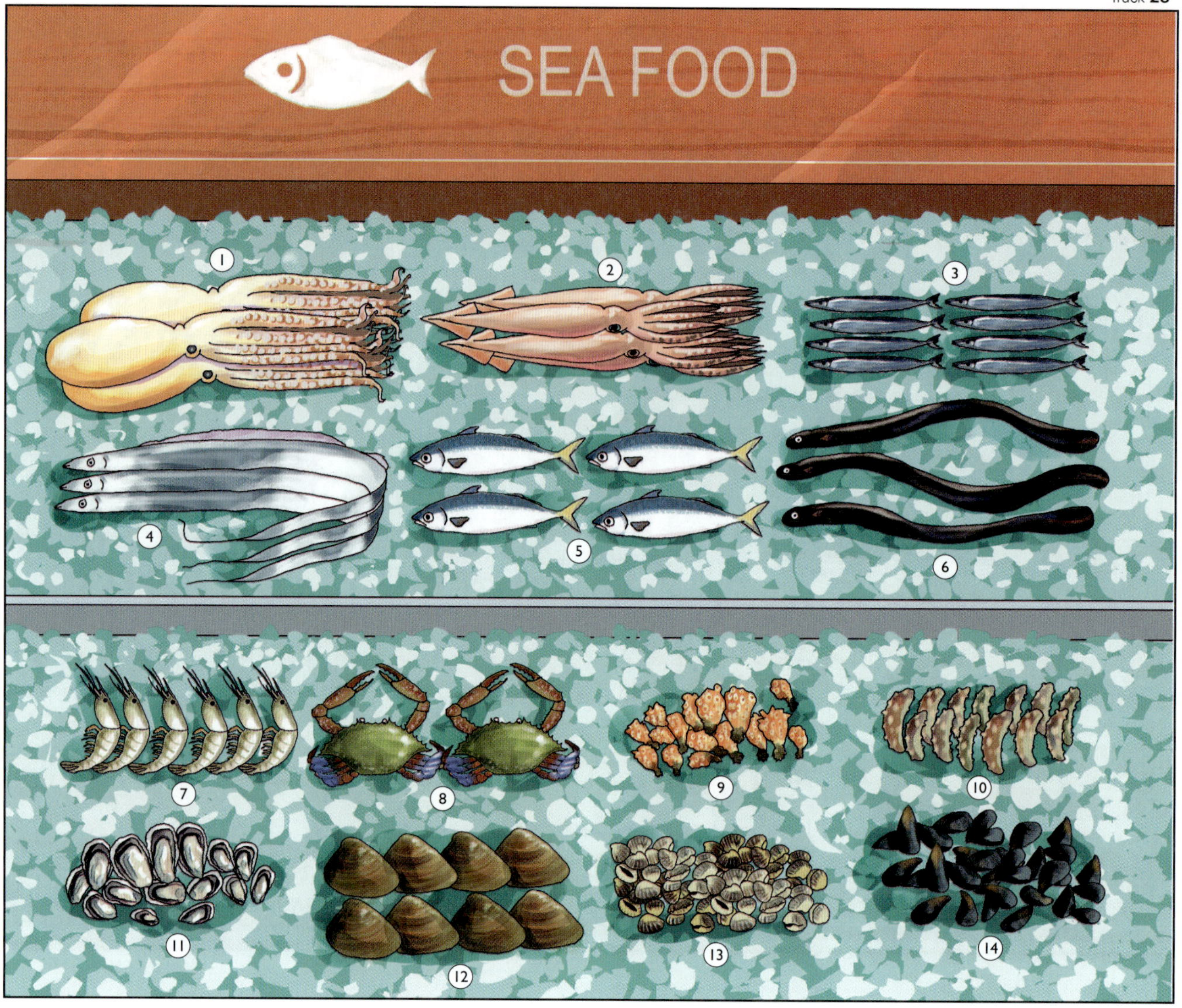

1 문어 octopus 章鱼 タコ	**5** 고등어 mackerel 青鱼 サバ	**9** 멍게 ascidian 海襄 ホヤ	**13** 꼬막 ark shell 泥蚶 ハイガイ
2 오징어 cuttlefish 鱿鱼 (墨斗鱼) イカ	**6** 장어 eel 鳗鱼 ウナギ	**10** 해삼 sea cucumber 海参 ナマコ	**14** 홍합 sea mussel 贻贝 ムールガイ
3 꽁치 mackerel pike 秋刀鱼 サンマ	**7** 새우 shrimp, prawn 虾 エビ	**11** 굴 oyster 牡蛎 カキ	
4 갈치 hairtail 带鱼 タチウオ	**8** 게 crab 螃蟹 カニ	**12** 조개 shellfish 贝 貝	

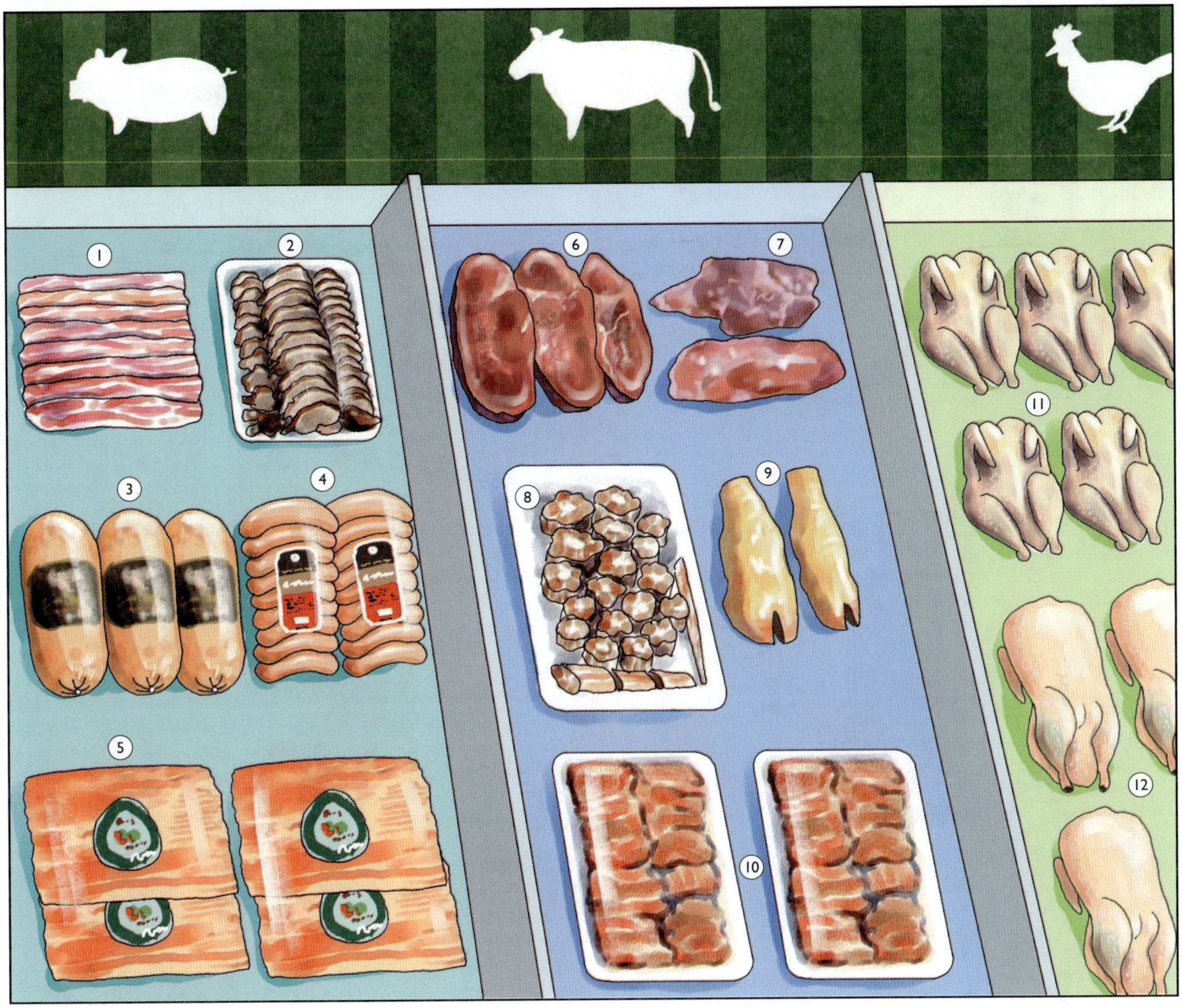

돼지고기 pork | 猪肉 | 豚肉

1 삼겹살
boned rib of pork
五花肉
三枚肉

2 족발
pettitoes,
pig trotters
猪蹄
豚足

3 햄
ham
火腿
ハム

4 소시지
sausage
香肠
ソーセージ

5 베이컨
bacon
腊肠
ベーコン

소고기 (쇠고기) beef | 牛肉 | 牛肉

6 안심
tenderloin
牛筋間肉
ヒレ

7 등심
sirloin
里脊肉
ロース

8 꼬리
oxtail
牛尾
尾

9 우족
beef feet
牛蹄
牛の脚

10 갈비
ribs
牛排
カルビ

11 닭고기 chicken (meat) | 鸡肉 | 鶏肉

12 오리고기 duck (meat) | 鸭肉 | カモ肉

음료 Beverages | 饮料 | 飲み物

Track 30

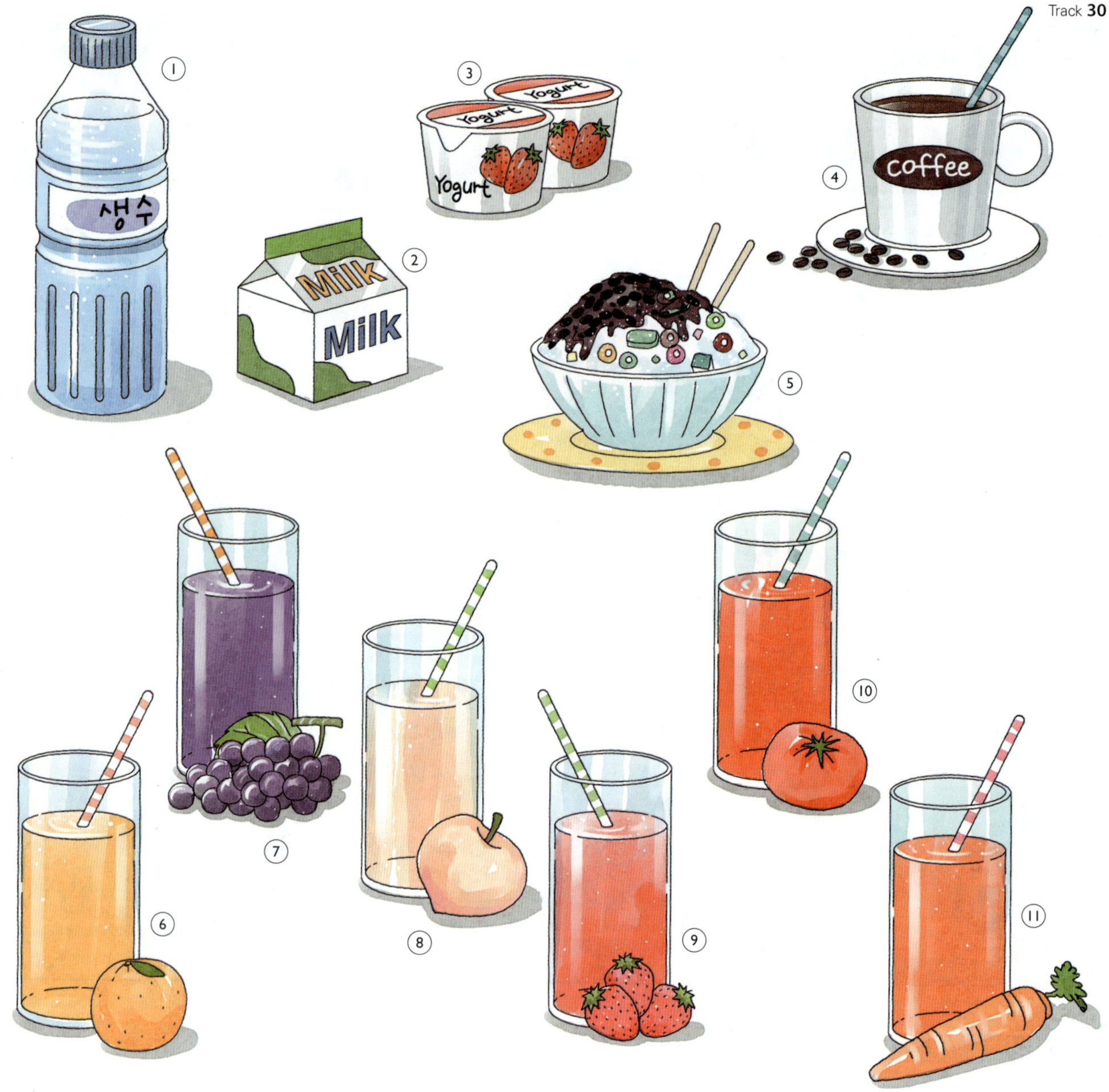

1 **생수**
spring water
矿泉水
ミネラルウォーター

2 **우유**
milk
牛奶
牛乳

3 **요구르트**
yogurt
酸奶
ヨーグルト

4 **커피**
coffee
咖啡
コーヒー

5 **팥빙수**
red bean sherbet
红豆牛奶冰
カキ氷

6 **오렌지 주스**
orange juice
橙汁
オレンジジュース

7 **포도 주스**
grape juice
葡萄汁
ブドウジュース

8 **복숭아 주스**
peach juice
桃汁
ピーチジュース

9 **딸기 주스**
strawberry juice
草莓汁
イチゴジュース

10 **토마토 주스**
tomato juice
西红柿汁(番茄汁)
トマトジュース

11 **당근 주스**
carrot juice
胡萝卜汁
キャロットジュース

차 tea ｜ 茶 ｜ お茶

1 인삼차
ginseng tea
人参茶
人参茶

2 녹차
green tea
绿茶
緑茶

3 홍차
black tea
红茶
紅茶

술 alcoholic drinks ｜ 酒 ｜ 酒

4 소주
soju
烧酒
焼酎

5 맥주
beer
啤酒
ビール

6 막걸리
makgeoli
米酒
マッコリ

More Vocabulary

생강차	ginger tea	生姜茶	生姜湯
대추차	jujube tea	枣茶	ナツメ茶
칡차	arrowroot tea	葛茶	くず湯
유자차	citron tea	柚子茶	ゆず湯

과일주	fruit wine	果子酒	果実酒
포도주	grape wine	葡萄酒	葡萄酒
매실주	Japanese apricot brandy, plum brandy	杨梅酒	梅酒

불고기
bulgogi
烤肉
プルゴギ

삼겹살
samgyeopsal
五花肉
三枚肉

갈비
galbi
排骨
カルビ

비빔밥
bibimbap
拌饭
ビビンバ

냉면
naengmyeon
冷面
冷麺

국수
noodles
面条
麺類

칼국수
kalguksu
切面
カルグクス(韓国式手打ちうどん)

만둣국
dumpling soup
饺子汤
マンドゥクック(餃子入りスープ)

떡국
rice cake soup
米糕汤
トックック（お雑煮）

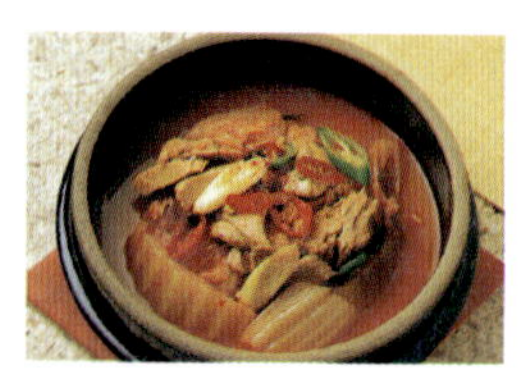

김치찌개
kimchi jjigae
泡菜汤
キムチチゲ

된장찌개
doenjang jjigae
大酱汤
テンジャンチゲ

부대찌개
budae jjigae
什锦汤（锅）
プデチゲ

순두부찌개
sundubu jjigae
嫩豆腐汤
スンドゥブチゲ (豆腐チゲ)

갈비탕
galbitang
排骨汤
カルビタン

삼계탕
samgyetang
参鸡汤
サムゲタン

설렁탕
seolleongtang
牛杂碎汤
ソルロンタン

육개장
yukgaejang
细丝牛肉汤
ユッケジャン

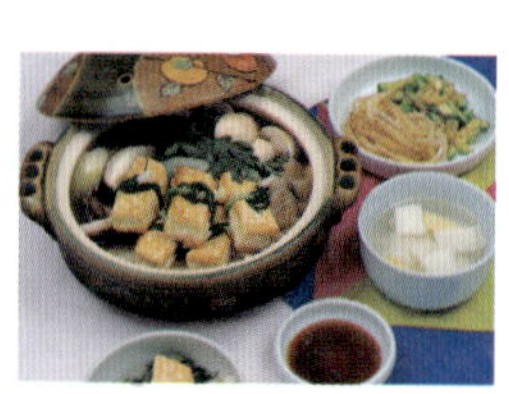

버섯전골
beoseot (mushroom) jeongol
蘑菇火锅
キノコ鍋

김밥
gimbap
紫菜卷饭
のり巻き

떡볶이
tteokbokki
炒米糕
トッポッキ

어묵
eomuk
鲜鱼凉粉
かまぼこ

순대
sundae
米肠
スンデ（豚の腸詰め）

라면
ramyeon
方便面
ラーメン

쫄면
jjolmyeon
劲道面
チョルミョン

떡 rice cake ｜ 米糕（年糕）｜ 餅

인절미
injeolmi
糯米糕
インヂョルミ

시루떡
sirutteok
蒸糕
シルトック

무지개떡
mujigaetteok
彩虹糕
ムジゲトック

송편
songpyeon
松糕
ソンピョン

가래떡
garaetteok
条糕
カレトック

수제비	sujebi ｜ 面片汤 ｜ すいとん		백설기	baekseolgi ｜ 白蒸糕 ｜ ペクソルギ
라복이	rabokki ｜ 方便面炒年糕 ｜ ラポッキ		약과	yakgwa ｜ 炸甜果 ｜ ヤッカ
절편	jeolpyeon ｜ 切糕 ｜ チョルピョン		호떡	hotteok ｜ 烙饼 ｜ ホットック

Track **34**

자장면
jajangmyeon
炸酱面
ジャージャー麺

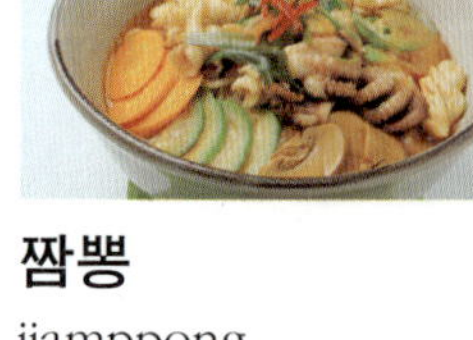

짬뽕
jjamppong
大杂烩面
チャンポン

울면
ulmyeon
温面
五目あんかけソバ

군만두
toasted dumplings
煎饺子
焼きギョーザ

물만두
water-boiled dumplings
水饺子
水ギョーザ

탕수육
sweet-and-sour pork
糖醋肉
酢豚

팔보채
eight seafood and vegetables
braised with mustard sauce
八宝菜
八宝菜

마파두부
stir-fried tofu in hot sauce
麻婆豆腐
マーボ豆腐

꽃빵
steamed twisted roll
花卷
中国蒸しパン

고추잡채
chilli chop suey
辣椒杂菜
コチュチャプチェ

해파리냉채
cold dish of jellyfish
凉拌海蜇
クラゲの冷菜

깐풍기
fried chicken in garlic sauce
干烹鸡
鶏のピリ辛炒め

양장피	cold vegetable dish	拌凉皮	両張皮 (両張皮と野菜などをカラシソースで和えた前菜料理)
유산슬	sea cucumber with shrimp and beef	溜三丝	溜三絲 (豚肉を中心に肉、海産物、野菜をあんかけで炒めた料理)
잡탕밥	rice mixed with fish and vegetables	汤泡饭	チャプタンパプ
잡채밥	chop suey rice	杂菜饭	チャプチェパプ

Track **35**

생선회
sashimi
生鱼片
刺身

생선 초밥 (스시)
sushi
寿司
寿司

김초밥
nori maki
紫菜饭卷
のり巻き

유부 초밥
inari sushi
油腐寿司
いなり寿司

알밥
rice topped with fish roe
鱼仔拌饭
魚卵混ぜご飯

돈가스
pork cutlet
猪排
豚カツ

생선 가스
fish cutlet
鱼排
魚フライ

장어구이
broiled eel
烤鳗鱼
ウナギの蒲焼

우동
udon
乌冬面
うどん

메밀국수
soba noodles
荞麦面
ざるそば

양식 | Western Food | 西餐 | 洋食

비프스테이크
beef steak
牛排
ビーフステーキ

비프커틀릿
beef cutlet
炸牛排
ビーフカツレツ

스프
soup
汤
スープ

샐러드
salad
沙拉
サラダ

스파게티
spaghetti
意大利面
スパゲッティー

카레라이스
curry rice
咖喱饭
カレーライス

샌드위치
sandwich
三明治
サンドイッチ

피자
pizza
比萨饼
ピザ

프라이드치킨
fried chicken
炸鸡
フライドチキン

More Vocabulary

바비큐 폭찹   barbecue pork chop | 烤猪排 | ポークチョップ

Track **37**

쿠키
cookie
饼干
クッキー

빵
bread, pastry
面包
パン

케이크
cake
蛋糕
ケーキ

사탕
candy
糖果
飴

초콜릿
chocolate
巧克力
チョコレート

아이스크림
ice cream
冰淇淋
アイスクリーム

More Vocabulary

비스킷	biscuit	酥饼	ビスケット
파이	pie	派	パイ
껌	gum	口香糖	ガム

1 쌀 rice 米 米	**4 두부** tofu 豆腐 豆腐	**7 국수** noodles 面条 麵類	**10 마요네즈** mayonnaise 蛋黄酱 マヨネーズ
2 보리 barley 麦 麦	**5 미역** brown seaweed 海带 わかめ	**8 김** dry laver 海苔 海苔	**11 케첩** ketchup 番茄酱 ケチャップ
3 밀가루 flour 白面 小麦粉	**6 당면** Chinese noodles 粉条 春雨	**9 스파게티 면** spaghetti noodles 意大利面 スパゲッティーの麺	**12 버터** butter 黄油 バター

13 마가린
margarine
人造黄油
マーガリン

14 치즈
cheese
奶酪
チーズ

15 꿀
honey
蜂蜜
蜂蜜

16 잼
jam
果酱
ジャム

17 된장
doenjang
大酱
みそ

18 고추장
gochujang
辣椒酱
唐辛子みそ

19 깨
sesame
芝麻
ゴマ

20 고춧가루
chilli powder
辣椒粉
唐辛子の粉

21 후춧가루
ground pepper
胡椒粉
コショウ

22 설탕
sugar
糖
砂糖

23 소금
salt
盐
塩

24 간장
soy sauce
酱油
醤油

25 참기름
sesame oil
香油
ごま油

26 식초
vinegar
醋
酢

27 식용유
cooking oil
食用油
食用油

More Vocabulary

컵라면	cup ramyeon	杯装方便面	カップラーメン
양념	seasonings, marinades, condiments	调料	薬味
조미료	artificial seasoning	调味料	調味料
젓갈	salted fish	鱼籽浆	塩辛
통조림	canned foods	罐头	缶詰
참치 캔	canned tuna	金枪鱼罐头	シーチキンの缶詰
꽁치 캔	canned mackerel pike	秋刀鱼罐头	サンマの缶詰

과식	overeating	过食	食べ過ぎ
과음	overdrinking	酗酒	飲み過ぎ
금식	fasting	禁食	断食
후식	dessert	甜点	デザート
군것질	snacking between meals	零食	間食
다이어트	diet	减肥	ダイエット

Appendix p.162

Phrases & Expressions

- **짜다** to be salty
- **맵다** to be hot, spicy
- **달다** to be sweet
- **쓰다** to be bitter
- **시다** to be sour
- **싱겁다** to be insipid, taste flat

- **칼칼하다** to be thirst-causing
- **텁텁하다** to be tasteless
- **매콤하다** to be somewhat spicy-hot
- **얼큰하다** to be rather spicy-hot
- **시원하다** to be refreshing
- **느끼하다** to be greasy

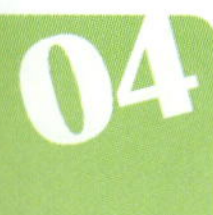

패스트푸드 Fast Food | 快餐 | ファーストフード

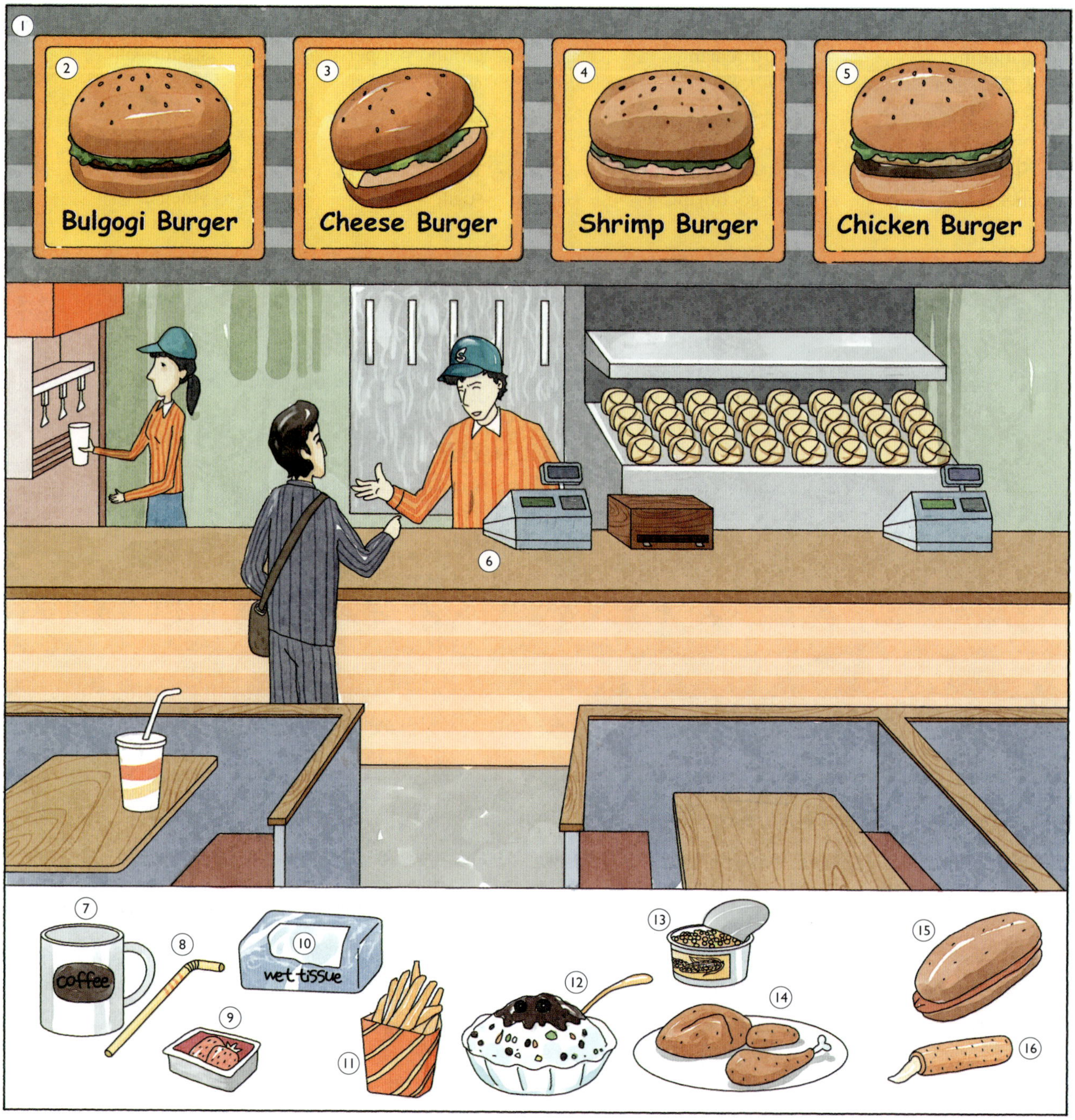

1 **메뉴**
menu
菜单
メニュー

2 **불고기 버거**
bulgogi burger
烤肉汉堡
プルゴギバーガー

3 **치즈 버거**
cheese burger
奶酪汉堡
チーズバーガー

4 **새우 버거**
shrimp burger
虾肉汉堡
シュリンプバーガー

5 치킨 버거
chicken burger
鸡肉汉堡
チキンバーガー

6 주문대 (계산대)
counter
收银台
カウンター

7 컵
cup
杯子
コップ

8 스트로 (빨대)
straw
吸管
ストロー

9 딸기잼
strawberry jam
草莓酱
イチゴジャム

10 물티슈
wet tissue
湿巾
ウェットティッシュ

11 프렌치프라이
French fries
炸薯条
フライドポテト

12 팥빙수
patbingsu, red-bean sherbet
红豆牛奶冰
カキ氷

13 콘 샐러드
corn salad
玉米沙拉
コーンサラダ

14 치킨
fried chicken
炸鸡
フライドチキン

15 핫도그
hot dog
热狗
ホットドッグ

16 치즈 스틱
cheese stick
奶酪条
チーズスティック

More Vocabulary

세트 메뉴	set menu	套餐	セットメニュー
햄버거	hamburger(s)	汉堡包	ハンバーガー
애플파이	apple pie	苹果派	アップルパイ
아르바이트생	person working temporary, part-timer	打工生	アルバイト
유니폼	uniform	制服	制服
이름표	name tag	名签	名札
회원 카드	membership card	会员卡	会員カード
포장	take out	包装	包装
분리수거함	garbage can for different classifications of garbage	分装垃圾桶	分別ゴミ回収箱

Appendix p.162

Phrases & Expressions

- 메뉴를 고르다 / 결정하다 to choose / decide from the menu
- 세트 메뉴를 주문하다 to order one of the sets
- 회원 카드를 제시하다 to present a membership card
- 햄버거를 먹다 to eat a hamburger
- 소스를 뿌리다 to spread some sauce
- 음료수를 마시다 to drink a beverage
- 음료수를 리필하다 to get a beverage refill
- 음식을 흘리다 to spill one's food
- 휴지로 닦다 to wipe with napkin
- 테이블을 치우다 to clear a table
- 테이블이 더럽다 / 깨끗하다 a table is messed up / clean
- 음식을 포장하다 to take out food

김치 담그기 Making Kimchi │ 做泡菜 │ キムチを作る

Track **40**

1 **배추를 2~4 등분하다** to cut Chinese cabbage into 2 or 4 pieces │ 把白菜分成2~4等分 │ 白菜を2~4等分する

2 **배추를 소금물에 절이다** to soak Chinese cabbage in salted water │ 用盐水腌白菜 │ 白菜を塩水に漬ける

3 **무를 채(를) 썰다** to cut and slice radish │ 把萝卜切丝 │ 大根を千切りにする

4 **마늘 / 생강을 다지다** to chop garlic / ginger │ 捣大蒜 / 姜 │ にんにく / 生姜をつぶす

5 **무채에 고춧가루를 넣어 버무리다**
to mix sliced radish and powdered red pepper │ 用辣椒粉拌萝卜丝 │ 大根の千切りに唐辛子の粉を入れてあえる

6 **배추 포기에 소를 넣다** to put the mixture inside each leaf │ 腌好的白菜里拌调料 │ 白菜の株に薬味を入れる

7 **독(용기, 김치냉장고)에 담다**
to store in a kimchi pot │ 装在缸(容器，泡菜冰箱)里 │ 甕(容器，キムチ冷蔵庫)に入れる

총각김치	chonggak kimchi (pickled young radishes) │ 小萝卜泡菜 │ チョンガーキムチ
파김치	pa kimchi (pickled scallion) │ 葱泡菜 │ ネギのキムチ
오이소박이	oi sobagi (stuffed cucumber pickles) │ 黄瓜泡菜 │ キュウリの中に具を詰めたキムチ
깍두기	kkakdugi (sliced white-radish kimchi) │ 萝卜块儿泡菜 │ カクテギ
백김치	baek kimchi (white cabbage) │ 白泡菜 │ 唐辛子を使わずに漬ける白いキムチ
동치미	dongchimi (watery radish kimchi) │ 萝卜水泡菜 │ トンチミ

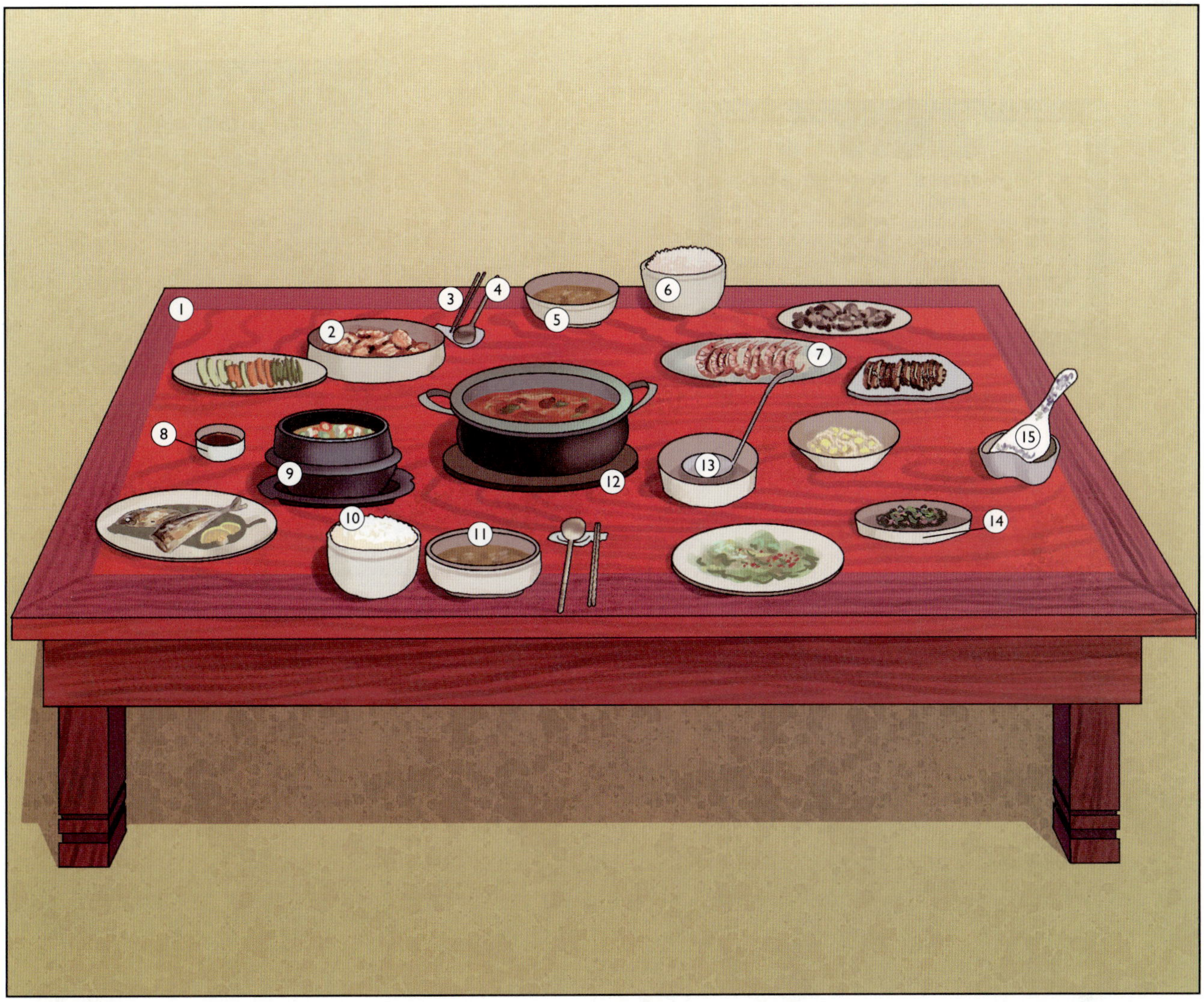

1 **밥상**
(traditional) dinning table
饭桌
食膳

2 **김치**
kimchi
泡菜
キムチ

3 **젓가락**
chopsticks
筷子
箸

4 **숟가락**
spoon
勺子
スプーン

5 **국그릇**
soup / broth bowl
汤碗
吸い物椀

6 **밥그릇**
rice bowl
饭碗
茶碗

7 **접시**
plate, dish
盘子
皿

8 **종지**
small bowl
小碗
調味料容器

9 **뚝배기**
earthenware bowl
沙锅
土鍋

10 **밥**
rice
饭
ご飯

11 **국**
soup, broth
汤
汁

12 **냄비 받침**
pot stand
锅垫儿
鍋敷き

13 **국자**
ladle, dipper
汤勺
しゃくし

14 **반찬 그릇**
banchan (side dish) plate
小碟子
おかずの皿

15 **밥주걱**
rice scoop
饭勺
しゃもじ

67

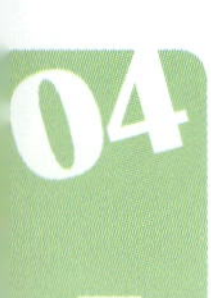

식당 (음식점) Restaurant | 餐厅 | 食堂 (飲食店)

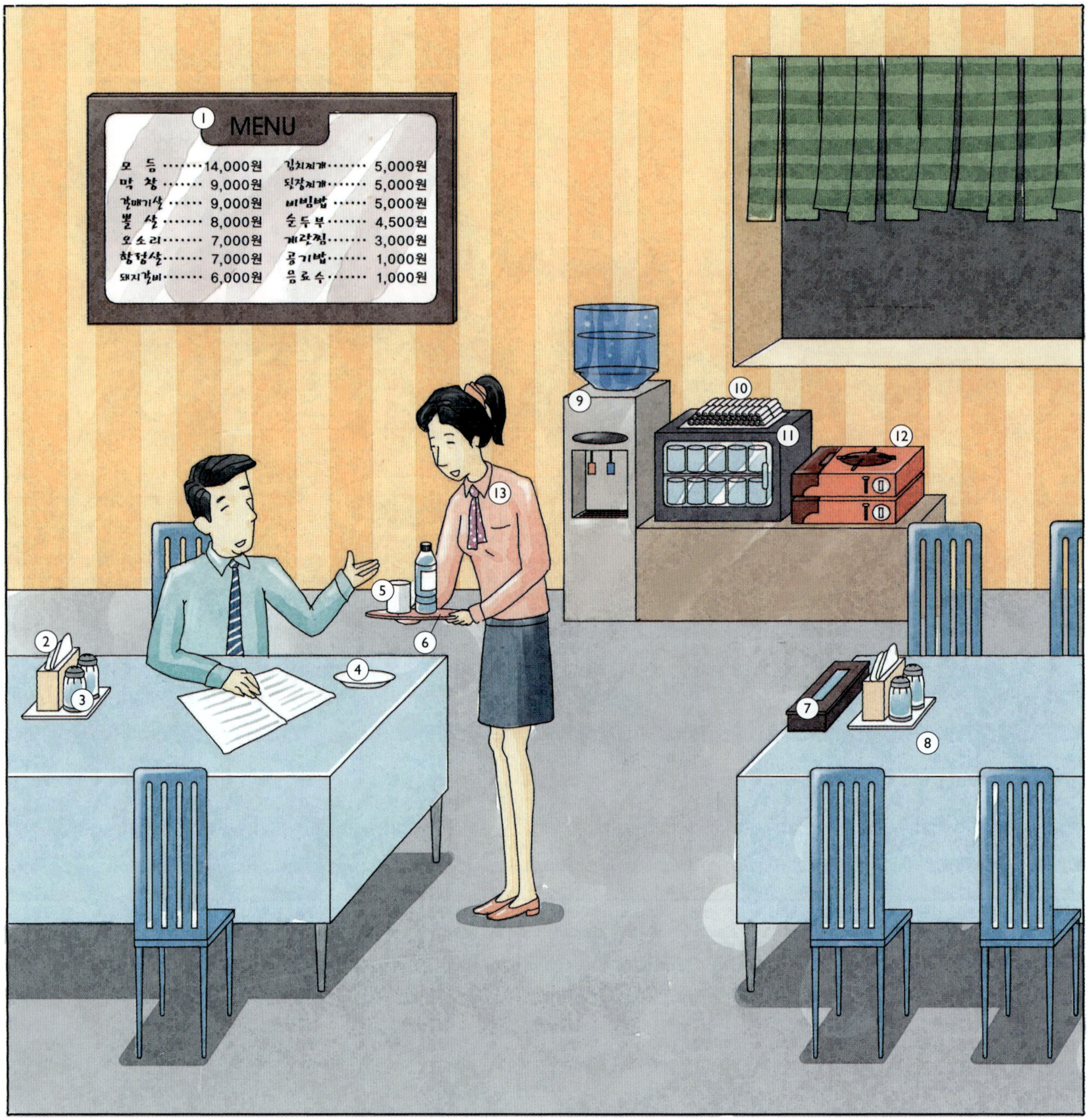

1 **차림표 (메뉴)**
menu
菜单
メニュー

2 **냅킨**
napkin
餐巾纸
ナプキン

3 **양념 통**
condiment jar
调料盒
調味料容器

4 **개인 접시**
dish
个人用碟子
銘々皿

5 **컵**
cup
杯子
コップ

6 **쟁반**
tray
盘子
お盆

7 **수저통**
spoon stand
餐具盒
箸入れ

8 **테이블**
table
餐桌
テーブル

9 **정수기**
water purifier
净水器
浄水器

10 **물수건**
wet towel
湿巾
おしぼり

11 **살균 소독기**
sterilization device
杀菌消毒器
殺菌消毒機

12 **휴대용 가스레인지**
portable gas stove
携带用煤气灶
携帯用ガスコンロ

13 **종업원**
employee
服务员
店員

More Vocabulary

가격표	price list ｜ 价格表 ｜ 価格表
재떨이	ashtray ｜ 烟灰缸 ｜ 灰皿
예약석	reserved seat ｜ 预约席 ｜ 予約席
금연석	no smoking seat ｜ 禁烟席 ｜ 禁煙席
주방장	head chef ｜ 厨师长 ｜ コック長
주인	owner ｜ 主人 ｜ 主人
계산서	check, bill ｜ 清单 ｜ 計算書
영수증	receipt ｜ 发票 ｜ 領収書
이쑤시개	toothpick ｜ 牙签 ｜ 爪楊枝
셀프서비스	self service ｜ 自助服务 ｜ セルフサービス
유아 놀이방	children's play area ｜ 幼儿房 ｜ お遊戯広場
자동판매기 (자판기)	vending machine ｜ 自动售货机 ｜ 自動販売機

Appendix p.162

Phrases & Expressions

- **주문을 받다** to take an order
- **음식을 주문하다 / 시키다** to order food
- **반찬을 더 주문하다** to order more banchan (side dishes)
- **개인 접시에 음식을 덜다** to put food on one's plate
- **냅킨으로 입을 닦다** to wipe one's lips with a napkin
- **계산하다, 돈을 내다** to pay
- **(돈을) 각자 내다** to pay separately
- **예약하다** to make a reservation
- **예약을 취소하다** to cancel a reservation
- **친절하다 / 불친절하다** be friendly / unfriendly
- **자리가 없다** to have no seats available
- **배달하다** to deliver

주거 형태 Forms of Domicile | 居住形态 | 住居の形態

아파트 apartment | 公寓 | マンション

1 1층 first floor 一楼 1階	**3 3층** third floor 三楼 3階
2 2층 second floor 二楼 2階	**4 4층** fourth floor 四楼 4階

5 비상구 emergency exit 安全出口 非常口	**7 엘리베이터 (승강기)** elevator 电梯 エレベーター
6 계단 stairs 楼梯 階段	**8 관리실 (경비실)** guard box 门卫室 管理室（警備室）

9 주차장
parking lot
停车场
駐車場

10 놀이터
playground
儿童游乐场, 游乐场
遊び場

단독 주택 single-unit housing ｜ 单独住宅 ｜ 1戸建ての家

11 집
house, home
房子
家

13 대문
gate
大门
門

15 우편함
mailbox
邮件箱
郵便受け

12 정원
garden
庭园
庭

14 초인종 (벨)
doorbell
门铃
呼び鈴 (ベル)

More Vocabulary

연립주택	row houses	连排住宅	テラスハウス
빌라	villa	公寓	(高級な)マンション
가옥	house (building, structure)	房屋	家屋
문패	doorplate	门牌	表札
마당	yard	院子	中庭
뜰	yard	庭	庭
옥상	rooftop	楼顶	屋上
양로원	retirement home	养老院	老人ホーム
유치원	kindergarten	幼儿园	幼稚園

어린이집	day care center	托儿所	子供の家
아파트 관리비	apartment management fees	公寓管理费	アパート管理費
전기세	electricity fees	电费	電気代
수도세	water fees	水费	水道代
전화세	telephone fees	电话费	電話代
재산세	property tax	财产税	財産税
자동차세	auto tax	汽车税	自動車税
보험료	insurance fee	保险费	保険料

Appendix p.163

Phrases & Expressions

- 엘리베이터를 타다 to take an elevator
- 계단을 올라가다 / 내려가다 to go up / go down stairs
- 주차장에 차를 주차시키다 (주차하다) to park a car in the parking area

주방 Kitchen | 厨房 | キッチン

1 찬장 pantry, cupboard 厨具柜 食器棚	**4 식기세척기** dishwashing machine, dishwasher 洗碗机 食器洗い機	**7 도마** cutting board, chopping board 菜板 まな板
2 그릇 vessel, container, bowl, dish 餐具 食器	**5 싱크대** sink 洗涤槽 流し台	**8 믹서** blender 搅拌机 ミキサー
3 선반 shelf 搁板 棚	**6 칼** knife 菜刀 包丁	**9 커피 메이커** coffee maker 咖啡机 コーヒーメイカー

10 **냉장고** refrigerator 冰箱 冷蔵庫	14 **주전자** kettle 水壺 やかん	18 **종이 타월** paper towel 厨房纸巾 キッチンタオル	22 **거품기** eggbeater 泡沫机 泡だて器
11 **쌀통** rice container 米桶 米びつ	15 **가스레인지** gas stove, gas oven 煤气炉 ガスレンジ	19 **토스터** toaster 烤面包机 トースター	23 **김치냉장고** kimchi refrigerator 泡菜冰箱 キムチ冷蔵庫
12 **전기밥솥** electric rice cooker 电饭锅 電気炊飯器	16 **전자레인지** microwave oven 微波炉 電子レンジ	20 **식탁** dining table 饭桌 食卓	
13 **환풍기** ventilation fan 排风扇 換気扇	17 **오븐** oven 烤箱 オーブン	21 **냄비** pot 锅 鍋	

More Vocabulary

냄비 집게	pot lifter	取物夹	鍋つかみ
조리대	kitchen table	烹调台	調理台
팬	pan	平锅	ファン
체	strainer	筛子	ふるい

식탁보	tablecloth	饭桌布	テーブルクロス
식탁 의자	table chairs	饭桌椅子	食卓椅子
가스 밸브	gas valve	煤气阀门	ガスの元栓

Appendix p.163

Phrases & Expressions

- (야채를) 볶다 to fry (vegetables)
- (시금치를) 데치다 to boil (spinach)
- (나물을) 무치다 to season (greens)
- (콩나물을) 삶다 to boil (bean sprouts)
- (호박전을) 부치다 to pan fry (pumpkin)
- (오징어를) 튀기다 to fry (cuttlefish)
- (국을 / 찌개를) 끓이다 to boil (soup, stew)
- (콩을) 졸이다 to parch (beans)
- 밥상을 펴다 / 접다
to unfold / fold a collapsible (meal) table

- 밥을 푸다 to scoop rice from container it was cooked in
- 국을 뜨다 to scoop soup (with ladle from pot)
- 숟가락질을 / 젓가락질을 하다 to use spoon / chopsticks
- 생선 가시를 바르다 to remove bones from fish
- 간장에 찍다 to dip into soy sauce
- 숭늉을 마시다 to drink water boiled in pot rice was cooked in
- 빈 그릇을 치우다 to remove empty plates
- 그릇을 씻다 to wash a dish / dishes
- 그릇을 말리다 to dry the dishes
- 설거지를 하다 to do a dish / dishes

Track **45**

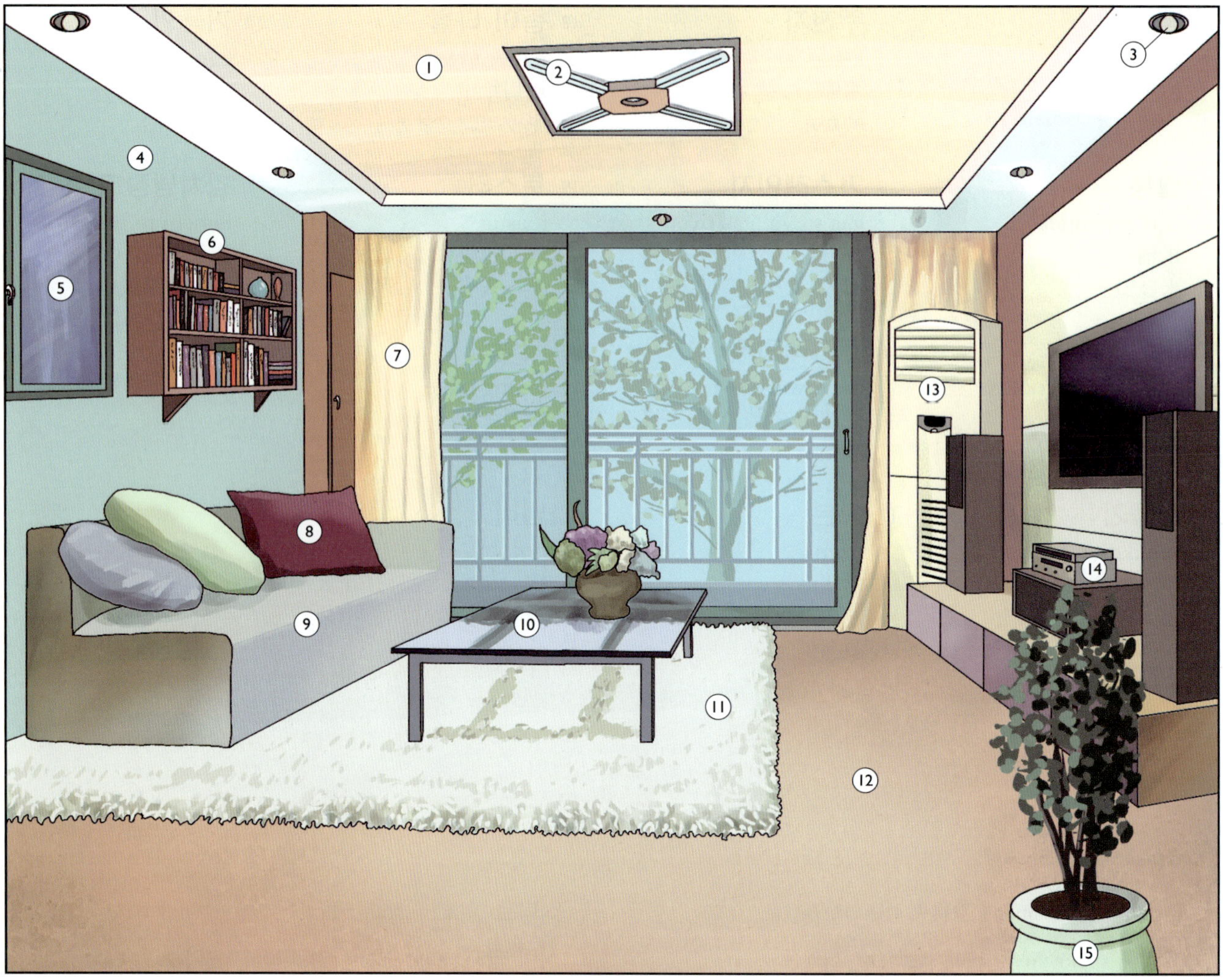

1 천장 ceiling 天花板 天井	**4 벽** wall 墙壁 壁	**7 커튼** curtain 窗帘 カーテン	**10 탁자** table 茶桌 テーブル	**13 에어컨** air conditioner 空调 エアコン
2 형광등 fluorescent lamp 日光灯 蛍光灯	**5 창문** window 窗户 窓	**8 쿠션** cushion 软垫儿 クッション	**11 카펫** carpet 地毯 カーペット	**14 오디오** stereo 音响 オーディオ
3 전구 light bulb 电灯泡 電球	**6 책장** bookcase 书柜 本棚	**9 소파** sofa 沙发 ソファー	**12 마룻바닥** wooden floor 地板 板の間	**15 화분** flowerpot 花盆 植木鉢

베란다　veranda | 阳台 | ベランダ

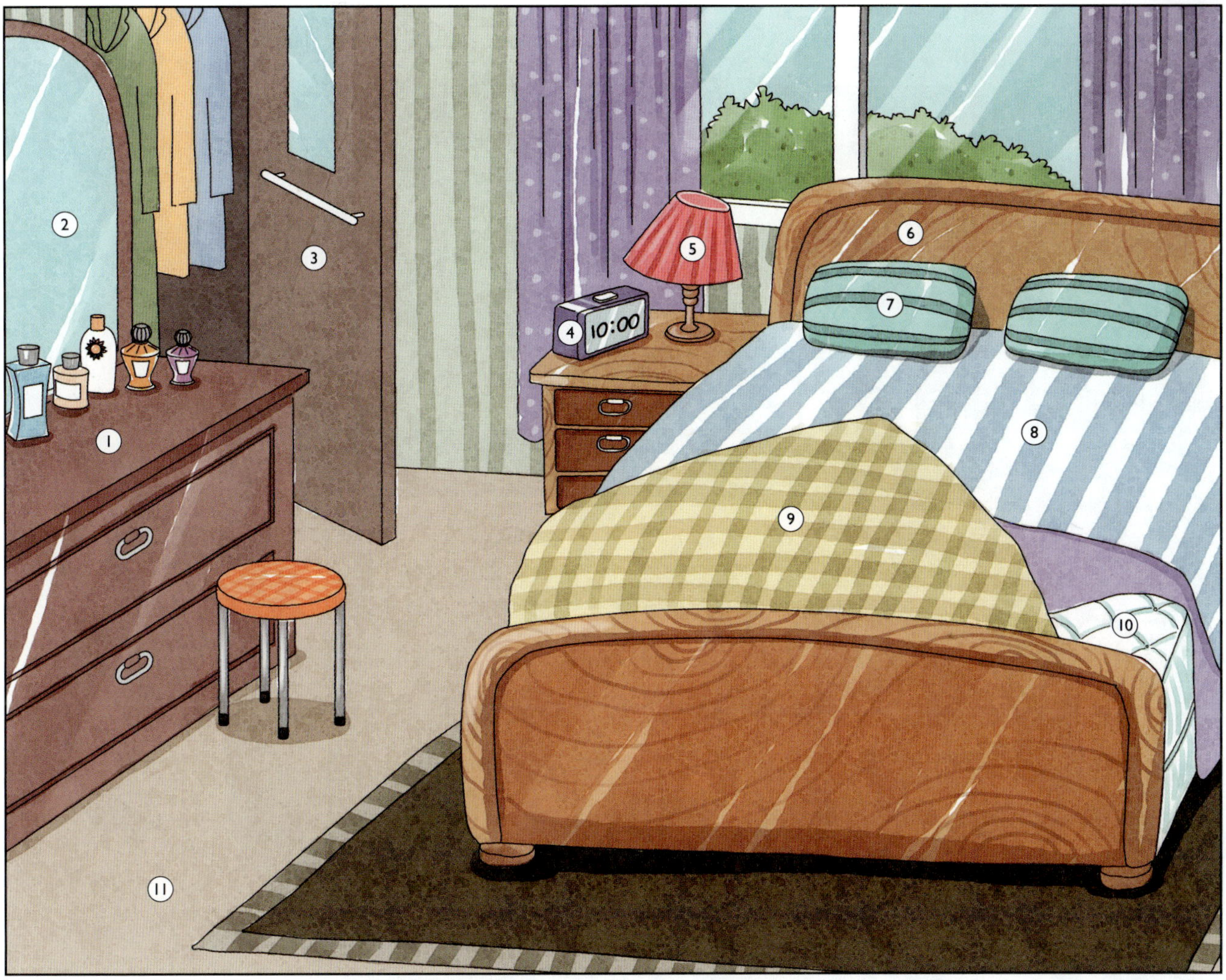

Track **46**

1 화장대
makeup stand, dressing table
化妆台
化粧台

2 거울
mirror
镜子
鏡

3 옷장
wardrobe
衣柜
洋服ダンス

4 시계
clock
钟
時計

5 스탠드
stand
煤油灯
電気スタンド

6 침대
bed
床
ベッド

7 베개
pillow
枕头
枕

8 시트
sheet
床单
シーツ

9 이불
bedding, quilt
被子
布団

10 매트리스
mattress
床垫
マットレス

11 방바닥
bare floor
地板
部屋の床

침대 커버	bedspread	床罩 | ベッドカバー
담요	blanket	毯子 | 毛布
전등	electric light	电灯 | 電気

욕실 Bathroom | 浴室 | 浴室

(illustration)

1 수건 towel 毛巾 タオル	**3 면도기** shaver, razor 剃须刀 かみそり
5 린스 (컨디셔너) conditioner 护发素 リンス (コンディショナー)	**7 칫솔** toothbrush 牙刷 歯ブラシ
2 화장지 toilet paper 卫生纸 トイレットペーパー	**4 샴푸** shampoo 洗发精 シャンプー
6 치약 toothpaste 牙膏 歯磨き粉	**8 수도꼭지** faucet 水龙头 蛇口

9 **세면대**
washstand
洗面台
洗面台

10 **비누**
soap
香皂
石鹸

11 **샤워 커튼**
shower curtain
浴帘
シャワーカーテン

12 **샤워기**
shower head
淋浴器
シャワー

13 **변기**
toilet bowl
马桶
便器

14 **타일**
tile
瓷砖
タイル

15 **배수구**
drain
排水口
排水口

16 **욕조**
bathtub
浴缸
浴槽

More Vocabulary

타월장	towel cabinet ┊ 毛巾柜 ┊ タオル棚
목욕 가운	bathrobe ┊ 浴衣 ┊ 風呂用ガウン
욕실 슬리퍼	bathroom slippers ┊ 浴室拖鞋 ┊ 風呂用スリッパ
체중계	scale ┊ 体重称 ┊ 体重計
콘택트렌즈	contact lenses ┊ 隐形眼镜 ┊ コンタクトレンズ
헤어 드라이기 (드라이어)	hair dryer ┊ 吹风机 ┊ ドライヤー
때수건	plastic towel for scrubbing ┊ 搓澡巾 ┊ あかすりタオル
거품	bubbles, foam ┊ 泡沫 ┊ 泡
비데	bidet ┊ 便洁器 ┊ ビデ
가글	gargle ┊ 漱口水 ┊ うがい薬
양치 컵	cup for toothbrushing ┊ 漱口杯 ┊ うがいコップ
세숫대야	washbasin, washbowl ┊ 洗脸盆 ┊ 洗面器
바가지	dipper, scoop ┊ 瓢儿 ┊ ひょうたんで作ったひしゃく
세척 솔	toilet brush ┊ 洗涤刷子 ┊ 洗浄ブラシ

Appendix p.163

Phrases & Expressions

- 용변을 보다 to relieve oneself
- 물을 내리다 to flush
- 물을 틀다 / 잠그다 to turn on / off the water faucet
- 비누를 칠하다 to apply soap
- 세수를 하다 to wash one's face
- 수건으로 닦다 to wipe with a towel
- 수건을 걸다 to hang up a towel

- 치약을 짜다 to squeeze (apply) toothpaste
- 면도하다 to shave
- 샤워를 하다 to shower
- 욕조에 물을 받다 to fill a bathtub with water
- 목욕을 하다 to bathe
- 체중을 달다 to weigh oneself
- 렌즈를 끼다 / 빼다 to put in / remove (take out) contacts

청소 용구 Cleaning Devices | 清扫工具 | 掃除用具

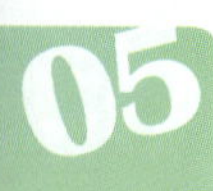

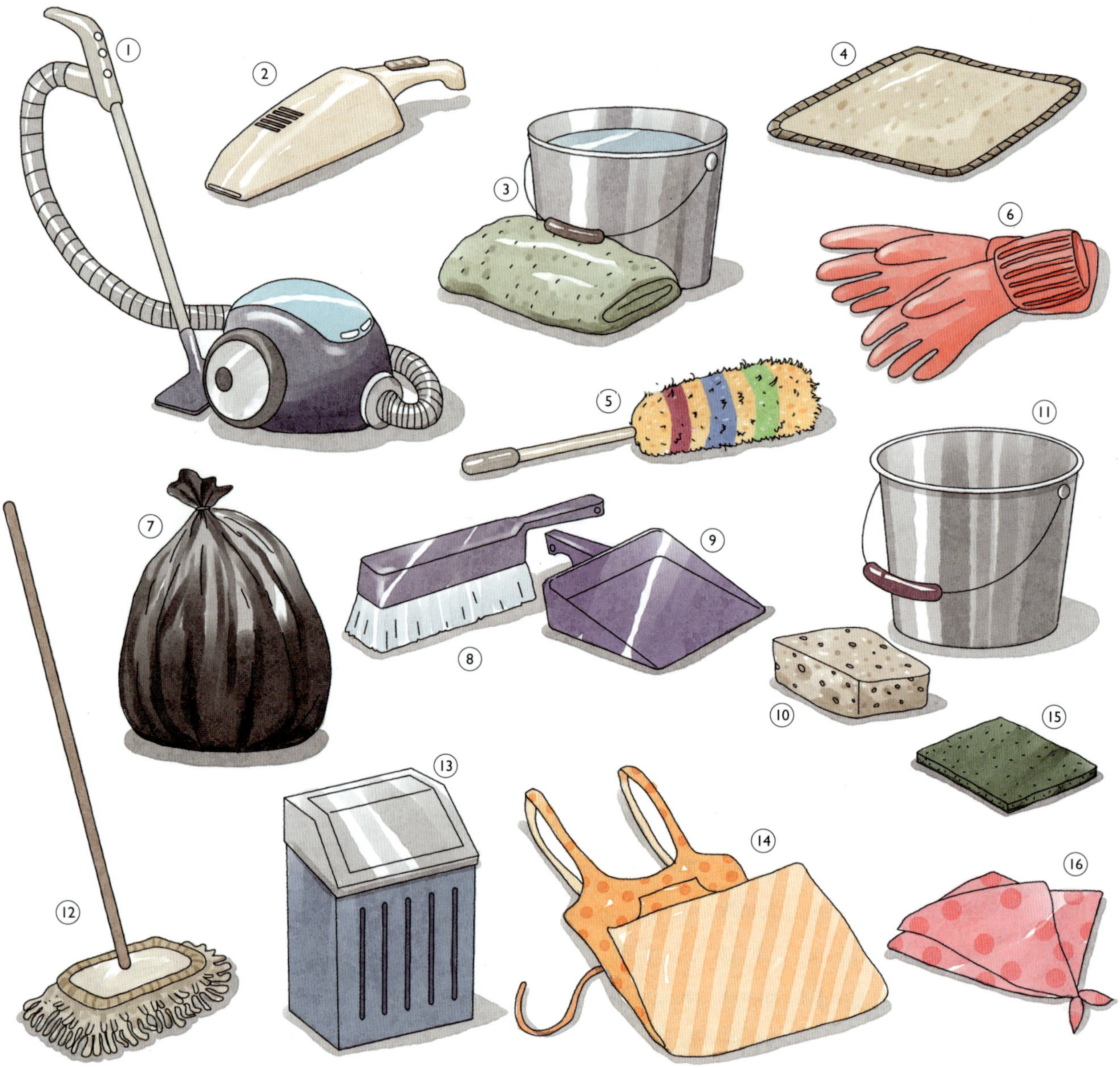

1 **청소기**
vacuum cleaner
吸尘器
掃除機

2 **소형 청소기**
portable (hand) vacumn
小型吸尘器
小型掃除機

3 **물걸레**
wet floorcloth
湿布
濡れ雑巾

4 **마른걸레**
dry floorcloth
干布
乾いた雑巾

5 **먼지떨이**
duster
掸子
はたき

6 **고무장갑**
rubber gloves
橡皮手套
ゴム手袋

7 **쓰레기봉투**
garbage bag
垃圾袋
ゴミ袋

8 **빗자루**
broom
扫把
ほうき

9 쓰레받기
dustpan
垃圾铲
ちり取り

10 스펀지
sponge
海绵
スポンジ

11 양동이
metal bucket
白铁罐
バケツ

12 자루걸레
mop
拖把
モップ

13 쓰레기통
garbage can, trash can
垃圾桶
ゴミ箱

14 앞치마
apron
围裙
エプロン

15 수세미
scrubber
碗刷子
たわし

16 두건
headscarf
头巾
頭巾

More Vocabulary

사닥다리 (사다리)	ladder	梯子	はしご
방충제	insecticide	防虫剂	防虫剤
방향제	aromatic substance	芳香剂	芳香剤
욕실용 세제	restroom cleanser	卫浴洁净剂	浴室用洗剤
곰팡이 제거제	mold removal solution	防蛀剂	カビ取り
습기 제거제	dampness remover	除潮剂	湿気取り
유리 세정제	window washing fluid	玻璃清洁剂	ガラスクリーナー
가구 광택제	furniture brightener	家具亮洁剂	家具光沢剤
소독	disinfectant	消毒	消毒
파출부 (가정부)	maid	小时工	派出婦 / 家政婦

Appendix p.163

Phrases & Expressions

- 침대를 정돈하다 to make one's bed
- 시트를 갈다 to change the sheets
- 이불을 개다 / 펴다 to put away / unfold bedding
- 환기시키다 to let fresh air in
- 장난감을 치우다 to clean up one's toys
- (카펫을) 진공 청소하다 to vacuum (a carpet)
- 마룻바닥을 쓸다 / 닦다 to sweep / wipe a floor
- 걸레질하다 to wipe (a floor) with a damp cloth
- 책장을 정리하다 to organize a bookshelf
- 가구의 먼지를 털다 to knock the dust off the furniture
- 창문을 닦다 to clean a window
- 쓰레기통을 비우다 to empty a trash can
- 쓰레기를 버리다 to throw trash away
- 화분에 물 주다 to water a (plant in a) flowerpot
- 정원을 가꾸다 to grow a garden

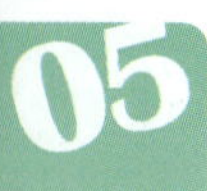

공구 Tools | 工具 | 工具

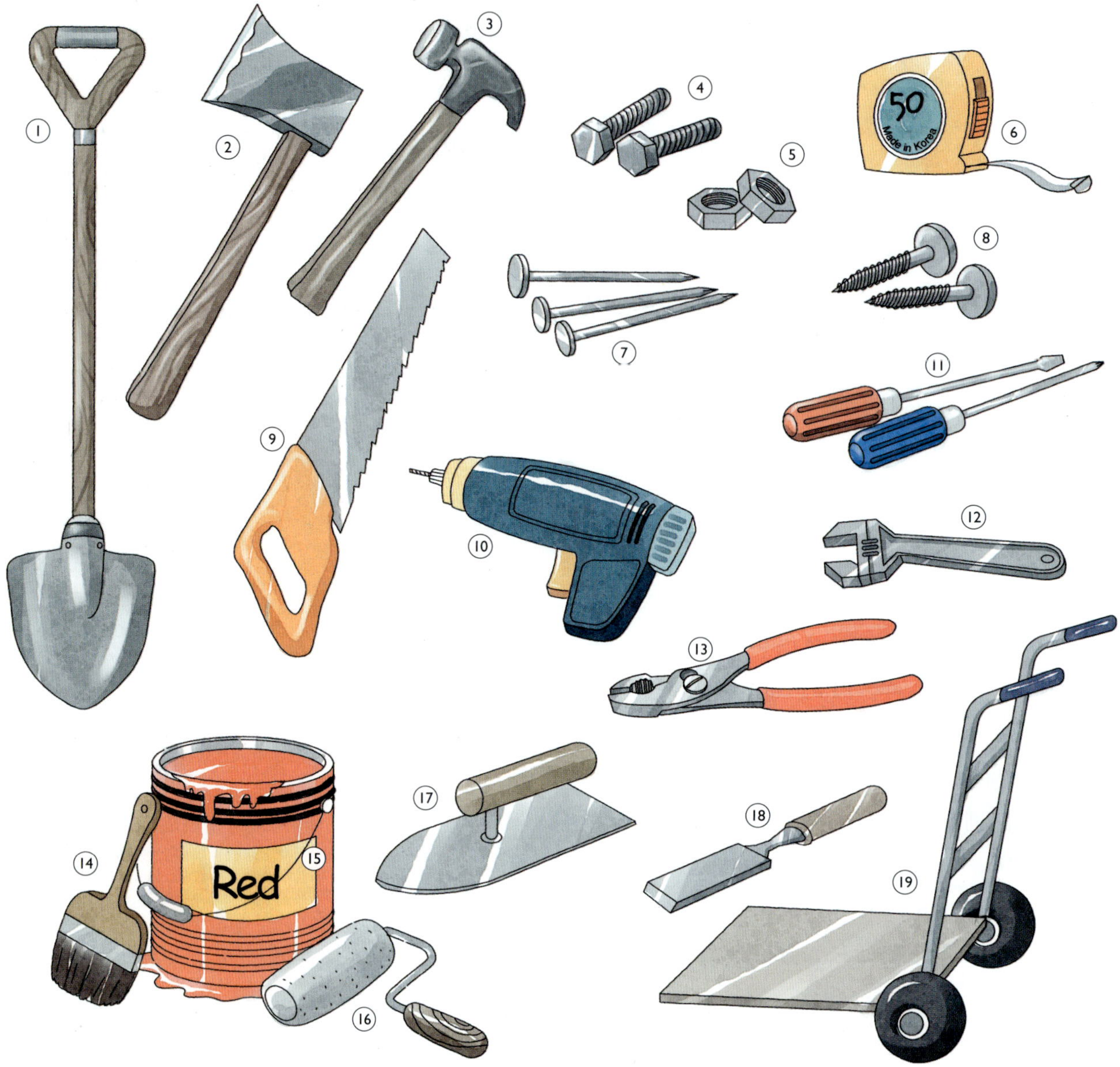

1 **삽**
shovel
铲子
シャベル

2 **도끼**
ax
斧头
斧

3 **망치**
hammer
锤子
かなづち

4 **볼트**
bolt
螺栓
ボルト

5 **너트**
nut
螺丝母
ナット

6 **줄자**
measuring tape
卷尺
巻尺

7 **못**
nail
钉子
釘

8 **나사**
screw
螺丝钉
ねじ

9 **톱**
saw
锯
のこぎり

10 **드릴**
drill
钻孔机
ドリル

11 **드라이버**
screw driver
改锥
ドライバー

12 **스패너**
wrench
扳手
スパナー

13 **펜치**
pliers
铁钳
ペンチ

14 **페인트 붓**
paint brush
油漆刷子
ペイント筆

15 **페인트**
paint
油漆
ペイント

16 **페인트 롤러**
paint roller
油漆滚棒
ペイントローラー

17 **흙손**
trowel
泥刀
こて

18 **끌**
chisel
凿子
鑿（のみ）

19 **손수레**
handcart
手推车
手押し車

전선	electric wire	电线	電線
배터리	battery	电池	バッテリー
파이프	pipe	钢管	パイプ
전기 테이프	electric tape	绝缘胶布	電気用絶縁テープ
플래시	flashlight	手电筒	フラッシュライト
수도 계량기	water gauge	自来水计量器	水道計量器

두꺼비집	fuse box	熔断器	安全器
가스	gas	煤气	ガス
계량기	gauge	计量器	計量器
물뿌리개	sprinkling can	洒水器	じょうろ
호스	hose	胶皮管	ホース

Appendix p.163

Phrases & Expressions

- **고장 나다** to malfunction
- **전원이 나가다** to have electricity go off
- **지붕이 새다** to have a roof leak
- **벽에 금이 가다** to have a crack appear in a wall
- **유리창이 깨지다** to have glass window break
- **자물쇠가 부러지다** to have a lock break
- **계단이 부서지다** to have a staircase break
- **보일러가 고장 나다** the boiler breaks
- **수도꼭지가 새다** to have a faucet leak
- **싱크대 물이 새다** to have a sink leak
- **배수구 / 변기가 막히다** to have the drain / toilet get clogged
- **파이프가 얼다** to have a pipe freeze

교실 Classroom | 教室 | 教室

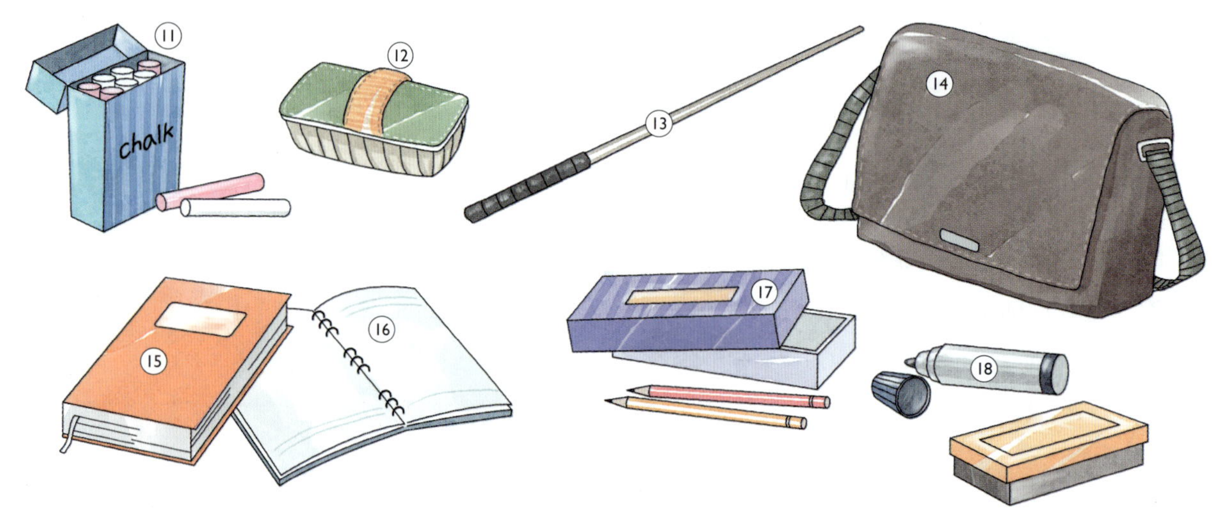

1 화이트보드 white board 白板 ホワイトボード	**3 칠판** blackboard 黑板 黒板	**5 탁자** table 写字台 テーブル	**7 책상** desk 书桌 机
2 선생님 teacher 老师 先生	**4 지구본** globe 地球仪 地球儀	**6 의자** chair 椅子 椅子	**8 학생** student 学生 学生

9 **지도**
map
地图
地図

10 **복도**
hallway
走廊
廊下

11 **분필**
chalk
粉笔
チョーク

12 **칠판지우개**
blackboard eraser
黑板擦儿
黒板消し

13 **지시봉**
pointer
指挥棒
指示棒

14 **책가방**
book bag
书包
学生かばん

15 **책**
book(s)
书
本

16 **공책**
notebook
笔记本
ノート

17 **필통**
pencil case
笔筒
筆箱

18 **보드 마커**
board marker
白板笔
ボードマーカー

More Vocabulary

국기	national flag	国旗	国旗
게시판	bulletin board	公告栏	掲示板
스피커	speaker	喇叭, 扩音机	スピーカー
출석	attendance	考勤	出席
결석	absence	缺席	欠席
조퇴	leaving early	早退	早退
지각	arriving late	迟到	遅刻
휴강	(a teacher) skipping a lecture	停课	休講

교과서	textbook	教科书	教科書
연습장	notebook	练习本	練習帳
사전	dictionary	词典	辞書
전자사전	electric dictionary	电子词典	電子辞書
입학	school admittance	入学	入学
졸업	graduation	毕业	卒業
전학	transfer schools	转学	転校
짝	desk mate	伴儿	ペア

Appendix p.163

Phrases & Expressions

- 앉으세요 please be seated
- 일어나세요 please stand up
- 다시 한번 설명해 주세요 please explain one more time
- 읽어 보세요 please read (it)
- 써 보세요 please write (it)
- 따라 하세요 please repeat after me
- 잘 들으세요 listen carefully
- 숙제가 있습니다 there is homework
- 토론하다 to debate
- 발표하다 to announce
- 공책에 쓰다 to write in a notebook

- 지우개로 지우다 to erase with an eraser
- 질문하다 to ask a question
- 학생들이 떠들다 students make a disturbance
- 수업이 시작되다 / 끝나다 class is started / finished
- 교실로 / 교실에 들어오다 to enter a classroom
- 출석을 부르다 to call roll
- 대답하다 to answer
- 사전을 빌려 주다 to lend a dictionary
- 단어를 찾다 to find a word (in the dictionary)
- 단어를 암기하다 to memorize a word
- 숙제를 제출하다 to submit homework

학교 시설 School Facilities | 学校设施 | 学校の施設

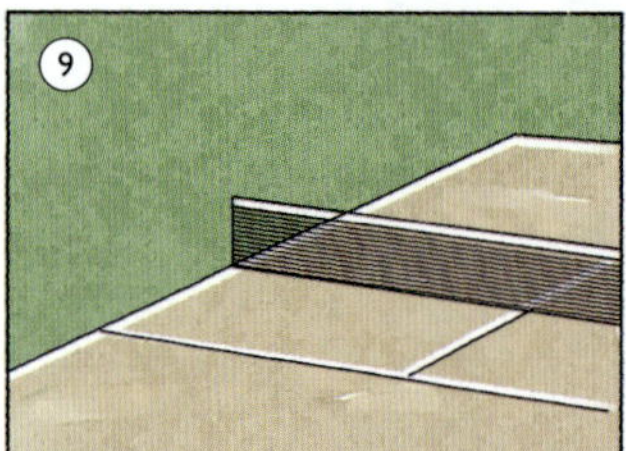

1 강의실
classroom
教室
講義室

2 도서관
library
图书馆
図書館

3 기숙사
dormitory
宿舍
学生寮

4 학생 식당
student cafeteria
学生食堂
学生食堂

5 **체육관**
gymnasium
体育馆
体育館

6 **강당**
lecture hall
礼堂
講堂

7 **운동장**
playground
操场
運動場

8 **농구 코트**
basketball court
篮球场
バスケットコート

9 **테니스 코트**
tennis court
网球场
テニスコート

10 **수영장**
swimming pool
游泳馆
プール

11 **야외 음악당**
outdoor music venue
露天音乐堂
野外音楽堂

12 **정문**
main gate
正门
正門

More Vocabulary

본관	main building	主楼	本館
학생회관	student center	学生会馆	学生会館
학생 상담소	student counseling	学生咨询处	学生相談所
학교 신문사	school newspaper	校报社	学校の新聞社
동아리 방	club room	活动小组房	サークル室
교수 연구실	professor's office	教授研究室	教授研究室
학과 사무실	department office	教研室	学科事務室
세미나실	seminar room	会议室	セミナー室
실험실	laboratory	实验室	実験室
미술실	art room	美术室	美術室
음악실	music room	音乐室	音楽室
무용실	dance room	舞蹈室	舞踊室
탈의실	changing room, locker room	更衣室	脱衣室
샤워실	shower room	洗浴室	シャワー室
서점	bookstore	书店	書店
문방구	stationery store	文具店	文房具店
셔틀버스 승차장	shuttle bus stop	班车站	シャトルバス乗り場
공중전화(기)	public phone	公用电话	公衆電話
자동판매기	automatic vending machine	自动售饮机	自動販売機
증명서 자동 발급기	automated document-issuing machine	电脑开证机	証明書発給機
분수대	fountain	喷泉	噴水
벤치	bench	长椅	ベンチ
후문	rear gate	后门	裏門

1	**도서 (책)** book 图书 図書, 本	**3**	**저자명** author's name 作者姓名 著者名	**5**	**휴게실** lounge 休息室 休憩室
2	**도서명** book title 图书名 書名	**4**	**출판사명** publisher's name 出版社名 出版社名	**6**	**자료실** data / material room 资料室 資料室

7 **서가**
bookstack
书架
書架

8 **신문**
newspaper
报纸
新聞

9 **잡지**
magazine
杂志
雜誌

10 **백과사전**
encyclopedia
百科全书
百科事典

More Vocabulary

사서	librarian	图书管理员	司书
단행본	monograph	单行本	単行本
주제어	keyword	主题词	キーワード
검색어	search word	搜索词	検索語
학생증	student identification	学生证	学生証
구입 신청	request for purchase	申请购买	購入申請
대출	book borrowing	借书	貸し出し
반납	book return(ing)	还书	返却

바코드	bar code	条形码	バーコード
열람실	reading room	阅览室	閲覧室
복사실	(photo)copy room	复印室	複写室
전자정보실	computer room	电子信息室	電子情報室
정기 간행물실	periodicals room	期刊阅览室	定期刊行物室
학위 논문실	dissertation room	学位论文室	学位論文室
참고 열람실	reference bookstack room	参考阅览室 参考閲覧室	

Appendix p.164

Phrases & Expressions

- **책을 신청하다** to apply for a book
- **도서를 예약하다** to reserve a book
- **목차를 보다** to look at the table of contents
- **컴퓨터로 (도서를 / 책을) 검색하다** to search (for a book) by computer
- **책을 찾다** to find a book
- **대출 중이다** on loan
- **연체료를 지불하다** to pay an overdue fee
- **복사하다** to photocopy
- **책을 빌리다 / 반납하다** to borrow / return a book

시험 Test | 考试 | 試験

Track **53**

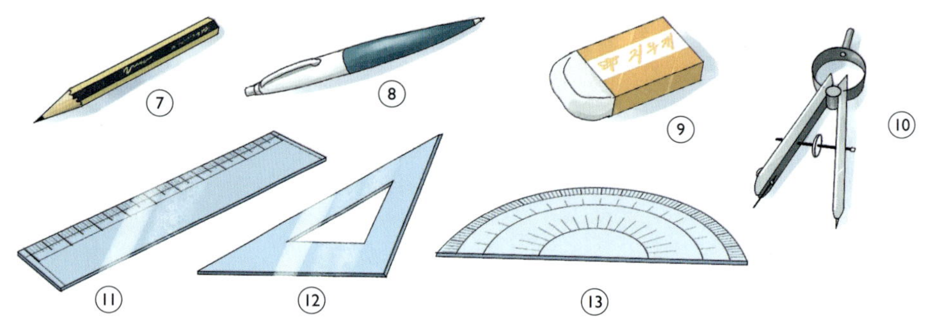

필기시험 written test | 笔式用具 | 筆記

1 시험지
test paper
试卷
試験用紙

2 답안지
answer sheet
答卷
解答用紙

3 이름
name
姓名
名前

4 번호
number
学号
番号

5 문제
question
考题
問題

듣기 시험 listening test | 听力考试 | 聞き取り試験

6 랩실 (어학실) language laboratory | 语音室 | LL教室

필기도구 writing utensils | 笔式用具 | 筆記用具

7 연필
pencil
铅笔
鉛筆

9 지우개
eraser
橡皮
消しゴム

11 자
ruler
尺子
物差し

13 각도기
protractor
量角器
分度器

8 볼펜
ballpoint pen
圆珠笔
ボールペン

10 컴퍼스
compas
圆规
コンパス

12 삼각자
set square, triangle
三角尺
三角定規

Track **54**

유치원 kindergarten ｜幼儿园｜幼稚園

초등학교 (6년) elementary school (six years) ｜小学 (六年)｜小学校 (6年)

중학교 (3년) middle school (three years) ｜初中 (三年)｜中学校 (3年)

고등학교 (3년) high school (three years) ｜高中 (三年)｜高校 (3年)

대학교 (4년) university (four years) ｜大学 (四年)｜大学 (4年)

대학원 graduate school ｜研究生院｜大学院

학생 활동 student activities ｜学生活动｜学生活動

학생회 student association ｜学生会｜学生会

동아리 clubs ｜社团｜サークル

축제 festival ｜联欢节｜大学祭

MT group retreat ｜郊游｜合宿

야유회 picnic party ｜郊游｜ピクニック

스터디 study group ｜小组学习｜勉強会

수학여행 school excursion ｜修学旅行｜修学旅行

졸업 여행 graduation trip ｜毕业旅行｜卒業旅行

소풍 picnic ｜郊游｜遠足

예술제 (학예회-초등학교) art festival (called 학예회 in elementary school) ｜艺术节｜文化祭(学芸会-小学校)

체육 대회 (운동회-초등학교) clubs sports tournament (called 운동회 in elementary school) ｜运动会 ｜体育大会 (運動会-小学校)

수련회 training gathering ｜修炼活动｜林間学校

More Vocabulary

여름 방학 summer vacation ｜暑假｜夏休み	1학기 the first semester ｜一学期｜一学期
겨울 방학 winter vacation ｜寒假｜冬休み	2학기 the second semester ｜二学期｜二学期

사무실 1 Office 1 | 办公室 1 | 事務室 1

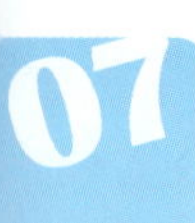

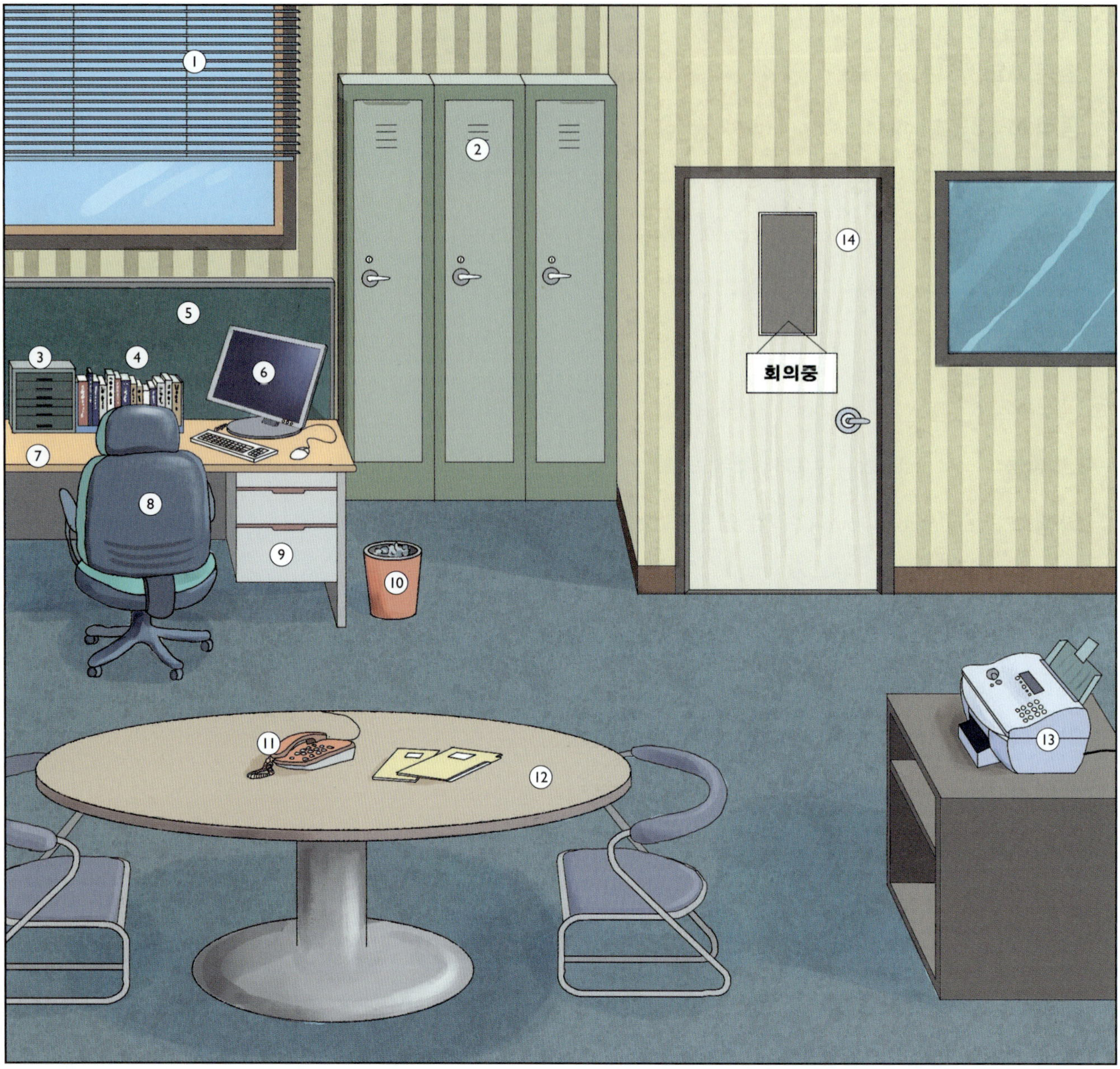

1 **블라인드**
blind
遮帘
ブラインド

2 **캐비닛**
cabinet
橱柜
キャビネット

3 **서류함**
filing cabinet
文件箱
書類箱

4 **책꽂이**
bookstand
书架
本立て

5 **파티션**
partition
隔板
パーティション

6 **컴퓨터**
computer
电脑
パソコン

7 **책상**
desk
办公桌
机

8 **의자**
chair
椅子
椅子

9 **서랍**
drawer
抽屉
引き出し

10 **휴지통**
wastepaper basket
垃圾桶
ゴミ箱

11 **전화기**
telephone
电话机
電話機

12 **원형 테이블**
round table
圆桌
円形テーブル

13 **팩스**
fax machine
传真机
ファックス

14 **회의실**
meeting room
会议室
会議室

More Vocabulary

주식회사	stock company ∣ 股份公司 ∣ 株式会社
대기업	conglomerate ∣ 大企业 ∣ 大企業
중소기업	medium-sized company ∣ 中小企业 ∣ 中小企業
사장실	president's office ∣ 经理办公室 ∣ 社長室
비서	secretary ∣ 秘书 ∣ 秘書
신입 사원	new employee ∣ 新职员 ∣ 新入社員
경력 사원	employee with previous experience ∣ 资深职员 ∣ 中途採用社員
공개 채용	open hiring ∣ 公开录用 ∣ 公開採用
특별 채용	special hiring ∣ 特别录用 ∣ 特別採用
이력서	resume ∣ 履历表 ∣ 履歴書
자기소개서	written personal introduction ∣ 自我介绍书 ∣ 自己推薦書

연봉	annual salary ∣ 年薪 ∣ 年俸
월급	monthly salary ∣ 月薪 ∣ 月給
휴가	vacation ∣ 休假 ∣ 休暇
연차	annual paid hoilday ∣ 年休 ∣ 年次休暇
월차	monthly day off ∣ 月休 ∣ 月次休暇
출장	business trip ∣ 出差 ∣ 出張
야근	night duty, working late ∣ 夜班 ∣ 残業
회식	eating out with coworkers ∣ 公司聚餐 ∣ 会食
거래처	client, customer ∣ 客户 ∣ 取引先
매출액	(amount of) sales ∣ 销售额 ∣ 売上高
비품 보관함	supply cabinet ∣ 办公用品保管箱 ∣ 備品保管箱
파일 폴더	file folder ∣ 文件夹 ∣ ファイルホルダー
결재함	to be approved box ∣ 批准文件架 ∣ 決裁箱
결재 파일	file to be approved ∣ 批准文件 ∣ 決裁ファイル

Appendix p.164

Phrases & Expressions

- 인사하다 to greet (someone)
- 명함을 주고받다 to exchange business cards
- 악수하다 to shake hands
- 자신을 소개하다 to introduce oneself
- 사무실을 안내하다 to show someone around an office
- 업무를 설명하다 to explain the work / office duties
- 회의하다 to have a meeting
- 협상하다 to negotiate
- 접대하다 to entertain (a customer)

사무실 2 Office 2 | 办公室 2 | 事務室 2

Track **56**

1 **명함**
business card
名片
名刺

2 **다이어리**
diary, date book
记事本
ダイアリー

3 **계산기**
calculator
计算器
計算機

4 **인주**
red stamping ink for traditional seals
印泥
朱肉

5 **도장**
seal, stamp
印章
はんこ、印鑑

6 **탁상용 달력**
desktop calendar
台历
卓上カレンダー

7 **포스트잇**
post-it
便条
ポストイット

8 **메모지**
scratch paper
便箋
メモ用紙

9 **가위**
scissors
剪刀
はさみ

Appendix p.164

Phrases & Expressions

- 출근하다 to go to work
- 퇴근하다 to leave work
- 전화하다 to telephone (someone)
- 서류에 사인하다 to sign a document
- 보고서를 작성하다 to draft a report
- 결재를 올리다 to submit a document for approval
- 도장을 찍다 to stamp with a seal

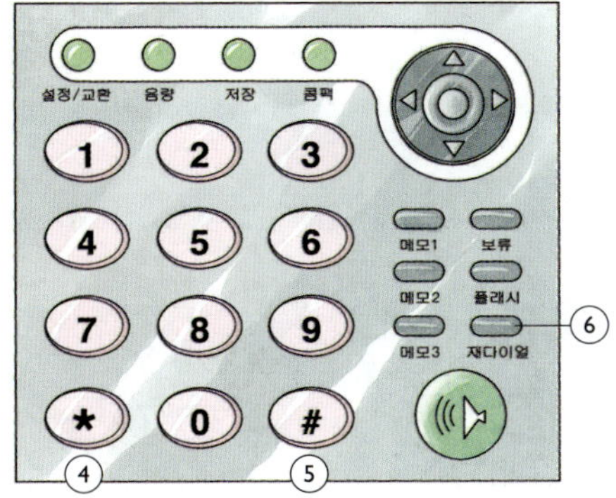

1 유선 전화기
wired telephone
有线电话
有線電話機

2 발신자 표시 창
display window that shows
caller identification
来电显示窗
発信者表示板

3 무선전화기
cordless phone
无绳电话机
無線電話機

4 별표
asterisk button
星号键
星印

5 우물 정
pound button
井字键
シャープ

6 재다이얼
redial
重播
リダイアル

7 휴대 전화 (핸드폰)
mobile phone
手机
携帯 (電話)

More Vocabulary

자동 응답기	answering machine	电话留言机	留守番電話
메시지	message	信息	メッセージ
문자메시지	text message	短信	文字メッセージ
음성 메시지	voice message	留言	音声メッセージ
부재중 통화	call received while away	未接电话	留守通話
통화 중	busy, call in progress	通话中	通話中

Appendix p.164

Phrases & Expressions

- 전화를 걸다 / 끊다 to call / hang up the phone
- 전화를 잘못 걸다 to call the wrong number
- 응답기를 확인하다 to listen to message of answering machine
- 전화번호부를 찾다 to search the phone book
- 114에 문의하다 to ask (call) 114 (information)

컴퓨터 Computer | 电脑 | コンピューター

1 **데스크톱 컴퓨터** desktop computer 台式电脑 デスクトップパソコン	4 **모니터 (화면)** monitor 显示器 モニター / 画面	7 **마우스 패드** mouse pad 鼠标垫 マウスパッド
2 **디스크 드라이브** disk drive 磁盘驱动器 ディスクドライブ	5 **키보드 (자판)** keyboard 键盘 キーボード	8 **모뎀** modem 调制解调器 モデム
3 **전원 스위치** power switch 电源开关 電源スイッチ	6 **마우스** mouse 鼠标 マウス	9 **멀티탭** extension cord 多用分接头 マルチタップ

Track **58**

10 **플로피디스크**
floppy disk
软盘
フロッピーディスク

11 **CD**
CD
CD / 光盘
CD

12 **프린터**
printer
打印机
プリンター

13 **스캐너**
scanner
扫描仪
スキャナー

14 **노트북 컴퓨터**
laptop
笔记本电脑
ノートパソコン

More Vocabulary

초고속 인터넷	high speed internet	宽带因特网	超高速インターネット
바이러스	virus	病毒	ウイルス
백신	anti-virus software	疫苗	ワクチン
컴퓨터 기사	computer technician	电脑技师	コンピューター技師
해킹	hacking	黑客侵入	ハッキング
워드프로세서	word processor	文字编辑器	ワープロ

엑셀	Excel	电子表格	エクセル
파워 포인트	Power Point	演示文稿设计	パワーポイント
하드 디스크	hard disk	硬盘	ハードディスク
사용 설명서	manual	使用说明书	使用説明書
CD ROM	CD rom	CD光驱	CD ROM
DVD ROM	DVD rom	DVD光驱	DVD ROM
디스켓 함	diskette holder	磁盘盒	フロッピーケース
케이블 포트	cable port	电缆端口	ケーブルポート

Appendix p.164

Phrases & Expressions

- 컴퓨터를 켜다 / 끄다 to turn on / off computer
- 메일을 확인하다 (체크하다) to check one's mail
- 마우스를 클릭하다 to click a mouse
- 문서를 작성하다 to write a document
- CD를 넣다 / 빼다 to put CD in / take CD out
- 파일을 열다 / 닫다 to open / close file
- 파일을 불러오다 to open a file
- 파일을 복사하다 to copy a file
- 파일을 저장하다 to save a file

- 파일을 삭제하다 to delete a file
- 파일을 전송하다 to send a file
- 그림을 스캔하다 to scan a drawing
- 출력하다 (프린트하다) to print out
- 자료를 백업하다 to back up one's material
- 문서를 편집하다 to edit a document
- 자료를 다운받다 to download material
- 컴퓨터가 다운되다 to have a computer be down
- 바이러스 체크하다 to do a virus check

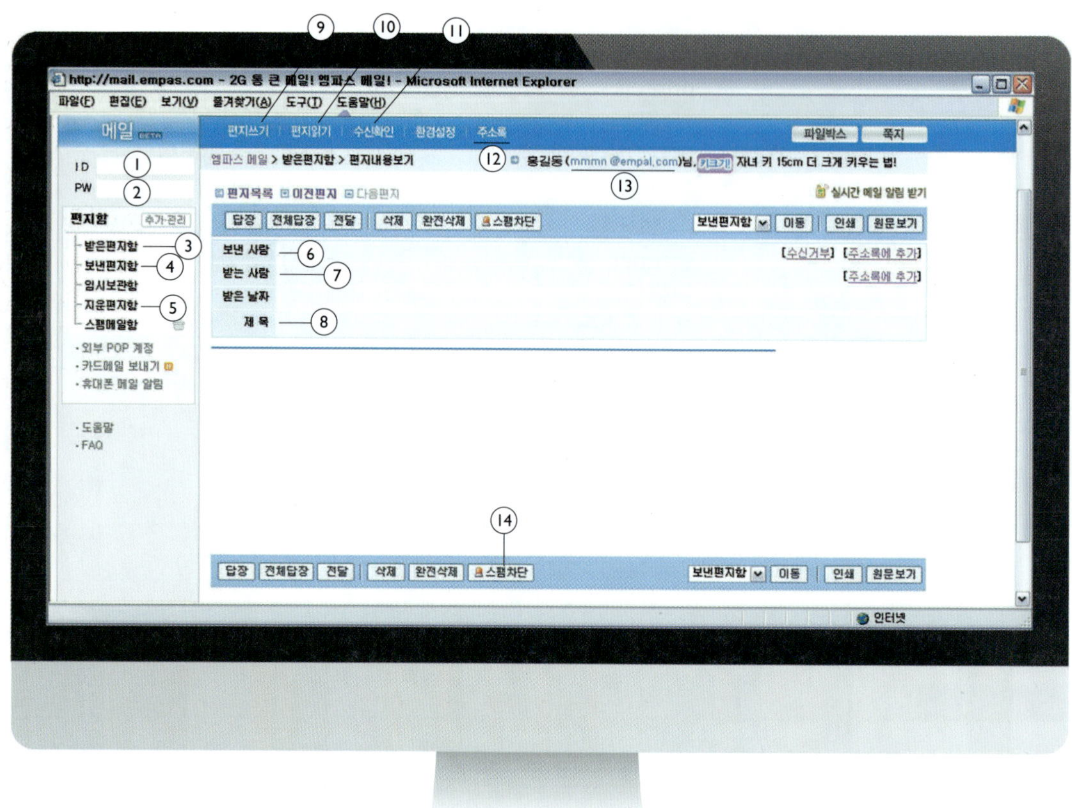

1 **아이디**
ID, username
登录名
ID

2 **비밀번호**
password
密码
パスワード

3 **받은 편지함**
inbox
收件夹
受信トレイ

4 **보낸 편지함**
outbox
寄件夹
送信トレイ

5 **지운 편지함**
trash
回收站
削除済みトレイ

6 **발신자 (보내는 사람)**
From:, sender
发送人
発信者 (送る人)

7 **수신자 (받는 사람)**
To:, recipient
收件人
受信者 (受け取る人)

8 **제목**
subject
題目
題名

9 **편지 쓰기**
compose
写邮件
メールを書く

10 **편지 읽기**
open / read mail
读邮件
メールを読む

11 **수신 확인**
confirmation of receipt
收信确认
受信確認

12 **주소록**
contacts
通讯录
住所録

13 **메일 주소**
mail address
邮件地址
メールアドレス

14 **스팸메일 차단**
spam block
邮件过滤
スパムメール遮断

More Vocabulary

보낼 편지함	drafts, unsent mail	草稿夹	下書き
첨부 파일	attachment	附件	添付ファイル
로그인	login	登录	ログイン
로그아웃	logout	退出	ログアウト
도움말	Help	帮助	ヘルプ
완전 삭제	delete permanently	永久删除	完全削除
취소	cancel	取消	取り消し
다음 페이지	next page	下一页	次のページ
이전 페이지	previous page	上一页	前のページ
임시보관함	draft	临时保管箱	臨時保管庫
공지 사항	alerts, notifications	公告	お知らせ
전체 메일 용량	total storage available	邮箱总容量	メールボックスの容量
사용 메일 용량	storage in use	已用空间	使用メールの容量
환경 설정	settings, preferences	背景设置	環境設定
편지 찾기	email search	查邮件	メール検索
편지함	mailbox	邮件夹	メールボックス
카드 메일	email greetings card	电子贺卡	カードメール
바이러스 감염	virus infection	病毒感染	ウイルス感染
채팅	chatting	网上聊天	チャット

Appendix p.164

Phrases & Expressions

- **로그인하다** to login
- **로그아웃하다** to logout
- **가입 신청하다** to apply for registration
- **아이디와 비밀번호를 넣다 (입력하다)** to enter one's username and password
- **새 편지를 확인하다** to check for new mail
- **회신하다** to reply, answer
- **메일을 삭제하다** to delete mail
- **첨부 파일을 보내다 / 받다 / 열다** to send / receive / open attachment
- **저장하다** to save
- **편지를 읽다 / 쓰다** to read / write mail
- **주소록을 보다** to look at one's contacts (addresses)

공장 Factory | 工厂 | 工場

1 창고
warehouse
仓库
倉庫

2 지게차
forklift
铲车
フォークリフト

3 타임 클록 (시간 기록 시계)
time clock
打卡机
タイムクロック

4 손수레
handcart
手推车
手押し車

5 컨베이어 벨트
conveyer belt
组装带
ベルトコンベア

6 근로자 (노동자)
worker (laborer)
工人
勤労者 (労働者)

More Vocabulary

부품	parts	零部件	部品
조립라인	assembly line	组装线	組み立てライン
생산하다	to produce	生产	生産する
소비하다	to consume	消费	消費する
디자인하다	to design	设计	デザインする
제조하다	to manufacture	制造	製造する
수송하다	to ship, freight	输送	輸送する
운반하다	to transport (objects)	搬运	運搬する
주문하다	to order	订购	注文する
납품하다	to deliver goods	供货	納品する

Track **60**

7 **안전모** safety helmet 安全帽 ヘルメット	10 **호흡 마스크** mask with air filter function 呼吸口罩 呼吸マスク	13 **안전 장화** safety boots 安全靴子 安全長靴
8 **보호안경** protective eyewear 保护眼镜 保護メガネ	11 **귀마개** safety earmuffs 耳塞 耳栓	14 **안전 조끼** safety vest 安全坎肩 安全チョッキ
9 **안전 마스크** safety mask 安全口罩 安全マスク	12 **고무장갑** rubber gloves 橡胶手套 ゴム手袋	15 **소화기** fire extinguisher 消火器 消火器

More Vocabulary

안전 작업 기호 work safety signs	安全作业记号	安全作業のマーク	
전기 위험	Electric hazard	触电危险	電気危険
인화 물질	Flammable material	易燃物	引火物質
독성	Toxic	毒性	毒性
방사능	Radioactive	放射能	放射能

병원 Hospital ｜ 医院 ｜ 病院

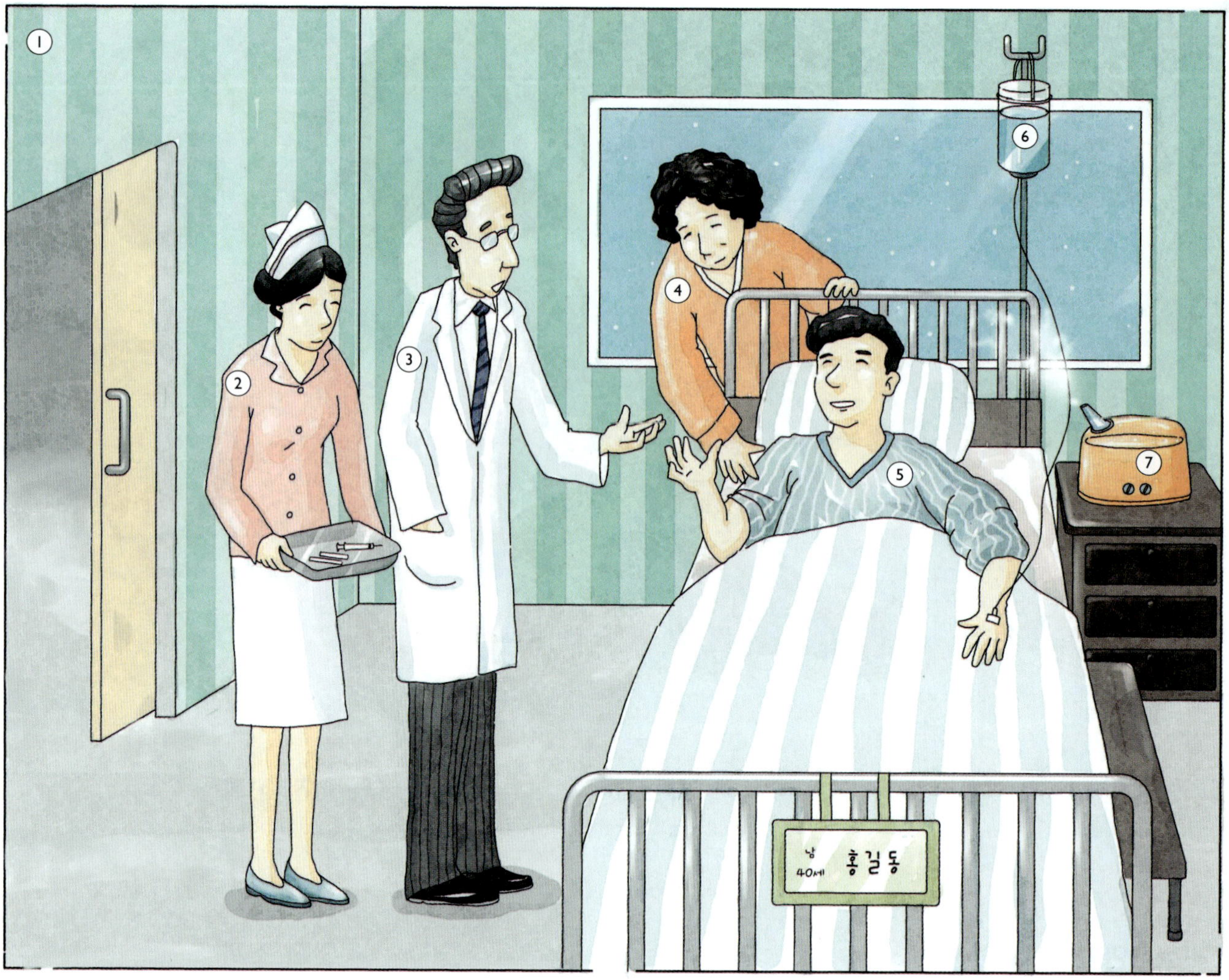

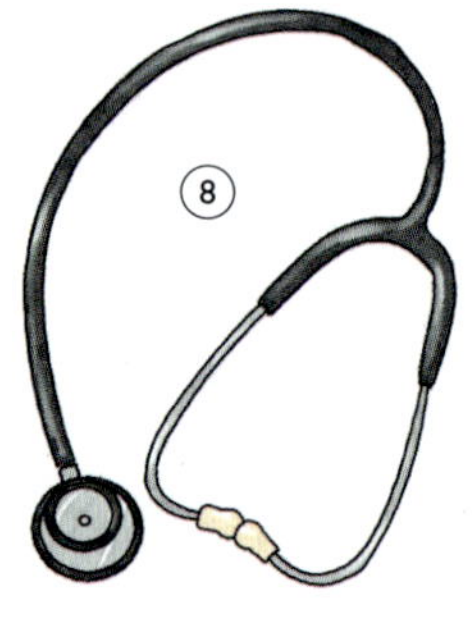

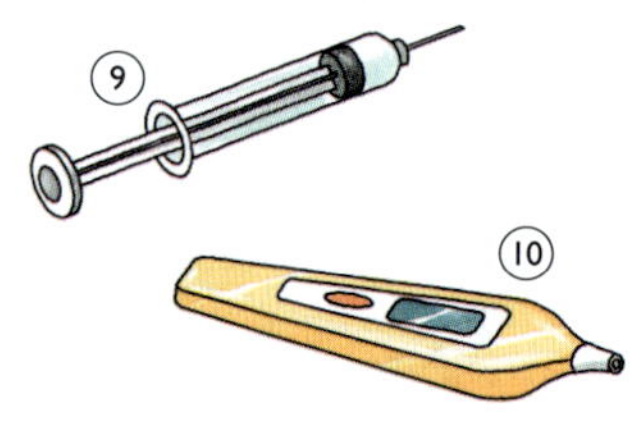

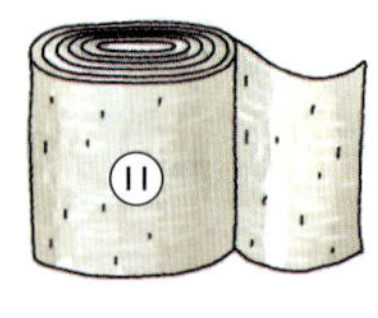

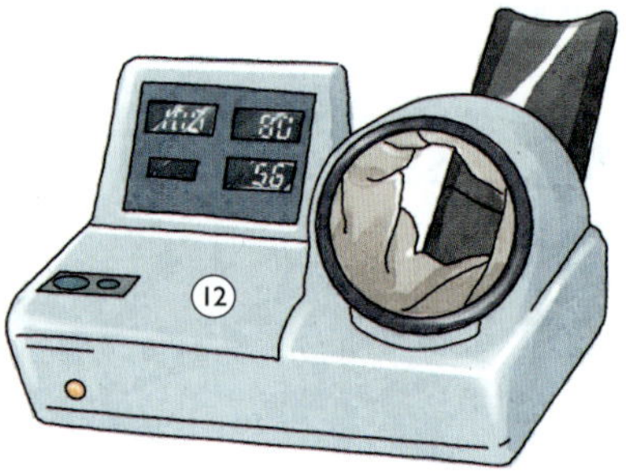

1 병실 (입원실) hospital room 病房 病室 (入院部屋)	**3 의사** doctor 大夫（医生） 医者	**5 환자** patient 病人 患者
2 간호사 nurse 护士 看護士	**4 간병인** person attending patient 护理人 看病人	**6 링거** Ringer's solution 点滴 点滴

Track **61**

7 **가습기**
humidifier
加湿器
加湿器

9 **주사**
injection
注射
注射

11 **붕대**
bandage, dressing
绷带
包帯

8 **청진기**
stethoscope
听诊器
聴診器

10 **체온계**
thermometer
体温表
体温計

12 **혈압계**
blood pressure gauge
血压计
血圧計

More Vocabulary

종합병원	general hospital	综合医院	総合病院
개인 병원	private clinic	个人医院	個人病院
진찰실	examination room	门诊室	診察室
응급실	emergency room	急诊室	救急室
수술실	surgery room	手术室	手術室
산부인과	obstetrics and gynecology	妇产科	産婦人科
소아과	pediatrics	儿科	小児科
내과	internal medicine	内科	内科
외과	surgery	外科	外科
안과	ophthalmology	眼科	眼科
정형외과	orthopedics	矫形外科	整形外科

이비인후과	ENT	耳鼻喉科	耳鼻咽喉科
정신과	psychiatry	神经科	精神科
비뇨기과	urology	泌尿科	泌尿器科
피부과	dermatology	皮肤科	皮膚科
성형외과	plastic surgery	整形外科	成形外科
치과	dentistry	口腔科	歯科
의료 보험 카드	medical insurance card	医疗保险卡	医療保険カード
한의원	Oriental medicine clinic	韩医院	漢方医院
진맥	pulse taking	号脉	診脈
침	acupuncture needle	唾液	針
한약	Oriental medicine	韩药	漢方薬

Appendix p.164

Phrases & Expressions

- **접수하다** to go through administrative procedure
- **예약하다** to make an appointment
- **진찰을 받다** to be examined
- **엑스레이 (X-ray)를 찍다** to have an X-ray taken
- **검사를 받다** to be tested
- **링거를 맞다** to have a Ringer's injection
- **체온을 재다** to take a person's temperature

- **혈압을 재다** to take a person's blood pressure
- **연고를 바르다** to apply ointment
- **소독하다** to disinfect
- **입원하다** to admit, to be admitted
- **수술하다** to operate
- **퇴원하다** to discharge, to be discharged

증상 및 질병  Symptoms & Diseases | 症状及疾病 | 症状・疾病

1 두통
headache
头痛
頭痛

2 치통
toothache
牙痛
歯痛

3 복통
stomachache
腹痛
腹痛

4 요통
lumbago
腰痛
腰痛

5 귀앓이
earache
耳痛
耳の痛み

6 목 아픔
sore throat
咽喉痛
喉の痛み

7 코막힘
stuffed nose
鼻塞
鼻づまり

8 오한
chills
恶寒
悪寒

9 구토
vomiting
呕吐
嘔吐

10 발진
skin rash
出疹子
発疹

11 고열
high fever
高烧
高熱

12 감기
a cold
感冒
風邪

13 빈혈
anemia
贫血
貧血

14 물집
blister
水泡
水脹れ

15 베인 상처
cut wound
刀伤
切り傷

16 여드름
pimple
粉刺
にきび

More Vocabulary

멍	bruise	淤血	あざ
암	cancer	癌症	癌
당뇨병	diabetes	糖尿病	糖尿病
뇌졸중	stroke	中风	脳卒中
알츠하이머병	Alzheimer's disease	老年性痴呆症	アルツハイマー病
고혈압	high blood pressure	高血压	高血圧
저혈압	low blood pressure	低血压	低血圧
생리통	menstrual pain	生理痛	生理痛
알레르기	allergy	过敏性反应	アレルギー
아토피	atopy	敏感性皮肤病	アトピー
디스크	disk	腰间盘突出	椎間板ヘルニア

비염	rhinitis	鼻炎	鼻炎
홍역	measles	麻疹	麻疹
수두	chicken pox	水痘	水ぼうそう
치매	dementia	痴呆	痴呆
땀띠	heat rashes	痱子	あせも
멀미	nausea	晕车	乗り物酔い
독감	influenza	重感冒	インフルエンザ
배탈	stomach upset	坏(拉)肚子	食あたり
설사	diarrhea	腹泻	下痢
변비	constipation	便秘	便秘
예방주사	inoculation	预防针	予防注射

약국 및 응급 처치 Pharmacy and Emergency Care ｜ 药店及应急措施 ｜ 薬局・応急処置

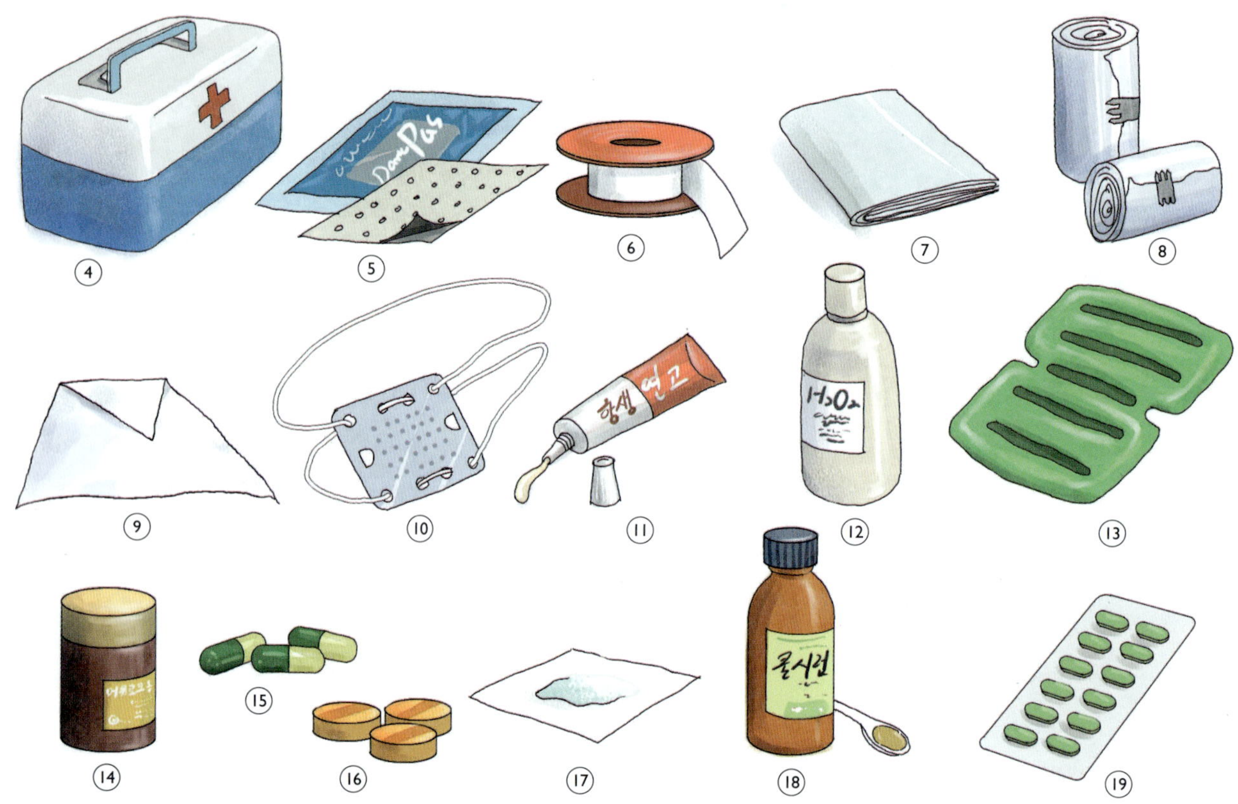

1 약국 pharmacy 药店 薬局	**3 처방전** prescription 处方 処方箋	**5 파스** poultice 膏药 貼り薬
2 약사 pharmacist 药师 薬剤師	**4 응급치료 상자 (구급상자)** first aid kit 急救箱 救急箱	**6 반창고** Band-Aid, adhesive bandage 橡皮膏 絆創膏

Track **63**

7 **가제 (거즈)**
gauze
脱脂纱布
ガーゼ

8 **압박 붕대 (탄력 붕대)**
compress, elastic bandage
压力绷带
サポーター

9 **삼각 붕대**
triangular bandage
三角绷带
三角巾

10 **안대**
eye patch
眼罩
眼带

11 **항생 연고**
antibiotic ointment
抗生软膏
抗生物質軟膏

12 **소독약**
disinfectant
消毒药
消毒薬

13 **찜질 팩**
massage pack
热敷带
温湿布

14 **머큐로크롬**
Mercurochrome
红药水
赤チン

15 **캡슐 약**
capsule
胶囊
カプセル薬

16 **알약**
pill
药丸
錠剤

17 **가루약**
powdered medicine
药粉
粉薬

18 **시럽**
syrup
糖浆
シロップ

19 **소화제**
digestive solution
消化剂
消化剤

More Vocabulary

좌약	a suppository	栓剂	座薬	연고	ointment	软膏	軟膏
해열제	fever remedy	退烧药	解熱剤	밴드	band-aid	创可贴	バンドエイド
비타민제	vitamin compound	维他命	ビタミン剤	보청기	hearing aid	助听器	補聴器
진통제	pain killer	镇痛剂	鎮痛剤	공기 청정기	air cleaner	空气净化器	空气清浄機

Appendix p.165

Phrases & Expressions

- **다치다** to injure (oneself)
- **의식을 잃다** to lose consciousness
- **쇼크 상태에 있다** to be in shock
- **심장 마비를 일으키다** to have a heart attack
- **알레르기 반응을 보이다** to have an allergic reaction
- **화상을 입다** to get burned
- **물에 빠지다** to drown, sink in water
- **질식하다** to suffocate
- **출혈하다** to bleed, hemorrhage
- **숨을 못 쉬다** to be unable to breathe
- **뼈가 부러지다** to have a bone break
- **주사 맞다** to have an injection
- **약을 먹다** to take medicine (internally)
- **약을 과다 복용하다** to overdose
- **요양하다** to recuperate, convalesce

은행 Bank | 银行 | 銀行

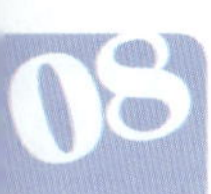

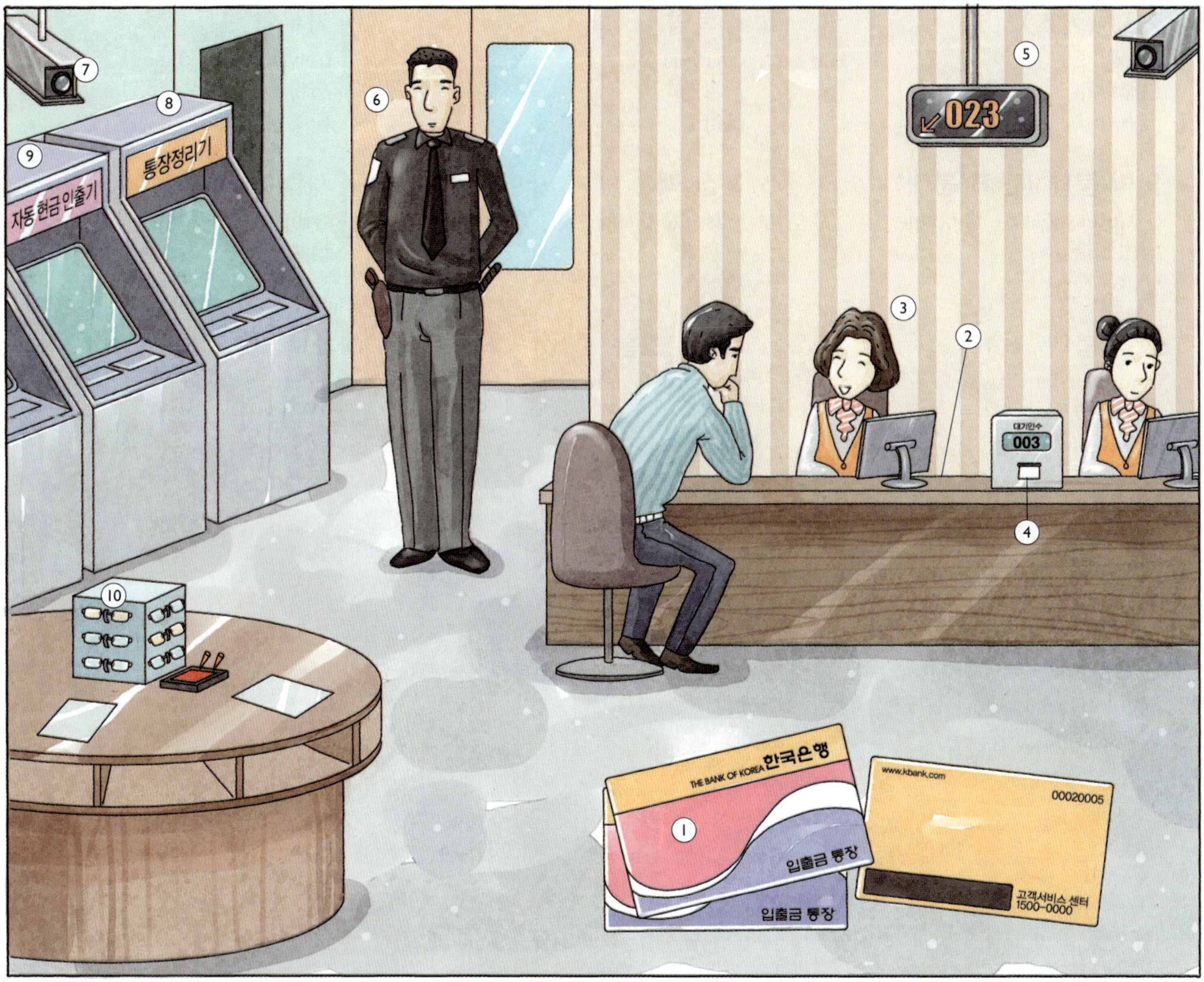

1 **통장**
bankbook
存折
通帳

2 **창구**
teller window
窗口
窓口

3 **은행원**
banker, bank employee
银行职员
銀行員

4 **대기자 번호표**
queue number, ticket with you number in line
等候票
待合番号

5 **전광판**
electric billboard
电光板
電光掲示板

6 **경비원**
guard
警卫
警備員

7 감시용 카메라
security camera
监视用摄像头
監視用カメラ

8 통장 정리기
machine that updates a bankbook
存折处理机
通帳記入機

9 자동 현금 인출기
automated teller machine
自动取款机
自動現金引き出し機

10 돋보기안경
reading glasses, magnifying eyewear
花镜
老眼鏡

More Vocabulary

계좌 번호	account number	账号	口座番号
신분증	personal identification	身份证	身分証明書
비밀번호	password	密码	暗証番号
서명 (사인)	signature	签字	サイン
입금 신청 용지	deposit slip	存款申请表	入金申請用紙
출금 신청 용지	withdraw slip	取款申请表	引き出し申請用紙
인터넷 뱅킹	internet banking	网络银行	インターネットバンキング
폰뱅킹	phone banking	电话银行	テレバンク
수수료	fee	手续费	手数料
지로용지	giro form	储蓄存款凭证	振込用紙
당좌수표	check	现金支票	当座小切手
예금	deposit, savings	存款	預金
적금	installment savings	定期储蓄	積立金
대출	loan	贷款	貸し出し
이자	interest	利息	利子
자동 이체	automated transfer (wire)	自动转账	自動振込
공과금	public imposts / duties	税金	公共料金
복권	lottery	彩票	宝くじ
고객 상담실	customer information	接洽室	顧客相談室

Appendix p.165

Phrases & Expressions

- 입금하다 (돈을 넣다) to deposit
- 출금하다 (돈을 찾다) to withdraw

- 자동 현금 인출기 이용 방법 how to use an automated teller machine
  1. 현금 카드 또는 통장을 넣는다 put your cash card or bankbook in machine
  2. 해당 항목을 누른다 press the button for your transaction
  3. 비밀번호를 누른다 enter your password
  4. 출금 금액을 누른다 enter how much money you want to withdraw
     / 입금기에 입금액을 넣는다 place the money to be deposited in machine
  5. 돈을 확인한다 check the amount
  6. 명세서와 카드 또는 통장을 받는다 retrieve your statement and card or bankbook

우체국 Post Office | 邮局 | 郵便局

1 편지
letter
信
手紙

2 봉투
envelope
信封
封筒

3 우편 번호
postal code
邮编
郵便番号

4 보내는 사람
sender, From:
发件人
差出人

5 우표
stamp
邮票
切手

6 우체국 소인
postmark
邮局印章
郵便局の消印

7 받는 사람
recipient, To:
收件人
受取人

8 엽서
postcard
明信片
はがき

9 카드
card
卡片
カード

10 소포
package
包裹
小包

11 저울
scale
秤
秤

12 우체통
mailbox
邮箱
郵便ポスト

13 우체부
letter carrier, postman
邮递员
郵便配達人

14 우체국
post office
邮局
郵便局

More Vocabulary

빠른우편	express delivery	快速邮件	速達
보통 우편	ordinary post	普通邮件	普通郵便
등기	registered mail	挂号邮件	書留
속달	special delivery	快邮	速達

국제 우편	international post	国际邮件	国際郵便
규격 상자	approved-size box	标准箱子	定形ダンボール
반송	returned mail	退回	返送

Appendix p.165

Phrases & Expressions

- 주소 / 우편 번호를 쓰다 to write the address / postal code
- 우표를 붙이다 to paste a stamp (on an envelope)
- 우체통에 넣다 to put in a mailbox
- 소포를 포장하다 to wrap a package
- 저울에 달다 to weigh on a scale
- 우체국 소인을 찍다 to cancel the stamp with post office postmark
- 축하 카드 / 전보를 보내다 to send a congratulations card / telegram
- 편지 / 소포를 배달하다 to send a letter / package
- 우편 / 퀵서비스 / 택배로 보내다 to send by post / messenger / home delivery

미용실 / 이발소 Beauty Salon / Barbershop ｜美容店 / 理发店 ｜美容室 / 理髪店

1 **거울**
mirror
镜子
鏡

2 **젤**
hair jell
定型液
ジェル

3 **스프레이**
hair spray
定型剂
スプレー

4 **무스**
mousse
摩丝
ムース

5 **가운（숄）**
gown
工作服
ガウン（ショール）

6 **미용사**
beautician
美容师
美容師

7 **빗**
comb
梳子
櫛

8 **드라이어**
dryer
吹风机
ドライヤー

9 **잡지**
magazine
杂志
雑誌

10 **캡**
cap
电热帽
キャップ

11 **스팀기**
steamer
蒸汽机
スチーム機

More Vocabulary

이발사	barber	理发员	理髮師
위생복	disinfected overgarment, gown	卫生服	衛生服
전기면도기	electric shaver	电动刮胡刀	電気かみそり
염색약	hair dyeing agent	染发剂	ヘアカラーリング剤
샘플	sample	样品	サンプル
컷	cut	剪	カット
롤	roll	卷发筒	ロール
파마	permanent, perm	卷发	パーマ
집게	tongs	夹子	ヘアクリップ
핀	pin	发卡	ピン
할인	discount	优惠	割引
단골	favorite place	常光顾的商店	得意先

Appendix p.165

Phrases & Expressions

- **머리를 자르다** to cut one's hair
- **커트를 하다** to get a (hair) cut
- **파마를 하다** to get a permanent
- **머리를 말다** to set hair
- **캡을 쓰다** to wear a (shower) cap
- **염색하다** to dye (one's hair)
- **머리를 올리다** to put one's hair up

- **핀을 꽂다** to place a pin (in one's hair)
- **머리를 땋다** to put one's hair in braids
- **고무줄로 묶다** to tie with a rubber band
- **스프레이를 뿌리다** to spray
- **손톱을 정리하다 (다듬다)** to trim one's fingernails
- **매니큐어를 바르다** to apply nail polish

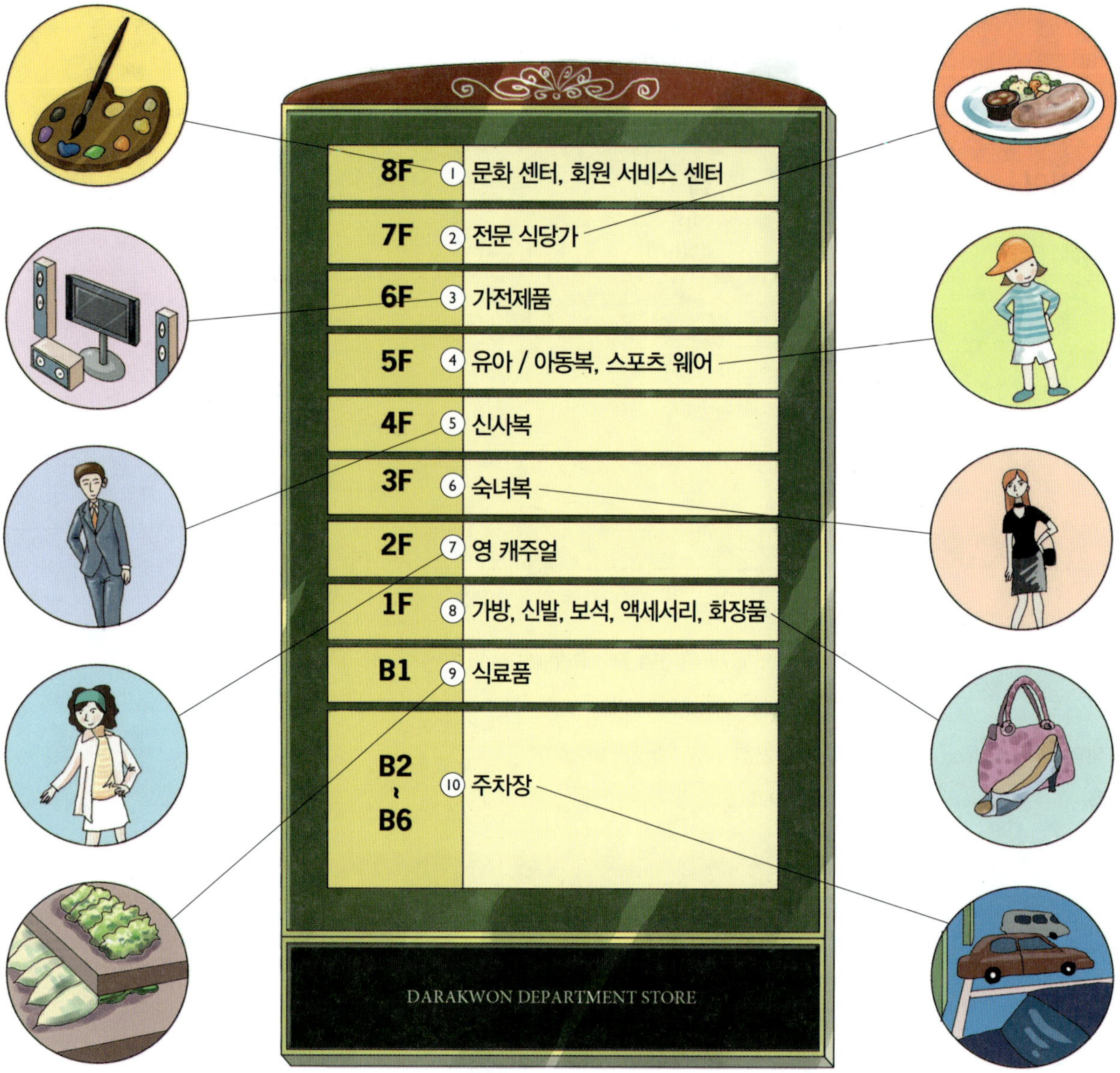

DARAKWON DEPARTMENT STORE

8F ① 문화 센터, 회원 서비스 센터
7F ② 전문 식당가
6F ③ 가전제품
5F ④ 유아 / 아동복, 스포츠 웨어
4F ⑤ 신사복
3F ⑥ 숙녀복
2F ⑦ 영 캐주얼
1F ⑧ 가방, 신발, 보석, 액세서리, 화장품
B1 ⑨ 식료품
B2 ~ B6 ⑩ 주차장

---

1 8층: 문화 센터, 회원 서비스 센터

Floor 8 : Cultural Center (Event Rooms),
　　　　Member Service Center
八层：文化活动中心, 会员服务中心
8階：文化センター、会員サービスセンター

2 7층: 전문 식당가

Floor 7 : Restaurants
七层：餐厅
7階：食堂街

3 6층: 가전제품

Floor 6 : Electronics
六层：家电
6階：家電製品

4 5층: 유아 / 아동복, 스포츠 웨어

Floor 5 : Infant / Children's Wear, Sportswear
五层：婴儿 / 儿童, 运动服装
5階：乳児/子供服、スポーツウエア

5 4층: 신사복

Floor 4 : Men's Formalwear
四层：男士服装
4階：紳士服

6 3층: 숙녀복

Floor 3 : Women's Formalwear
三层：女士服装
3階：婦人服

7 **2층 : 영 캐주얼**
Floor 2 : Young People's Casual
二层：休闲装
2階：ヤングカジュアル

8 **1층 : 가방, 신발, 보석, 액세서리, 화장품**
Floor 1 : Baggage, Shoes, Jewelry, Accessories, and Makeup
一层：箱包，鞋，珠宝，首饰，化妆品
1階：鞄、靴、宝石、アクセサリー、化粧品

9 **지하1층 : 식료품**
Underground Floor B1 : Grocery
地下一层：食品
地下1階：食料品

10 **지하 2~6층 : 주차장**
Underground Floors B2 ~ B6 : Parking Lot
地下二～六层：停车场
地下2～6階：駐車場

More Vocabulary

엘리베이터	elevator ｜ 电梯 ｜ エレベーター
에스컬레이터	escalator ｜ 自动扶梯 ｜ エスカレーター
안내 데스크	information desk ｜ 接待处 ｜ 案内カウンター
포장 센터	gift wrapping ｜ 包装中心 ｜ 包装センター
상품권	gift certificates ｜ 商品券 ｜ 商品券
백화점 카드	department store (credit) card ｜ 百货店卡 ｜ デパートカード
할인 쿠폰	discount coupon ｜ 优惠券 ｜ 割引クーポン
주차권	parking ticket ｜ 停车卡 ｜ 駐車券
주차 안내원	parking attendant ｜ 停车管理员 ｜ 駐車案内員
엘리베이터 안내원	elevator operator ｜ 电梯服务员 ｜ エレベーターガール
직원 (판매원)	employee (salesperson) ｜ 销售员 ｜ 職員 (販売員)
가격표	price tag ｜ 价格标签 ｜ 値札
정상가 (정가)	regular price ｜ 定价 ｜ 標準価格 (定価)
세일가 (할인가)	sale price ｜ 打折价 ｜ セール価格 (割引価格)

Appendix p.165

Phrases & Expressions

- **사다 (구입하다)** to buy, purchase
- **팔다 (판매하다)** to sell
- **지불하다** to pay
- **반환하다** to return
- **교환하다** to exchange

113

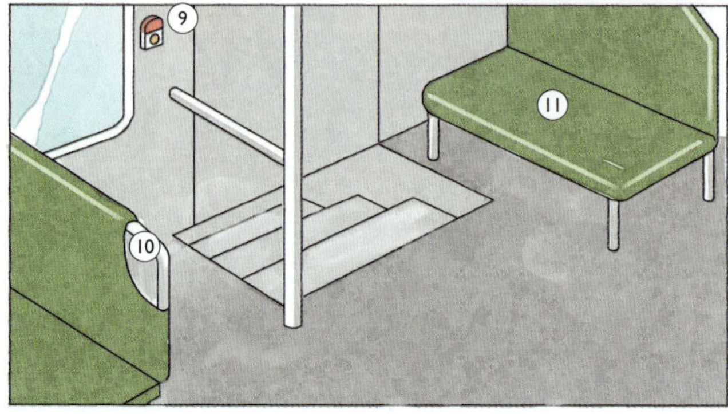

1 버스 정류장(정거장) bus stop 公交车站 バス停 (停留所)	**4 승객** passenger 乘客 乗客	**7 카드 단말기** card reader 终端机 カード端末機
2 노선 번호 (bus) line number 路线号码 路線番号	**5 교통 카드** "transportation card" used to pay for bus, subway 交通卡 (バスの / 地下鉄の) プリペイドカード	**8 요금함** fare box 收费箱 料金箱
3 버스 bus 巴士 バス	**6 운전기사 (운전사)** driver 驾驶员 運転手	**9 벨** bell 车门铃 ベル

10 **손잡이**
safety grip
安全柄
つり革

11 **자리 (좌석)**
seat
座位
席、座席

12 **택시 승차장**
taxi stand
出租车站
タクシー乗り場

13 **택시**
taxi
出租车 (的士)
タクシー

14 **요금 미터기**
fare meter
标价器
料金メーター

More Vocabulary

경로석	seat reserved for elderly	敬老席	優先席
승차문	front door (for entering bus)	上车门	乗車扉
하차문	rear door (for exiting bus)	下车门	下車扉
차	automobile	汽车	車
대중교통	public transportation	公共交通	公共交通機関
마을버스	neighborhood bus	小区班车	近隣バス
고속버스	long distance bus	长途汽车	高速バス
시내버스	city route bus	市内公交车	市内バス
시외버스	inter-city bus	郊区公交车	都市間バス
관광버스	tour bus	旅游班车	観光バス
통근 버스	commute bus	通勤班车	通勤バス
스쿨버스	school bus	学校班车	スクールバス
요금	fare	车费	料金
종점	last stop	终点站	終点

노선	line, route	路线	路線
노선도	route map	路线图	路線図
터미널	terminal	总站	ターミナル
경로 우대권	special ticket for the elderly	敬老优待券	お年寄り優待券
교통법규 위반	violation of traffic regulations	违反交通法	交通違反
범칙금	fine	罚款	罰金
심야 할증	late-night charge	深夜加价	深夜割増し
합승	sharing a taxi	合乗	相乗り
모범택시	deluxe taxi	模范出租车	高級タクシー
개인택시	driver-owned taxi	个人出租车	個人タクシー
콜택시	call taxi	呼叫出租车	ハイヤー

Appendix p.165

Phrases & Expressions

- 버스가 오다 / 가다 bus arrival / bus departure
- 버스에 타다 to take a bus
- 버스에서 내리다 to get off a bus
- 요금을 요금함에 넣다 to put fare in fare box
- 패스 카드 / 교통 카드를 대다
  to swipe pass / transportation card
- 좌석에 앉다 to take a seat
- 좌석에서 일어나다 to get out of one's seat
- 자리를 양보하다 to give up one's seat
- 손잡이를 잡다 to grab a handle
- 안내 방송을 듣다 to listen to announcement
- 벨을 누르다 to press the bell
- 버스를 잘못 타다 to get on the wrong bus
- 버스를 놓치다 to miss the bus
- 택시를 잡다 to grab a taxi
- 목적지를 말하다 to say one's destination

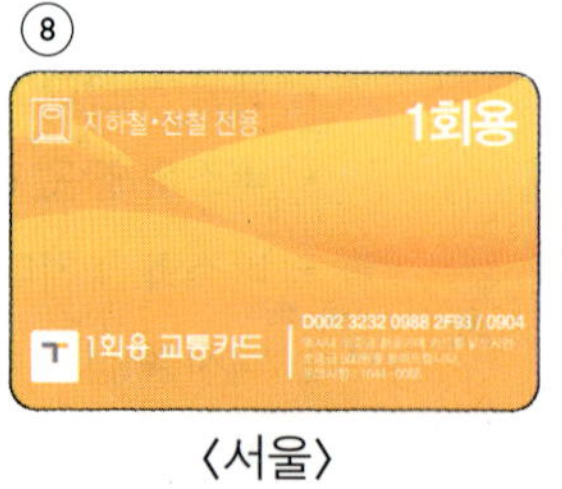

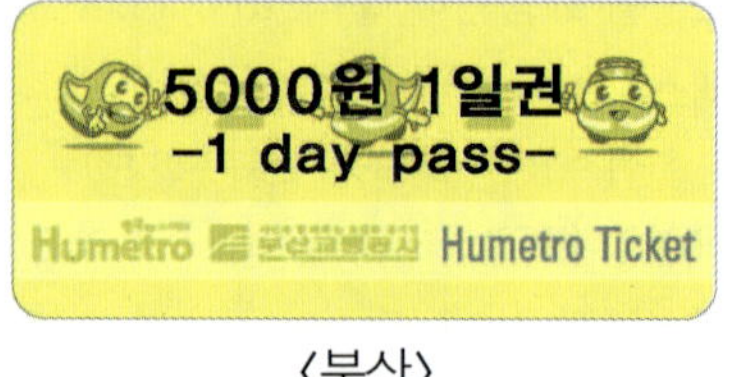

1회용 발매 교통카드 충전기
원하시는 서비스를 선택하세요
사용안내
지하철·전철 전용
1회용
1회용 교통카드
D002 3232 0988 2F93 / 0904
보통권
SINGLE TICKETS
대구광역시지하철공사
5000원 1일권
-1 day pass-
Humetro 부산교통공사 Humetro Ticket

〈서울〉　　〈대구〉　　〈부산〉

1 **철로 (선로)**
tracks
铁路/线路
鉄路/線路

3 **플랫폼**
platform
站台
プラットホーム

5 **개찰구**
ticket gate
检票口
改札口

7 **승차권 자동 발매기**
automated ticket machine
自动售票机
乗車券自動発売機

2 **안전선**
safety line
安全线
安全線

4 **역무원**
station official
服务员
駅員

6 **매표소**
ticket office
售票处
きっぷ売り場

8 **승차권**
passenger ticket
地铁票
乗車券

More Vocabulary

정기권	(period specific) prepaid ticket, commuter pass	定期票	定期券
환승역	transfer station	换乘站	乗り換え駅
지하철 노선도	subway map	地铁路线图	地下鉄路線図
분실물 센터	lost and found center	失物招领处	遺失物センター
물품 보관소	left luggage / baggage / article storage facility	存包处	物品保管所
지하도	underground passageway	地下通道	地下道
전철	subway	地铁	電車
출발역	station at the end of the line	出发站	始発駅
종착역	terminus	终点站	終着駅
지하철 출구	subway station exit	地铁出口	地下鉄の出口
신문 판매대	newspaper stand	报刊销售亭	新聞販売台
노약자 보호석	seat reserved for disabled and senior citizens	老弱保护席	優先席
동전 교환기	money changing machine	硬币兑换机	コイン両替機

Appendix p.165

Phrases & Expressions

- **줄을 서다** to stand in line
- **표(정기권, 정액권)을/를 사다** to purchase a ticket (pre-set period, amount)
- **표를 넣다 / 빼다** to place ticket in / remove ticket from
- **안전선 안쪽에서 기다리다** to wait inside of the safety (yellow) line
- **지하철이 만원이다** the subway is at full capacity
- **지하철을 타다 / 내리다** to get on / off the subway
- **환승역에서 갈아타다** to change at one's transfer station
- **에스컬레이터를 타다** to take an escalator
- **개찰구를 통과하다** to pass through the ticket gate
- **열차가 지연되다** to have one's train be delayed

교차로 Intersections | 交叉路 | 交差点

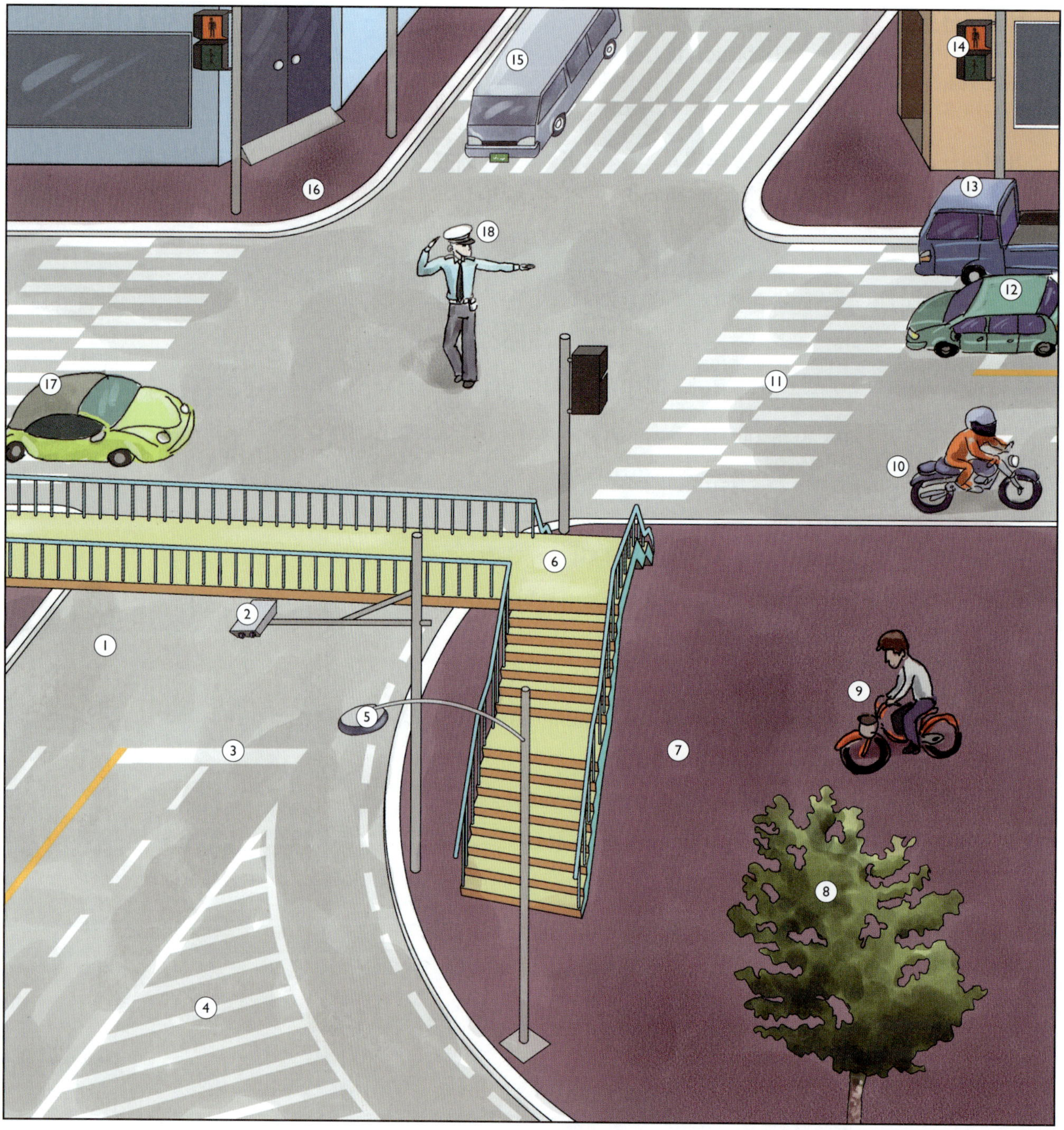

1 **차도**
roadway
行车道
車道

2 **감시 카메라**
traffic camera
监视摄像头
監視カメラ

3 **정지선**
stop line
停止线
停止線

4 **안전지대**
safety zone
安全地带
安全地帯

5 **가로등**
streetlight
路灯
街灯

6 **육교**
land bridge
天桥
陸橋

7 **보도 (인도)**
pavement, sidewalk
人行道
歩道

8 **가로수**
tree lining a street
林荫树
街路樹

9 **자전거**
bicycle
自行车
自転車

10 **오토바이**
motorcycle
摩托车
オートバイ

11 **횡단보도**
crosswalk
人行横道
横断歩道

12 **승용차**
passenger car
轿车
乗用車

13 **화물차**
freight truck
货车
貨物車

14 **신호등 (빨간불, 파란불, 노란불)**
traffic light (red, green, yellow)
信号灯(红灯, 绿灯, 黄灯)
信号 (赤、青、黄色)

15 **승합차**
passenger van
面包车
ワゴン車

16 **모퉁이**
corner
拐角
曲がり角

17 **소형차**
compact vehicle
小型车
小型車

18 **교통경찰관**
traffic cop (police)
交通警察
交通警察官

More Vocabulary

차선 (1차선, 2차선, 3차선, 4차선)			
	lane (lane 1, lane 2, lane 3, lane 4)		
	车道 (一车道，二车道，三车道，四车道)		
	車線 (1車線、2車線、3車線、4車線)		
블록	block	街区	ブロック
국도	national highway	国道	国道
지방도	provincial highway	地方道	県道
고속도로	expressway	高速公路	高速道路
고속도로 통행카드	expressway tollgate ticket		
	高速通行卡	高速道路通行カード	
갓길	shoulder of the road	便路	路肩
긴급 전화	emergency telephone	应急电话	緊急電話
통행권	road pass	通行证	通行券

통행료	road use fee	通行费	通行料
속도 측정기	speed measuring (detecting) device	测速器	
	速度測定器		
표지판	road sign	标志牌	標識板
주차 단속원	parking enforcement officer	交通管理員	
	駐車取り締まり員		
주유소	petrol station, gas station	加油站	
	ガソリンスタンド		
세차장	car wash	洗车场	洗車場
카센터	auto supply shop	汽车服务中心	
	カーセンター		
자동차 정비소	auto repair shop	汽车维修店	自動車整備士
소화전	fire hydrant	消防栓	消火栓

Appendix p.166

Phrases & Expressions

- **셀프 주유** self-service refueling
- **자동 세차** automatic car wash
- **셀프 세차** self-service car wash
- **전면 주차** park facing forward
- **후면 주차** park facing backward

Transportation

비보호 좌회전
Left Turn without Signal
非保护左传
非保護左折

우회전 금지
No Right Turn
禁止右转
右折禁止

위험
Danger
注意危险
危険

유턴 금지
No U Turn
禁止掉头
Uターン禁止

일방통행
One Way
单行路
一方通行

직진 및 좌회전
Straight or Left Turn
直行和向左转弯
左折及び直進

직진 금지
Must Turn
禁止直行
直進禁止

터널
Tunnel
隧道
トンネル

최고 속도 제한
Speed Limit 50kph
最高限速标志
最高速度

주차 금지
No Parking
禁止停车
駐車禁止

화물차 통행금지
No Large Trucks
禁止货运汽车通行
貨物自動車等通行止め

최저 속도 제한
Minimum Speed 30kph
最低限速
最低速度

Track **71**

차 중량 제한
Mass at Most 5.5 Tons
限制重量
重量制限

차 높이 제한
Maximum Height 3.5 Meters
限制高度
高さ制限

T자형 교차로
T-junction Ahead
T形交叉
T形道路交差点あり

우좌로 이중 굽은 도로
Winding Road
右(左)側绕行
右(左)つづら折りあり

도로 폭이 좁아짐
Road Narrows
两侧变窄
幅員減少

오르막 경사
Steep Ascend
上陡坡
上り急勾配あり

좌측면 통행
Pass Obstacle on the Left
靠左侧道路行驶
指定方向外進行禁止

일시 정지
Stop and Yield the Right of Way
停车让行
一時停止

양보
Yield the Right of Way
减速让行
先行優先

도로 공사 중 Road Construction ｜ 道路施工 ｜ 道路工事中　　버스 전용 Bus Lane ｜ 公交专用车道 ｜ 路線バス専用通行帯

Transportation

| 직진하다
to drive straight
直行
直進する |
| 좌회전하다
to turn left
左转弯
左折する |

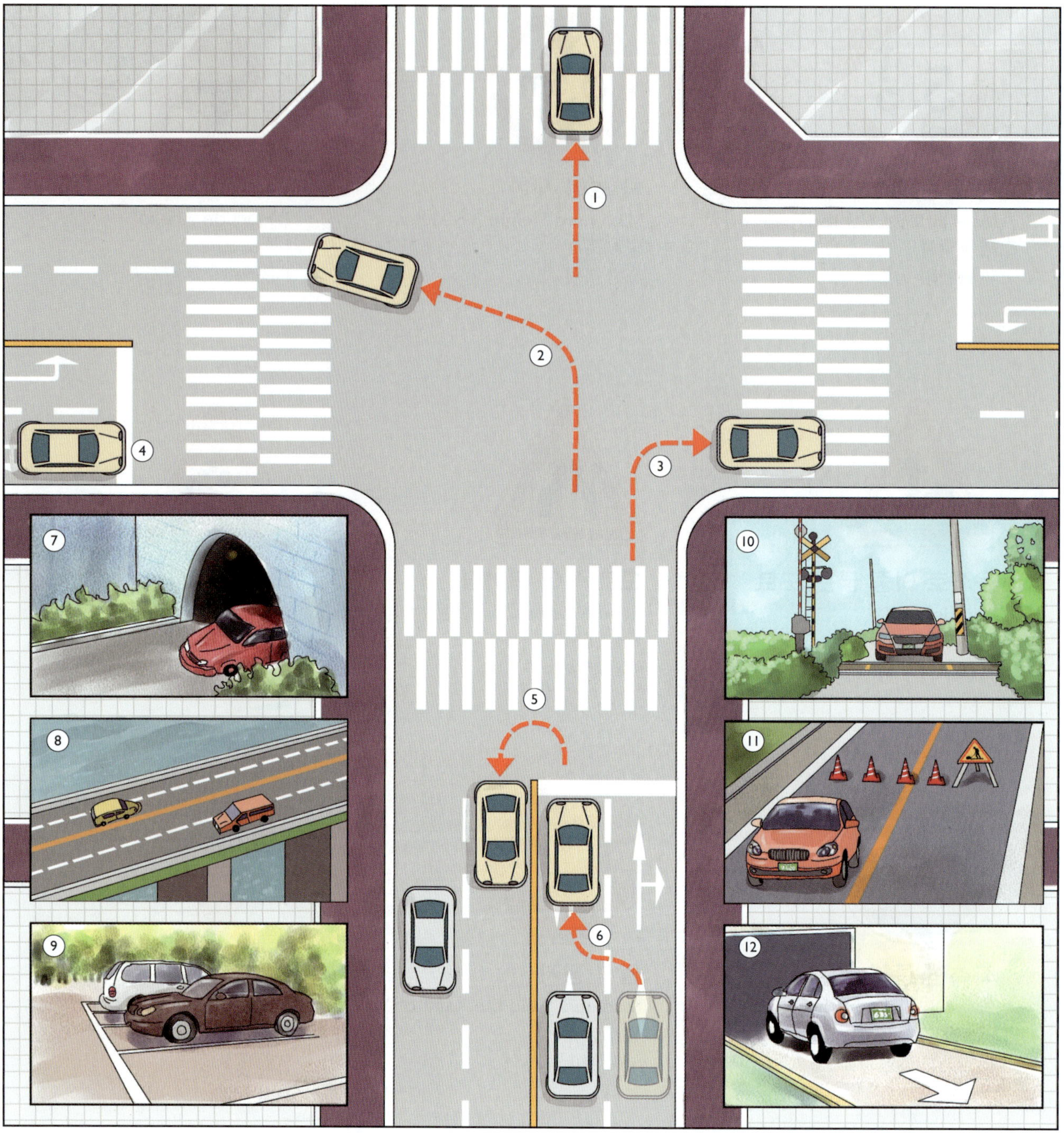

1 직진하다
to drive straight
直行
直進する

2 좌회전하다
to turn left
左转弯
左折する

3 우회전하다
to turn right
右转弯
右折する

4 정지하다
to stop
停止
停止する

5 유턴하다
to make a U-turn
掉头
ユーターンする

6 끼어들다
to squeeze into a line of vehicle
插进
割り込む

7 터널을 통과하다
to pass through a tunnel
通过隧道
トンネルを通過する

8 다리를 건너다
to cross a bridge
过桥
橋を渡る

9 주차하다
to park
停车
駐車する

10 건널목을 통과하다
to pass through a (road/rail)
crossing
通过路口
踏み切りを通過する

11 돌아가다
to go back
回去
戻る

12 후진하다
to go in reverse
倒车
後進する

More Vocabulary

전진하다	to move forward	前进	前進する
정차하다	to stop	停车	停車する
앞지르다	to pass (another vehicle)	超车	追い越す

Appendix p.166

Phrases & Expressions

- 안전벨트를 매다 / 풀다 to fasten / remove seatbelt
- 시동을 걸다 to start an engine
- 브레이크를 밟다 to apply the brakes
- 사이드 브레이크를 올리다 / 내리다 to put the parking brake on / off
- 핸들을 조절하다 to steer
- 기어를 넣다 to put (vehicle) in gear
- 액셀러레이터를 밟다 to push the accelerator
- 출발하다 / 도착하다 to depart / arrive
- 서행하다 to go slowly
- 경적을 울리다 to honk the horn
- 양보하다 to yield (to)
- 신호가 바뀌다 to have a traffic light change
- 급정거하다 to stop quickly

- 차선을 바꾸다 to change lanes
- 신호를 기다리다 to wait for signal
- 과속하다 to speed
- 추돌하다 to rear-end
- 신호를 위반하다 to violate / ignore the signal
- 중앙선을 침범하다 to cross the center line
- 차선을 위반하다 to violate lane lines
- 역주행하다 to go the wrong direction
- 감시 카메라에 찍히다 to get picture taken by traffic camera
- 교통경찰관에게 걸리다 to get caught by traffic cop
- 딱지를 떼다 to get ticketed
- 음주 운전을 하다 to drive drunk
- 교통사고를 내다 to cause a traffic accident
- 교통사고가 나다 to have a traffic accident happen

자동차 부품 Automobile Parts ｜ 汽车零部件 ｜ 自動車部品

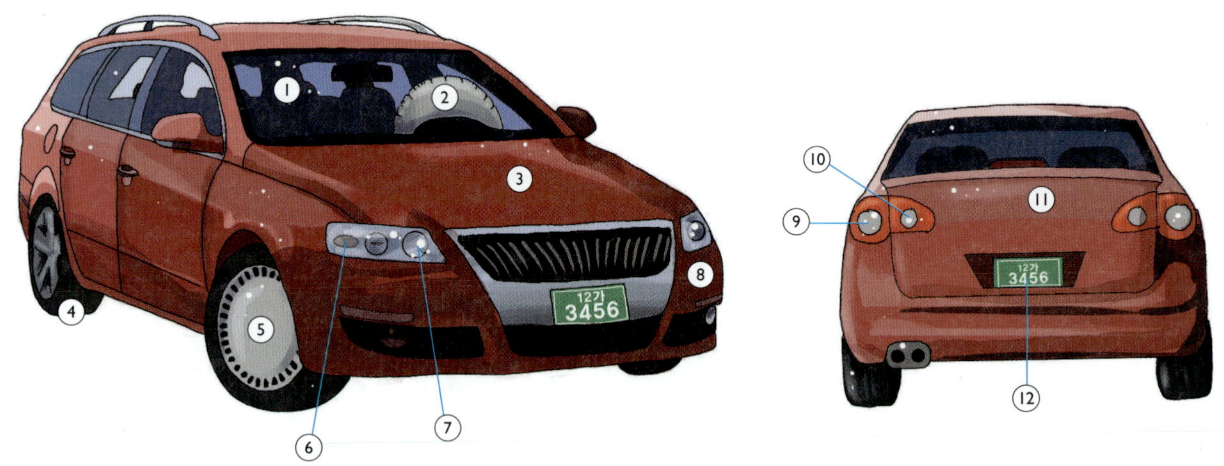

1 앞 유리 windshield 前挡风玻璃 フロントガラス	**4 타이어** tire 轮胎 タイヤ	**7 전조등** headlights 前照灯 ヘッドライト	**10 미등** taillight 尾灯 テールライト
2 에어백 airbag 安全气囊 エアバック	**5 휠캡** hubcap 车毂 ホイールキャップ	**8 범퍼** bumper 保险杠 バンパー	**11 트렁크** trunk 后背箱 トランク
3 보닛 hood 发动机盖 ボンネット	**6 방향 지시등** turn signal 转向灯 方向指示器	**9 제동등** brakelights 制动灯 ブレーキライト	**12 번호판** license plate 车牌照 ナンバープレート

13 **핸들**
steering wheel
方向盘
ハンドル

14 **와이퍼**
windshield wipers
雨刮器
ワイパー

15 **속도 계기판**
speedometer
速度表
速度計器盤

16 **주행 거리 계기판**
odometer
里程表
走行距離計器盤

17 **연료 계기판**
gas gauge
燃料表
燃料計器盤

18 **내비게이션**
automobile navigation systems
汽车导航器
カーナビ

19 **경적**
horn
喇叭
クラクション

20 **클러치**
clutch
离合器
クラッチ

21 **브레이크**
brake
刹车
ブレーキ

22 **액셀 (액셀러레이터)**
accelerator
油门
アクセル

23 **기어**
gear
变速杆
ギア

24 **사물함**
glove compartment
手套箱
私物箱

25 **사이드미러**
sideview mirror
后视镜
サイドミラー

More Vocabulary

수동 변속	manual transmission	手动变速器	手動変速
레버	lever	杠杆	レバー
실내등	light	室内灯	室内灯
열선	heating wires	热线	熱線
스페어타이어	spare tire	备用轮胎	スペアタイヤ
배터리	battery	蓄电池	バッテリー
워셔액	washer fluid	洗涤液	ウォッシャー液
광택제 (왁스)	(auto) wax	蜡剂	光沢剤 (ワックス)

도어록	door lock(s)	门锁	ドアロック
안테나	antenna	天线	アンテナ
차고	garage	车库	車庫
히터	heater	加热器	ヒーター
잠금장치	lock	关闭装置	ロック装置
안전벨트	seat belt	安全带	安全ベルト
핸드브레이크	parking brake	手闸	ハンドブレーキ
열쇠	key	钥匙	キー

Appendix p.166

Phrases & Expressions

- 배터리를 갈다 to change the battery
- 오일을 교환하다 to change the oil
- 타이어(바퀴)를 갈다 to change the tire(s)
- 세차를 하다 to wash a car
- 호스로 물을 뿌리다 to spray (a car) with water using a hose
- 스펀지로 닦다 to wipe / scrub with a sponge
- 마른걸레로 닦다 to wipe with a dry rag
- 광택제를 바르다 to apply auto wax
- 시트를 털다 to shake (off the dust from) a seat cover
- 엔진오일을 체크하다 to check the oil
- 냉각수를 채우다 to fill with coolant
- 보닛을 열다 / 닫다 to open / close the hood

1 **활주로** runway 跑道 滑走路	5 **수하물** baggage 行李 手荷物

9 **승객**
passenger
乘客
乘客

2 **비행기**
airplane
飞机
飛行機

6 **원형 컨베이어**
carousel
圆形输送机
円形コンベアー

10 **탑승**
boarding
搭乗
搭乗

3 **캐리어**
luggage carrier
行李车
キャリア

7 **조종사**
pilot
驾驶员
操縦士

4 **수하물 찾는 곳**
baggage claim area
取行李处
手荷物引渡場

8 **승무원**
flight attendant
乘务员
乘務員

More Vocabulary

공항 터미널	airport terminal	侯机楼	空港ターミナル
공항 직원	airport employee	机场服务员	空港職員
관제탑	control tower	指挥塔	管制塔
국제선	international flight(s)	国际航线	国際線
국내선	domestic flight(s)	国内航线	国内線
출입국 신고서	exit and departure card	出入境登记表	出入国申告書
입국 심사	entrance inspection	入境检查	入国審査
출국 심사	exit inspection	出境检查	出国審査
중량 초과 요금	overweight charge	超重费	重量超過料金
검역	quarantine	检疫	検疫
세관	customs	海关	税関
기내식	inflight meals	机内便餐	機内食
공항버스	airport bus	机场班车	空港リムジンバス
체크인 카운터	check-in counter	登记手续窗口	チェックインカウンター
이착륙 모니터	arrival and departure monitor	航班消息显示板	離着陸モニター
세관 직원	customs employee	海关人员	税関職員
환전소	money change booth	换钱处	両替所
면세점	duty free shop	免税店	免税店

Appendix p.166

Phrases & Expressions

- **이륙하다** to take off
- **착륙하다** to land
- **경유하다** to have a stopover, go by way of
- **결항하다** to cancel a flight
- **연착하다** to be delayed
- **항공권을 사다** to purchase an airplane ticket
- **짐을 체크하다** to check baggage

- **보안 검사를 통과하다** to pass / go through security
- **게이트에서 체크인하다** to check in at the gate
- **비행기에 탑승하다** to board a plane
- **좌석을 찾다** to find one's seat
- **안전벨트를 하다** to put a seatbelt on
- **수하물을 찾다** to find one's baggage

취미와 놀이   Hobbies and Games ｜ 爱好与游戏 ｜ 趣味と遊び

1 **독서**
reading
读书
読書

2 **음악 감상**
listening to music
音乐欣赏
音楽鑑賞

3 **등산**
mountain climbing
登山
登山

4 **노래**
singing
唱歌
歌

5 **사진 찍기**
photography
拍照
写真を撮る

6 **인라인스케이트**
inline skates
溜旱冰
インラインスケート

7 **영화 감상**
watching movies
电影欣赏
映画鑑賞

8 **낚시**
fishing
钓鱼
釣り

9 **댄스**
dancing
跳舞
ダンス

10 컴퓨터게임
computer game
电脑游戏
コンピューターゲーム

11 바둑
baduk
围棋
囲碁

12 장기
janggi, Korean chess
象棋
将棋

13 당구
billiards
台球
ビリヤード

14 체스
chess
国际象棋
チェス

15 카드놀이
card game
玩牌
カード遊び

꽃꽂이	flower arranging	插花	生け花
뜨개질	knitting	编织	編み物
종이접기	origami	折纸	折り紙
퍼즐 맞추기	doing puzzles	拼图	ジグソーパズル
우표 수집	stamp collecting	集邮	切手収集

연날리기	kite flying	放风筝	凧揚げ
소꿉놀이	playing house	过家家	ままごと
구슬치기	marbles	弹玻璃球	お弾き
숨바꼭질	hide-and-seek	捉迷藏	かくれんぼ

스포츠 Sports | 体育 | スポーツ

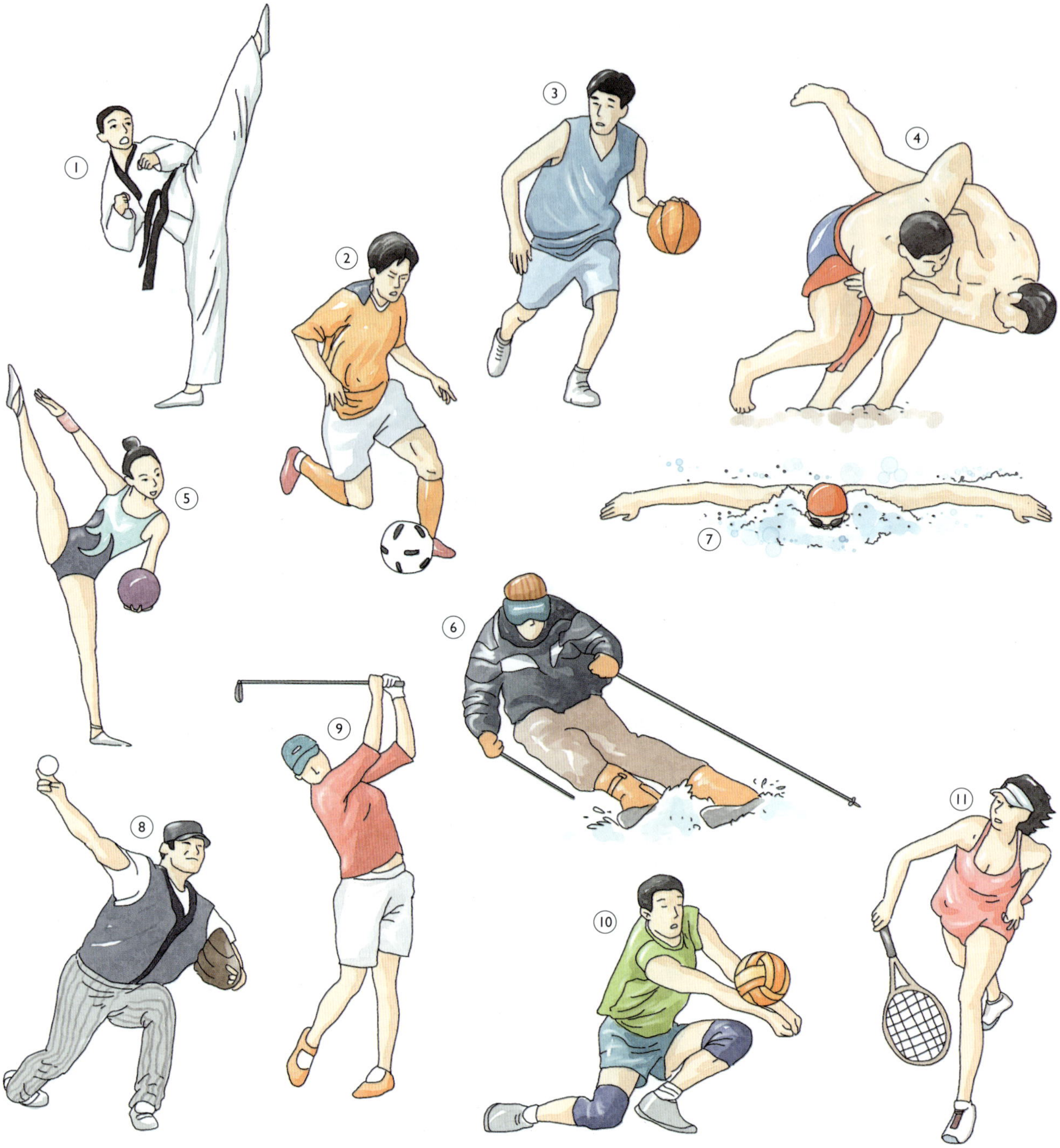

1 **태권도**
Taekwondo
跆拳道
テコンドー

2 **축구**
soccer
足球
サッカー

3 **농구**
basketball
篮球
バスケット

4 **씨름**
Ssireum, Korean wrestling
摔跤
シルム（韓国の相撲）

5 **체조**
gymnastics
体操
体操

6 **스키**
skiing
滑雪
スキー

Track **76**

7 **수영**
swimming
游泳
水泳

8 **야구**
baseball
棒球
野球

9 **골프**
golf
高尔夫球
ゴルフ

10 **배구**
volleyball
排球
バレーボール

11 **테니스**
tennis
网球
テニス

레슬링	wrestling	国际摔跤	レスリング
권투	boxing	拳击	ボクシング
유도	judo	柔道	柔道
핸드볼	handball	手球	ハンドボール
탁구	table tennis	乒乓球	卓球
배드민턴	badminton	羽毛球	バドミントン
스케이트	skating	滑冰	スケート
볼링	bowling	保龄球	ボーリング
펜싱	fencing	击剑	フェンシング
사격	shooting	射击	射撃
양궁	(Western-style) archery	射箭	アーチェリー
역도	weight lifting	举重	重量挙げ
조깅	jogging	慢跑	ジョギング
마라톤	marathon	马拉松	マラソン
수상스키	water skiing	滑水运动	水上スキー

대회	a match	大会	大会
아시안게임	Asian Games	亚运会	アジア大会
올림픽	Olympics	奥运会	オリンピック
월드컵	World Cup	世界杯	ワールドカップ
우승	victory	优胜	優勝
금메달 / 은메달 / 동메달	gold / silver / bronze medal	金牌 / 银牌 / 铜牌	金メダル / 銀メダル / 銅メダル
챔피언	champion	世界冠军	チャンピオン
예선전	preliminary match	预赛	予選
준준결승전 (8강전)	quarter final (final 8)	八强赛	準々決勝戦
준결승전 (4강전)	semifinal (final 4)	四强赛	準決勝戦
결승전	final(s)	决赛	決勝戦
선수	athlete	运动员	選手
감독	director	总教练	監督
코치	coach	教练	コーチ

1 가야금 gayageum 伽倻琴 カヤグム	**3 징** jing 锣 どら	**5 북** drum 鼓 太鼓	**7 아쟁** ajaeng 雅筝 アジェン
2 거문고 geomungo 玄鶴琴 コムンゴ（韓国の琴）	**4 장구** janggu 长鼓 チャング	**6 꽹과리** kkwaenggwari 小锣 鉦（しょう）	**8 대금** daegeum 大琴 テーグム（韓国固有の横笛）

Track **77**

9 **피아노**
piano
钢琴
ピアノ

10 **오르간**
organ
风琴
オルガン

11 **바이올린**
violin
小提琴
バイオリン

12 **첼로**
cello
大提琴
チェロ

13 **클라리넷**
clarinet
单簧管
クラリネット

14 **오보에**
oboe
双簧管
オーボエ

15 **색소폰**
saxophone
萨克斯管
サクソフォン

16 **플루트**
flute
长笛
フルート

17 **트럼펫**
trumpet
小号
トランペット

18 **드럼**
drum
架子鼓
ドラム

19 **기타**
guitar
吉他
ギター

20 **캐스터네츠**
castanets
响板
カスタネット

21 **실로폰**
xylophone
木琴
木琴

22 **피리**
pipe
笛子
笛

23 **탬버린**
tambourine
铃鼓
タンバリン

More Vocabulary

타악기	percussion instrument	打击乐器	打楽器
현악기	stringed instrument	弦乐器	弦楽器
관악기	wind instrument	管乐器	管楽器
아코디언	accordion	手风琴	アコーディオン
트라이앵글	triangle	三角铁	トライアングル
트롬본	trombone	长号	トロンボーン
호른	horn	圆号	ホルン
지휘자	conductor	指挥	指揮者
악보	music score, sheet music	乐谱	楽譜
오케스트라	orchestra	管弦乐	オーケストラ
클래식	classical music	古典音乐	クラシック

성악	vocal music	声乐	声楽
재즈	jazz	爵士乐	ジャズ
팝송	(foreign) pop music	外国流行歌曲	ポップソング
록	rock	摇滚乐	ロック
발라드	ballads	叙事曲	バラード
댄스음악	dance music	舞曲	ダンス音楽
랩	rap	说唱	ラップ
레게	reggae	牙买加的传统音乐	レゲエ
트로트 (뽕짝)	trot	快步舞曲	演歌
대중가요	popular music	流行歌曲	流行歌
디스코 음악	disco	迪斯科音乐	ディスコ音楽

미술, 영화와 공연 Art, Movies, Performances ｜美术, 电影与演出 ｜美術、映画、公演

1 **캔버스**
canvas
帆布 (印花布)
キャンバス

2 **붓**
writing brush
毛笔
筆

3 **물감**
paint, water colors
染料
絵の具

4 **스케치북**
sketch book
素描簿
スケッチブック

5 **파스텔**
pastels
色粉笔
パステル

6 **서예**
(East Asian) calligraphy
书法
書道

7 **조각**
sculpture
雕刻
彫刻

8 **배우**
actor
演员
俳優

9 **영사기**
movie projector
放映机
映写機

10 **필름**
film
胶卷 / 影片
フィルム

11 **포스터**
poster
海报/宣传画
ポスター

More Vocabulary

크레파스	pastel crayon	彩色蜡笔	クレヨン
공예	industrial arts	工艺	工芸
판화	(a) print	版画	版画
유화	an oil painting	油画	油絵
영화배우	movie actor	电影演员	映画俳優
스크린	screen	银幕	スクリーン
자막	subtitles	字幕	字幕
연극	a play	戏剧 (话剧)	演劇
무대	stage	舞台	舞台
오페라	opera	歌剧	オペラ
발레	ballet	芭蕾舞	バレエ
무용	dance	舞蹈	舞踊
연주회	concert	演奏会	演奏会
뮤지컬	musical	歌舞剧	ミュージカル
주인공 (주연)	main character	主角	主人公 (主演)
조연	supporting actor	配角	脇役
감독	director	导演	監督
촬영	filming, photography	摄影	撮影
연출	directing	编导	演出
조명	lighting	照明	照明
연기	acting	演技	演技
스타	a star	明星	スター
제작자	producer	制片人	製作者
세트장	a stage / movie set	布景	セット

영화제	film festival	电影节	映画祭
시사회	preview showing	首映式	試写会
시나리오	scenario, screenplay	剧本	シナリオ
비극	tragedy	悲剧	悲劇
희극	comedy	喜剧	喜劇
콘서트	concert	演唱会	コンサート
미술	art	美术	美術
화가	painter	画家	画家
미술관	art gallery / museum	美术馆	美術館
전시회	exhibition	展览会	展示会
회화	a painting	绘画	絵画
초상화	portrait	肖像画	肖像画
수묵화	traditional ink painting	水墨画	水墨画
수채화	watercolor painting	水彩画	水彩画
소묘	rough drawing	素描	デッサン
삽화	illustration	插图	挿絵
사진	photograph	照片	写真
디자인	design	设计	デザイン
컴퓨터 그래픽	computer graphics	电脑图表	コンピューターグラフィック
표 (濤켓)	ticket	票 (入场券)	券 (チケット)
매표소	ticket office	售票处	チケット売り場
예술	art	艺术	芸術
예술가	artist	艺术家	芸術家

TV와 오디오 Television and Audio | 电视与音响 | テレビとオーディオ

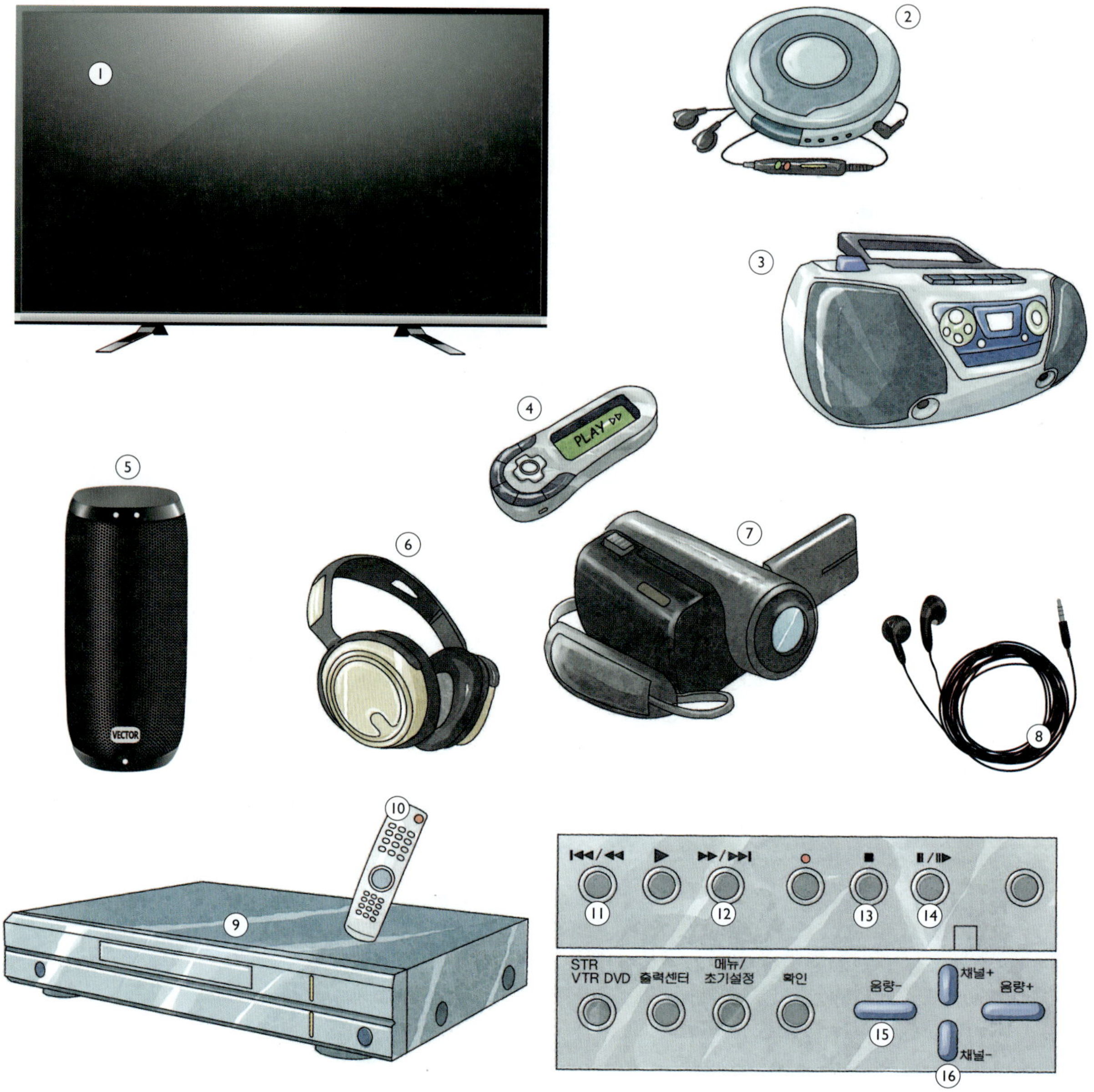

1 **TV (텔레비전)**
television
电视机
テレビ

2 **CD 플레이어**
CD player
CD 机
CDプレーヤー

3 **카세트 플레이어**
cassette player
磁带录音机
カセットプレーヤー

4 **MP3 플레이어**
MP3 player
MP3
MP3プレーヤー

5 **스피커**
speaker
音箱
スピーカー

6 **헤드폰**
headphones
头戴式耳机
ヘッドホン

7 **비디오카메라 (캠코더)**
video camera
视频摄像机
ビデオカメラ

8 **이어폰**
earphones
耳机
イヤホン

9 **비디오 플레이어**
video player
录像机
ビデオプレーヤー

10 **리모컨**
remote control
遥控器
リモコン

11 **되감기**
rewind
快倒
巻戻し

12 **빨리 감기**
fast forward
快进
早送り

13 **정지**
stop
停止
停止

14 **일시 정지**
pause
暫停
一時停止

15 **음량 (볼륨)**
volume
音量
音量（ボリューム）

16 **채널**
channel
频道
チャンネル

More Vocabulary

DVD 플레이어	DVD player ｜ DVD 播放机 ｜ DVD プレーヤー
라디오	radio ｜ 收音机 ｜ ラジオ
마이크	microphone ｜ 麦克风(话筒) ｜ マイク
건전지	battery ｜ 电池 ｜ 乾電池
카세트테이프	cassette tape ｜ 磁带 ｜ カセットテープ
비디오테이프	video tape ｜ 录像带 ｜ ビデオテープ
비디오 대여점	video rental store ｜ 音像店 ｜ レンタルビデオ店
연체료	late fee ｜ 滞纳金 ｜ 延滞料
방송국	broadcasting station ｜ 广播电台 ｜ 放送局
케이블 TV	cable television ｜ 有线电视 ｜ ケーブルテレビ
생방송	live broadcast ｜ 现场直播 ｜ 生放送
중계방송	relay, hook-up ｜ 转播 ｜ 中継
녹화방송	filmed television broadcast ｜ 录播 ｜ 録画放送
위성방송	satellite broadcast ｜ 卫星电视 ｜ 衛星放送
뉴스	news ｜ 新闻 ｜ ニュース
드라마	drama ｜ 电视剧 ｜ ドラマ
다큐멘터리	documentary ｜ 纪录片 ｜ ドキュメンタリー
광고	advertisement ｜ 广告 ｜ ＣＭ
ARS 퀴즈	telephone quiz ｜ ARS 智力竞赛 ｜ 視聴者クイズ
시청자	television viewer ｜ 观众 ｜ 視聴者
연예인	star, celebrity ｜ 演艺人 ｜ 芸能人
탤런트	television star (performer) ｜ 电视演员 ｜ タレント
가수	singer ｜ 歌手 ｜ 歌手
아나운서	announcer ｜ 播音员 ｜ アナウンサー

Appendix p.166

Phrases & Expressions

- 텔레비전(TV)을/를 켜다 / 보다 / 끄다 to turn on / watch / turn off a television
- 채널을 돌리다 to change channels
- 리모컨을 누르다 to press a remote control
- 볼륨을 높이다 / 낮추다 to turn up / down the volume
- 시청하다 / 청취하다 to watch / listen
- 프로그램을 녹화하다 to record a program
- 비디오를 켜다 / 끄다 to turn on / off a video
- 녹음하다 to record (a program)
- 비디오를 빌리다 to rent a video
- 비디오를 반납하다 to return a (borrowed) video
- 건전지를 갈아 끼우다 to change batteries
- 헤드폰 (이어폰)을 끼다 to wear headphones (earphones)
- 주파수를 맞추다 to find a frequency

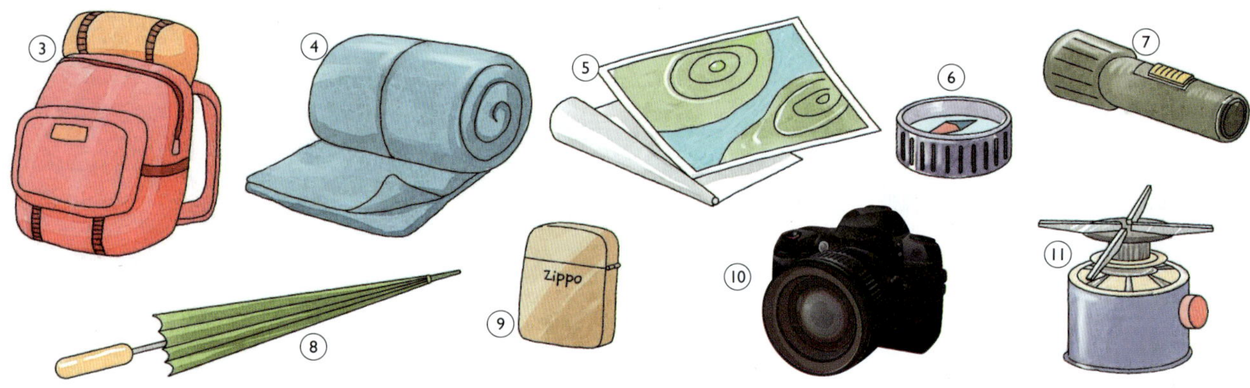

1 텐트 tent 帐篷 テント	**4 침낭** sleeping bag 睡袋 寝袋	**7 손전등** flashlight 手电筒 懐中電灯	**10 사진기** camera 照相机 カメラ
2 캠프파이어 camp fire 篝火 キャンプファイヤー	**5 지도** map 地图 地図	**8 우산** umbrella 雨伞 傘	**11 버너** (gas, oil) burner 燃烧器 バーナー
3 배낭 backpack 背包 リュックサック	**6 나침반** compass 指南针 羅針盤	**9 라이터** lighter 打火机 ライター	

12 여관
yeogwan, Korean inn
旅馆
旅館

13 호텔
hotel
宾馆
ホテル

14 콘도 (콘도미니엄)
condominium,
time-share vacation
apartment units
度假村
コンドミニアム

15 펜션
pension
租赁木屋
ペンション

More Vocabulary

캠핑	camping	野营	キャンピング
민박	home stay	农家院	民宿
여행 경비	travel expenses	旅行经费	旅行経費
여행사	travel agency	旅行社	旅行代理店
여권	passport	护照	旅券
비자	visa	签证	ビザ
안내 책자	information pamphlet	旅行手册	ガイドブック
가이드	guide	导游	ガイド
성수기	high(-demand) season	旺季	旅行シーズン
비수기	slack season, low season	淡季	オフシーズン
국립공원	national park	国立公园	国立公園
관광객	tourist	旅客	観光客
관광지	tourist region	旅游地	観光地

특산물	products unique to a region	土特产	特産物
명소	famous spot, place of interest	名胜古迹	名所
해외여행	overseas travel	国外旅行	海外旅行
국내 여행	domestic travel	国内旅行	国内旅行
배낭여행	backpack travel	背囊旅行	バックパッキング
가족 여행	family travel	家庭旅行	家族旅行
효도 관광	filial piety tourism, sending family elders on a tour	孝道旅行	両親に旅行をプレゼントすること
벚꽃 놀이	cherry blossom viewing party, going to see cherry blossoms in bloom	赏樱花	花見
단풍 놀이	an excursion to see autumn tree leaves	赏红叶	紅葉狩り

Appendix p.166

Phrases & Expressions

- 렌터카를 이용하다 to use a rental car
- (숙소를) 예약하다 to reserve (a place to stay)
- 사진을 찍다 to take a photograph
- 야영하다 to camp

나무 Trees | 树 | 木

Track **81**

1 뿌리 root(s) 树根 根	**4 열매** fruit, nuts, berries 果实 果実	**7 소나무** pine tree 松树 マツ	**10 야자수** palm tree 椰子树 ヤシの木
2 줄기 trunk 树干 幹	**5 잎 (잎사귀)** leaf 树叶 (叶子) 葉	**8 느티나무** zelkova tree 榉树 ケヤキ	**11 은행나무** gingko tree 银杏树 イチョウ
3 가지 branch(es) 树枝 枝	**6 아카시아** acacia 金合欢树 アカシア	**9 대나무** bamboo 竹子 竹	**12 선인장** cactus 仙人掌 サボテン

Track **82**

1 꽃잎 petal 花瓣 花びら	**4 해바라기** sunflower 向日葵 ヒマワリ	**7 개나리** forsythia 连翘 レンギョウ	**10 코스모스** cosmos 大波斯菊 コスモス
2 꽃봉오리 bud 花蕾 つぼみ	**5 장미** rose 玫瑰 バラ	**8 동백** camellia 山茶花 椿	**11 카네이션** carnation 康乃馨 カーネーション
3 튤립 tulip 郁金香 チューリップ	**6 진달래** azalea 杜鹃花 カラムラサキツツジ	**9 백합** lily 百合 ユリ	**12 나팔꽃** morning glory 牵牛花 アサガオ

More Vocabulary

민들레	dandelion │ 蒲公英 │ タンポポ	목련	magnolia │ 木兰 │ 木蓮
무궁화	Rose of Sharon │ 无穷花 │ ムクゲ	매화	Japanese apricot │ 梅花 │ 梅
벚꽃	cherry blossom │ 櫻花 │ 桜		

가축 Livestock, Domestic Animals | 牲畜 | 家畜

Track 83

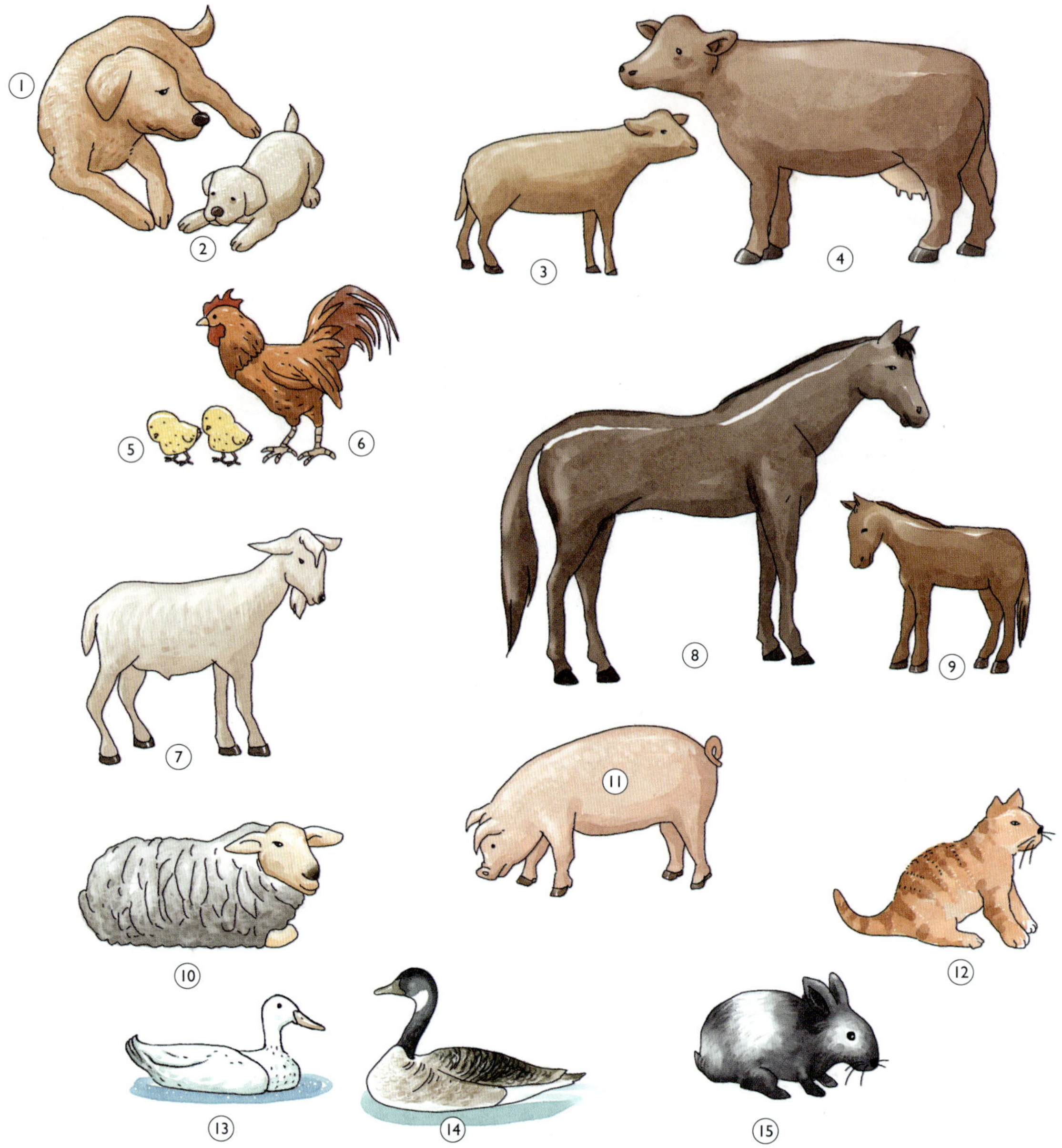

1 **개**
dog
狗
犬

2 **강아지**
puppy
小狗
子犬

3 **송아지**
calf
牛犊
子牛

4 **소**
cow
牛
牛

5 **병아리**
chick
小鸡
ひよこ

6 **닭**
chicken
鸡
鶏

7 **염소**
goat
山羊
ヤギ

8 **말**
horse
马
馬

9 **망아지**
foal
马驹子
子馬

10 **양**
lamb
羊
羊

11 **돼지**
pig
猪
豚

12 **고양이**
cat
猫
猫

13 **오리**
duck
鸭
アヒル

14 **거위**
goose
鹅
ガチョウ

15 **토끼**
rabbit
兔
ウサギ

Track **84**

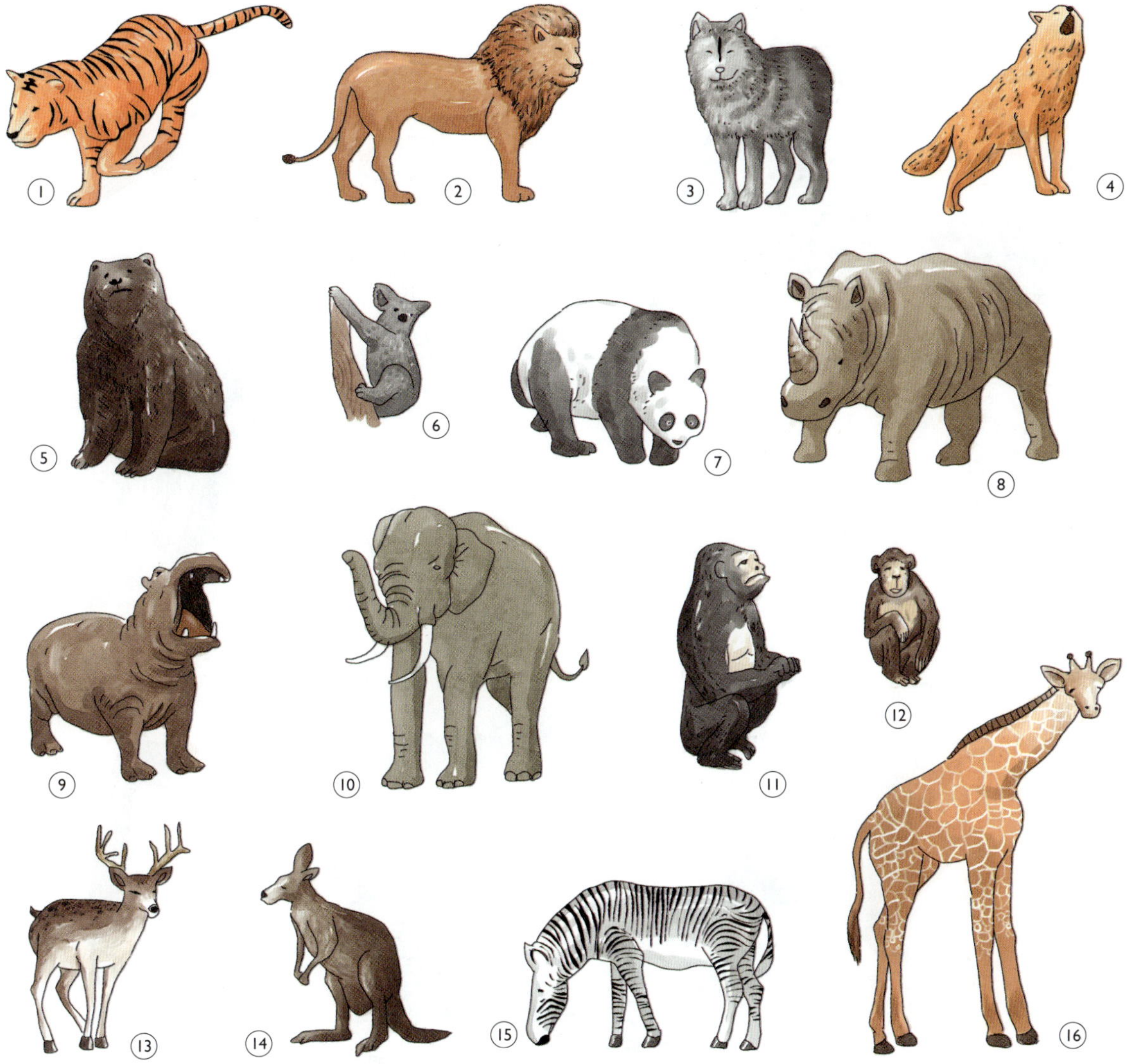

1 호랑이 tiger 老虎 トラ	**5 곰** bear 熊 クマ	**9 하마** hippopotamus 河马 カバ	**13 사슴** deer 鹿 シカ
2 사자 lion 狮子 ライオン	**6 코알라** koala 树袋熊 コアラ	**10 코끼리** elephant 大象 ゾウ	**14 캥거루** kangaroo 袋鼠 カンガルー
3 늑대 wolf 狼 オオカミ	**7 판다** panda 熊猫 パンダ	**11 고릴라** gorilla 大猩猩 ゴリラ	**15 얼룩말** zebra 斑马 シマウマ
4 여우 fox 狐狸 キツネ	**8 코뿔소** rhinoceros 犀牛 サイ	**12 원숭이** monkey 猴子 サル	**16 기린** giraffe 长颈鹿 キリン

143

새 | Birds | 鸟雀 | 鳥

Track **85**

1 부리 beak 喙 くちばし	**3 깃털** feathers 羽毛 羽	**5 비둘기** pigeon, dove 鸽子 ハト	**7 참새** sparrow 麻雀 スズメ	**9 딱따구리** woodpecker 啄木鸟 キツツキ	**11 공작** peacock 孔雀 クジャク
2 날개 wings 翅膀 羽	**4 부엉이** owl 猫头鹰 コノハズク	**6 앵무새** parrot 鹦鹉 オウム	**8 백조** swan 天鹅 ハクチョウ	**10 독수리** eagle 秃鹫 クロハゲワシ	**12 펭귄** penguin 企鹅 ペンギン

More Vocabulary

까치	magpie	喜鹊	カササギ
제비	swallow	燕子	ツバメ
까마귀	crow	乌鸦	カラス

기러기	wild goose	雁	ガン
꿩	pheasant	野鸡	キジ
타조	ostrich	鸵鸟	ダチョウ

Track 86

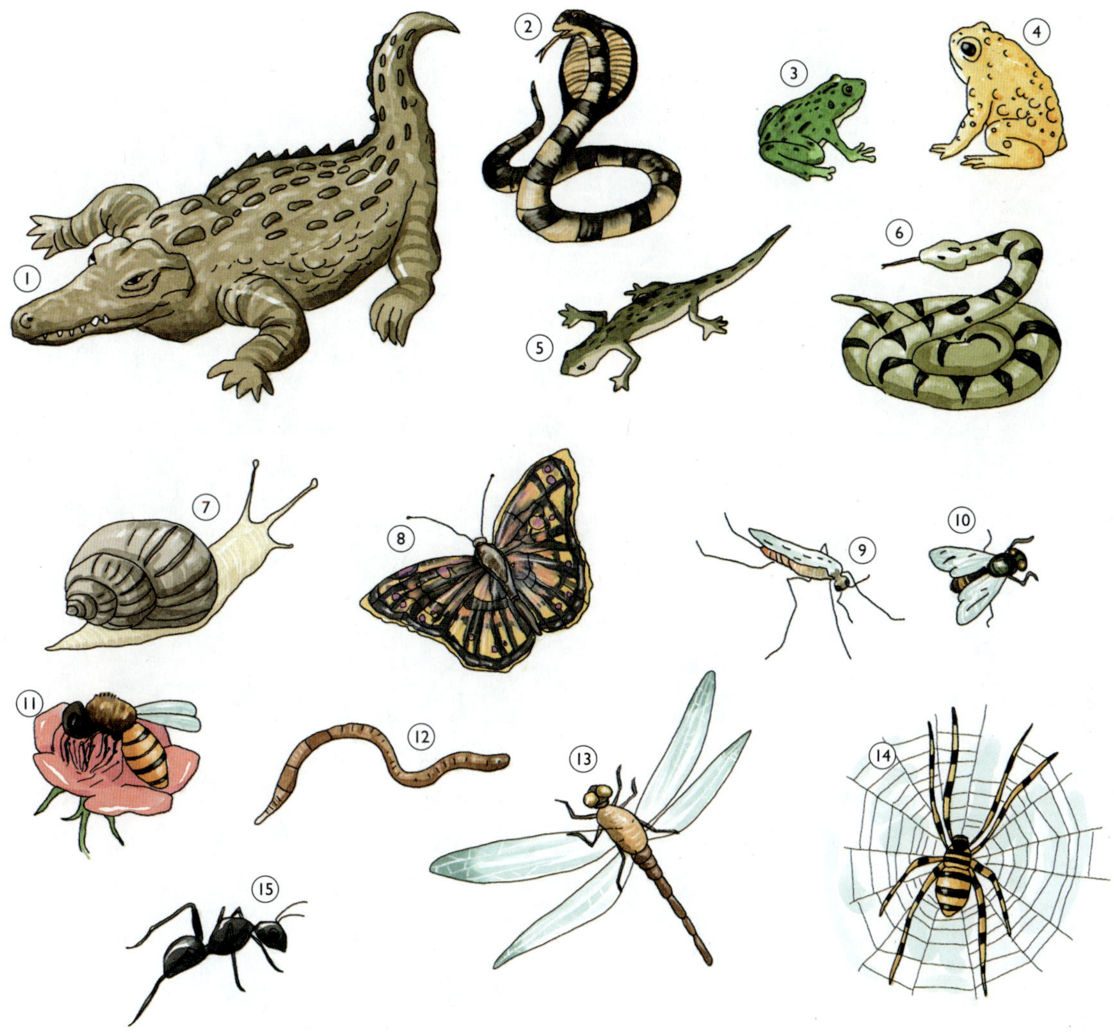

1 **악어** crocodile 鳄鱼 ワニ	4 **두꺼비** toad 癞蛤蟆 ヒキガエル	7 **달팽이** snail 蜗牛 カタツムリ	10 **파리** fly 苍蝇 ハエ	13 **잠자리** dragonfly 蜻蜓 トンボ
2 **코브라** cobra 眼镜蛇 コブラ	5 **도마뱀** lizard 蜥蜴 トカゲ	8 **나비** butterfly 蝴蝶 チョウ	11 **벌** bee 蜜蜂 ハチ	14 **거미** spider 蜘蛛 クモ
3 **개구리** frog 蛙 カエル	6 **뱀** snake 蛇 ヘビ	9 **모기** mosquito 蚊子 カ	12 **지렁이** earthworm 蚯蚓 ミミズ	15 **개미** ant 蚂蚁 アリ

More Vocabulary

메뚜기　grasshopper | 蚱蜢 | イナゴ

매미　cicada | 蝉 | セミ

우주 Cosmos | 宇宙 | 宇宙

Track **87**

| 1 | **지구** Earth 地球 地球 | 3 | **수성** Mercury 水星 水星 | 5 | **화성** Mars 火星 火星 | 7 | **토성** Saturn 土星 土星 | 9 | **해왕성** Neptune 海王星 海王星 |
| 2 | **태양** Sun 太阳 太陽 | 4 | **금성** Venus 金星 金星 | 6 | **목성** Jupiter 木星 木星 | 8 | **천왕성** Uranus 天王星 天王星 | 10 | **명왕성** Pluto 冥王星 冥王星 |

More Vocabulary

태양계	solar system	太阳系	太陽系
은하계	galactic system	银河系	銀河系
혜성	comet	彗星	彗星
달	moon	月亮	月

보름달	full moon	满月	滿月
초승달	new moon	新月	三日月
반달	half moon	半月	半月

Track **88**

1	**바다** sea 海洋 海	3	**동굴** cave 洞 洞窟	5	**강** river 江 川	7	**하늘** sky 天空 空
2	**육지 (땅)** land 陆地 陸地（土地）	4	**호수** lake 湖 湖	6	**산** mountain 山 山		

More Vocabulary

계곡	gorge, valley ｜ 峡谷 ｜ 渓谷	해일	tidal wave ｜ 海啸 ｜ 津波
화산	volcano ｜ 火山 ｜ 火山	대륙	continent ｜ 大陆 ｜ 大陸
지진	earthquake ｜ 地震 ｜ 地震		

중국
China
中国
中国

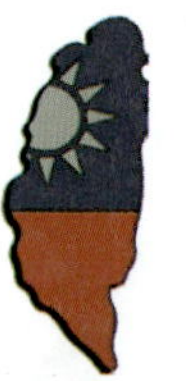

대만
Taiwan
台湾
台湾

일본
Japan
日本
日本

몽골
Mongolia
蒙古
モンゴル

베트남
Vietnam
越南
ベトナム

방글라데시
Bangladesh
孟加拉国
バングラディシュ

파키스탄
Pakistan
巴基斯坦
パキスタン

타이 (태국)
Thailand
泰国
タイ

필리핀
the Philippines
菲律宾
フィリピン

인도
India
印度
インド

인도네시아
Indonesia
印度尼西亚
インドネシア

이라크
Iraq
伊拉克
イラク

이스라엘
Israel
以色列
イスラエル

사우디아라비아
Saudi Arabia
沙特阿拉伯
サウジアラビア

터키
Turkey
土耳其
トルコ

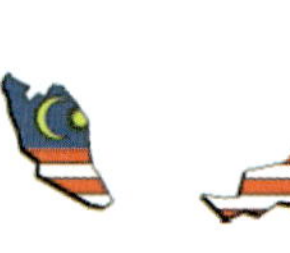

말레이시아
Malaysia
马来西亚
マレーシア

네덜란드
the Netherlands
荷兰
オランダ

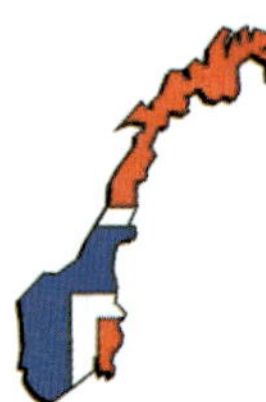

노르웨이
Norway
挪威
ノルウェー

벨기에
Belgium
比利时
ベルギー

덴마크
Denmark
丹麦
デンマーク

독일
Germany
德国
ドイツ

러시아
Russia
俄罗斯
ロシア

영국
Britain
英国
イギリス

아일랜드
Ireland
爱尔兰
アイルランド

이탈리아
Italy
意大利
イタリア

Track 89

프랑스
France
法国
フランス

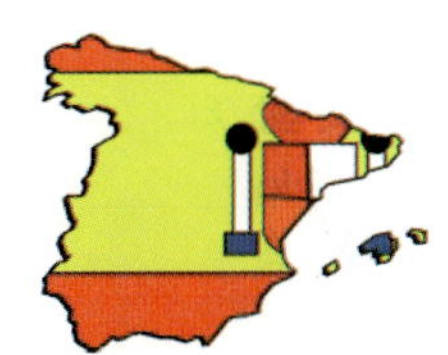

에스파냐 (스페인)
Spain
西班牙
スペイン

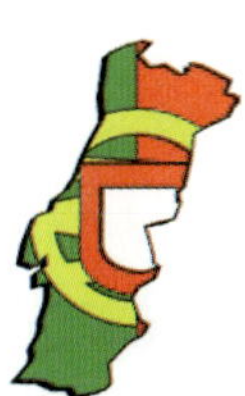

포르투갈
Portugal
葡萄牙
ポルトガル

미국
United States
美国
アメリカ

캐나다
Canada
加拿大
カナダ

뉴질랜드
New Zealand
新西兰
ニュージーランド

멕시코
Mexico
墨西哥
メキシコ

오스트레일리아 (호주)
Australia
澳大利亚
オーストラリア

남아프리카 공화국
Republic of South Africa
南非共和国
南アフリカ共和国

케냐
Kenya
肯尼亚
ケニア

이집트
Egypt
埃及
エジプト

브라질
Brazil
巴西
ブラジル

아르헨티나
Argentina
阿根廷
アルゼンチン

페루
Peru
秘鲁
ペルー

More Vocabulary

태평양	Pacific Ocean	太平洋	太平洋
대서양	Atlantic Ocean	大西洋	大西洋
인도양	Indian Ocean	印度洋	インド洋
지중해	Mediterranean	地中海	地中海
북극	North Pole	北极	北極
남극	South Pole	南极	南極
국가 (나라)	state, country	国家	国家、国
인류	humanity	人类	人類
인종	race	人种	人種
국민	citizenry	国民	国民
국적	citizenship	国籍	国籍
외국	foreign country	外国	外国
해외	overseas	海外	海外
국내	domestic	国内	国内

교포	permanent overseas Korean	侨胞	海外同胞
동포	Korean brethren	同胞	同胞
이민	immigration and emigration	移民	移民
망명	defection	亡命	亡命
수교	establish diplomatic relations	建交	修交
외교	diplomacy	外交	外交
대사관	embassy	大使馆	大使館
외교관	diplomat	外交官	外交官
UN 안전보장이사회	United Nations Security Council	联合国安理会	国連安全保障理事会
WTO	World Trade Organization	世界贸易组织	WTO
정상회담	summit talks	首脑会谈	首脳会談

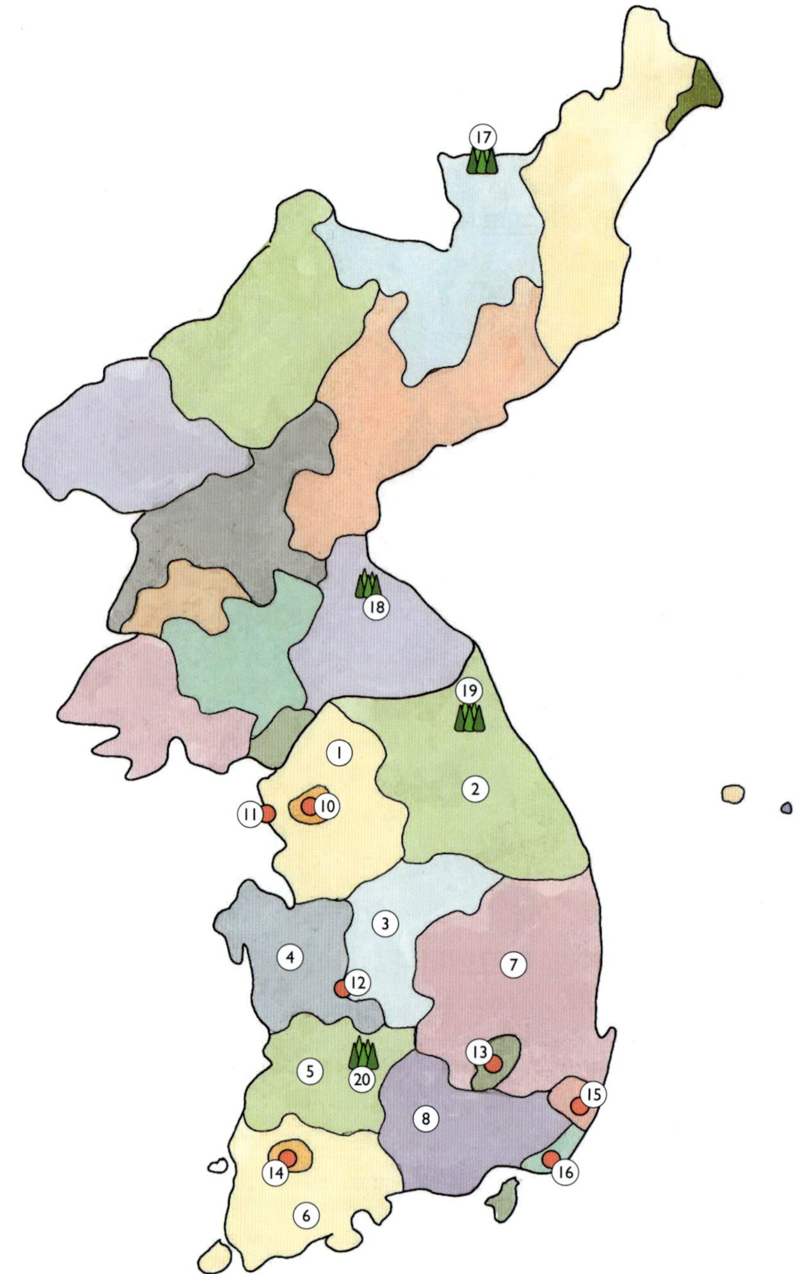

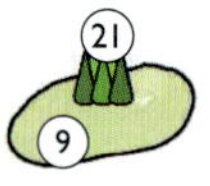

1 경기도
Gyeonggi-do Province
京畿道
京畿道

2 강원도
Gangwon-do Province
江原道
江原道

3 충청북도
Chungcheongbuk-do
Province
忠清北道
忠清北道

4 충청남도
Chungcheongnam-do
Province
忠清南道
忠清南道

5 전라북도
Jeollabuk-do Province
全罗北道
全羅北道

6 전라남도
Jeollanam-do Province
全罗南道
全羅南道

7 경상북도
Gyeongsangbuk-do
Province
庆尚北道
慶尚北道

8 경상남도
Gyeongsangnam-do
Province
庆尚南道
慶尚南道

Track **90**

9 **제주도**
Jeju-do Province
济州道
済州道

10 **서울특별시**
Seoul Metropolitan City
首尔特别市
ソウル特別市

11 **인천광역시**
Incheon Metropolitan City
仁川广域市
インチョン広域市

12 **대전광역시**
Daejeon Metropolitan City
大田广域市
テジョン広域市

13 **대구광역시**
Daegu Metropolitan City
大丘广域市
テグ広域市

14 **광주광역시**
Gwangju Metropolitan City
光州广域市
クァンジュ広域市

15 **울산광역시**
Ulsan Metropolitan City
蔚山广域市
ウルサン広域市

16 **부산광역시**
Busan Metropolitan City
釜山广域市
プサン広域市

17 **백두산**
Baekdusan Mountain
白头山
白頭山

18 **금강산**
Geumgangsan Mountain
金刚山
金剛山

19 **설악산**
Seoraksan Mountain
雪岳山
雪岳山

20 **지리산**
Jirisan Mountain
智异山
智異山

21 **한라산**
Hallasan Mountain
汉拿山
漢拏山

More Vocabulary

수도	capital	首都	首都
수도권	greater capital region	首都圈	首都圈
도심	city center	市中心	都心
강남	Gangnam, Seoul's "South of the River" neighborhoods	江南	江南
강북	Gangbuk, Seoul's "North of the River" neighborhoods	江北	江北
근교	suburbs	近郊	近郊
전국	the whole country	全国	全国
영남	Yeongnam region	岭南	嶺南
호남	Honam region	湖南	湖南
지방	region, provinces, district	地方	地方
도시	city	城市	都市
대도시	major city	大城市	大都市
마을	village, hamlet, neighborhood	村庄	村
농촌	farm village, farming region	农村	農村
어촌	fishing village	渔村	漁村
시골	country, countryside	乡下	田舍

시내	downtown	城内	市内
시외	outskirts, outside the city	城外	市外
특별시	metropolis, special city	特别市	特別市
광역시	metropolitan city	广域市	広域市
도	province	道	道
시	city	市	市
구	gu, ward, district	区	区
군	gun, county, district	郡	郡
면	myeon, township, subdivision of a gun	面	面
리	ri, subdivision of a myeon	里	里
태백산맥	Taebaek Mountain Range	太白山脉	太白山脈
소백산맥	Sobaek Mountain Range	小白山脉	小白山脈
노령산맥	Noryeong Mountain Range	芦岭山脉	蘆嶺山脈
한강	Hangang River	汉江	漢江
낙동강	Nakdonggang River	洛东江	洛東江
섬진강	Seomjingang River	蟾津江	蟾津江

국가의 성립과 발전 emergence and development of states │ 国家的成立与发展 │ 国家の成立と発展

B.C.

- 2333년 단군, **고조선** 건국 ①
- 108년 고조선 멸망, 한(漢)사군 설치
- 57년 박혁거세, **신라** 건국 ⑤
- 37년 주몽, **고구려** 건국 (~A.D. 608) ③ ②
- 18년 온조, **백제** 건국 (~A.D. 660) ④

A. D.

- 676년 신라, 삼국통일 (**통일신라**) ⑦
- 698년 대조영, **발해** 건국 ⑥
- 918년 왕건, **고려** 건국 (~1392) ⑧
- 1392년 고려 멸망, **조선** 건국 ⑨
- 1443년 훈민정음 창제
- 1910년 **국권 피탈 (일제 강점기)** ⑩
- 1919년 **3.1 운동** ⑫
- 1945년 **8.15 해방(광복)** ⑬
- 1948년 **대한민국** 정부수립 ⑪
- 1950년 **6.25 전쟁** ⑭
- 1960년 **4.19 혁명** ⑮
- 1970년 **새마을운동** 시작 ⑯
- 1980년 5.18 **광주민주화운동** ⑰
- 1986년 제10회 서울 **아시안게임** 개최 ⑱
- 1988년 제24회 **서울 올림픽** 개최 ⑲
- 2002년 **한일 월드컵** 개최 ⑳

1 고조선
Gojoseon
古朝鲜
古朝鮮

2 삼국시대
Three Kingdoms
Period
三国时代
三国時代

3 고구려
Goguryeo
高句丽
高句麗

4 백제
Baekje
百剂
百済

5 신라
Silla
新罗
新羅

6 발해
Balhae
渤海
渤海

7 통일신라
Unified Silla
统一新罗
統一新羅

8 고려
Goryeo
高丽
高麗

9 조선
Joseon
朝鲜
朝鮮

10 일제 강점기
Japanese colonial
period
日本殖民地
日帝植民地期

11 대한민국
Republic of Korea
大韩民国
大韓民国

역사적 사건 historical incidents │ 历史事件 │ 歴史的事件

12 3.1 운동
March 1st Movement
3.1 运动
3.1 運動

13 8.15 해방
Liberation, August 15 Liberation
8.15 解放
終戦記念日

14 6.25 전쟁
Korean War
6.25 战争
韓国戦争

15 4.19 혁명
April 19 Revolution
4.19 革命
4.19 革命

16 새마을운동
Saemaeul Movement
新农村运动
セマウル運動

17 광주민주화운동
Gwangju Democratic Movemen
光州民主化运动
光州民主化運動

18 아시안게임
Asian Games
亚运会
アジア大会

19 서울 올림픽
Seoul Olympics
首尔奥运会
ソウルオリンピック

20 2002 한일 월드컵
2002 FIFA World Cup
Korea Japan
2002韩日世界杯
2002 韓日ワールドカップ

문화재 cultural assets / properties │ 文化遗产 │ 文化財

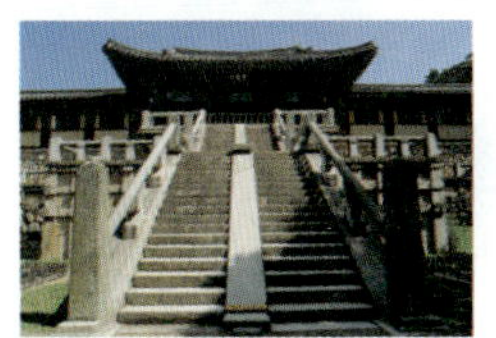

불국사
Bulguk Temple
佛国寺
仏国寺

석굴암
Seokguram
石窟庵
石窟庵

남대문
Namdaemun
南大门
南大門

동대문
Dongdaemun
东大门
東大門

경복궁
Gyeongbok Palace
景福宫
景福宮

팔만대장경
Palman Daejang
Gyeong
八万大藏经
八万大蔵経

훈민정음
Hunmin Jeongeum
训民正音
訓民正音

태극기
Taegeukgi
太极旗
太極旗

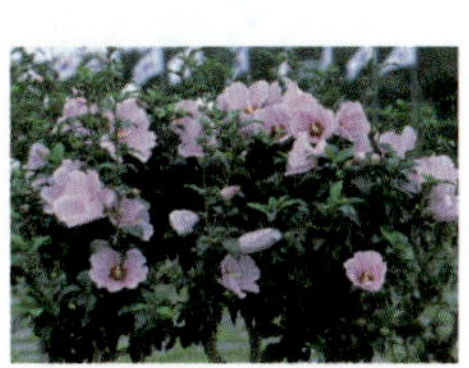

무궁화
Rose of Sharon
无穷花
ムクゲ

More Vocabulary

대동여지도 Daedongyeojido │ 大东舆地图 │ 大東輿地図

애국가 Korean national anthem │ 韩国国歌 │ 愛国歌

명절 traditional holidays │ 节日 │ 祝祭日

설날 (음력 1월 1일)
　Seollal (1st day of the 1st month on the lunar calendar) │
　春节(阴历一月一日) │ 元旦(陰暦1月1日)

정월 대보름 (음력 1월 15일)
　Jeongwol Daeboreum (15th day of the 1st month on the
　lunar calendar) │ 元宵节(阴历一月十五日) │
　正月15日(陰暦1月15日)

추석 (음력 8월15일)
　Chuseok (15th day of the 8th month on the lunar calendar) │
　中秋节(阴历八月十五日) │ お盆(陰暦8月15日)

국경일 state holidays │ 国庆日 │ 祝日 (国家の慶事を記念する日)

3.1절 (양력 3월 1일)
　March 1st, Independence Movement day (March 1) │
　三.一节 │ 三一節(3月1日の独立運動記念日)

광복절 (양력 8월 15일)
　Liberation Day (August 15) │ 光复节 │
　光復節(日本の植民統治からの解放を記念する日)

개천절 (양력 10월 3일)
　"The Day Heaven Opened" (National Foundation Day)
　(October 3) │ 开天节 │ 開天節(建国記念日)

공휴일 legal holidays │ 公休日 │ 公休日

어린이날 (양력 5월 5일) Children's Day (May 5)
　儿童节 │ 子供の日(陽暦5月5日)

현충일 (양력 6월 6일) Memorial Day (June 6) │
　显忠日 │ 顕忠日(国家の防衛に命を捧げた人々の忠誠を記念する日)

성탄절 (양력 12월 25일)
　Christmas (December 25) │ 圣诞节 │ クリスマス

정치와 법률 Politics and Law ｜ 政治与法律 ｜ 政治と法律

1 국회 National Assembly 国会 国会	**3 판사** judge 法官 判事	**5 변호사** lawyer 律师 弁護士	**7 원고** plaintiff 原告 原告
2 법정 court, courtroom 法庭 法廷	**4 검사** prosecution 检察官 検事	**6 피고** defendant, accused 被告 被告	**8 증인** witness 证人 証人

Track **92**

9 **경찰관**
police officer
警察官
警察官

10 **경찰서**
police station
警察局
警察署

11 **감옥 (교도소)**
prison
監獄
監獄（刑務所）

12 **죄수**
prisoner
犯人
罪人

More Vocabulary

청와대	Cheong Wa Dae	青瓦台	青瓦台
투표	voting	投票	投票
후보자	candidate	候选人	候補者
정부	government	政府	政府
대통령	president	总统	大統領
행정부	executive branch	行政院	行政府
사법부	judicial branch	司法部	司法府
입법부	legislative branch	立法部	立法府
헌법재판소	Constitutional Court	宪法裁判所	憲法裁判所
대법원	Supreme Court	大法院	大法院(最高裁)
대법원장	chief justice of the Supreme Court	大法院长	最高裁判所長官
법원	court	法院	裁判所
국회 의원	member of the National Assembly	国会议员	国会議員
국회 의장	speaker of the National Assembly	国会议长	国会議長
선거	election	选举	選挙
당선	election victory	当选	当選
총리	prime minister	总理	総理
장관	minister	长官(部长)	長官(大臣)
정치권	the political world, members of the National Assembly	政治圈	政界
정치인	politician	政治家	政治家
민주주의	democracy	民主主义	民主主義
지방자치제	regional autonomy	地方自治制	地方自治体

정당	political party	政党	政党
법, 법률	law	法律	法、法律
재판	trial	裁判	裁判
심문	examination	审问	審問
판결	judgment	判决	判決
불법	illegality	违法	違法
범죄	crime	犯罪	犯罪
무죄	innocent	无罪	無罪
유죄	guilty	有罪	有罪
범인	criminal	犯人	犯人
피해자	victim	被害者	被害者
체포	detainment	逮捕	逮捕
구속	arrest	拘留	拘束
수사	investigation	搜查	搜査
처벌	punishment	处罚	処罰
용의자	suspect	嫌疑犯	容疑者
증거	evidence	证据	証拠
살인	murder	杀人	殺人
사기	fraud	欺诈	詐欺
납치	kidnapping	绑架	拉致
강도	burglar	强盗	強盗
절도	theft	盗窃	窃盗
유괴	abduction	诱拐	誘拐
명예훼손	defamation of character	损害名誉	名誉毀損

1 **농업**
agriculture
农业
農業

2 **임업**
forestry
林业
林業

3 **어업**
fishery
渔业
漁業

4 **광업**
mining
矿业
鉱業

5 **제조업**
manufacturing
制造行业
製造業

6 **서비스업**
service industry
服务行业
サービス業

7 **건설업**
construction industry
建设行业
建設業

8 **전기 통신**
telecommunications
电子通讯
電気通信

9 **주가**
stock prices
股价
株価

More Vocabulary

증권거래소	securities exchange	证券交易所	証券取引所
주식	shares, stocks	股票	株式
펀드	a fund	基金	ファンド
부동산	real estate	房地产	不動産

투기	speculation	投机	投機
경매	auction	拍卖	オークション
환율	exchange rate	汇率	為替相場

Track **94**

13
Korea

불교 Buddhism │ 佛教 │ 仏教

부처
Buddha
佛萨
仏

절
temple
寺庙
寺

스님
monk
和尚
お坊さん

염주
string of beads
佛珠
数珠

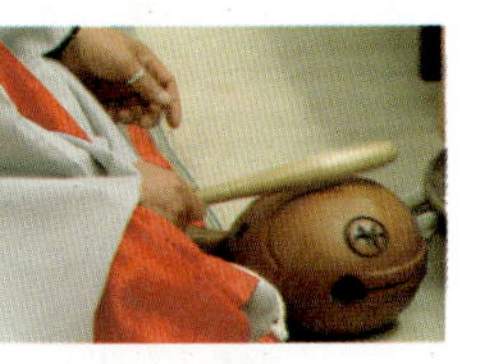

목탁
wooden gong
木铎
木魚

기독교 Christianity (Protestantism) │ 基督教 │ キリスト教

예수
Jesus
耶稣
イエス

교회
church
教堂
教会

목사
minister
牧师
牧師

성경
Bible
圣经
聖書

십자가
cross
十字架
十字架

천주교 Catholicism │ 天主教 │ カトリック

성모마리아
St. Mary
圣母玛丽亚
聖母マリア

미사
(Christian) mass
（天主教）弥撒
ミサ

교황
pope
教皇
教皇

신부
priest
神父
神父

수녀
nun
修女
修道女

묵주
rosary
圣珠
ロザリオ

More Vocabulary

유교	Confucianism	儒教	儒教
불공	Buddihist mass	佛供	供養
불경	Buddihist scripture	佛经	お経
예배	worship service	礼拜	礼拜

찬송가	hymn	赞颂歌	賛美歌
성가대	choir	圣歌队	聖歌隊
성당	cathedral	教堂	聖堂

군사와 무기 Military and Weaponry ｜ 军事与武器 ｜ 軍事と武器

군사와 무기 Military and Weaponry ｜ 军事与武器 ｜ 軍事と武器

Track **95**

1 **군인**
soldier
军人
軍人

2 **육군**
army
陆军
陸軍

3 **해군**
navy
海军
海軍

4 **여군**
female soldier
女兵
女性軍人

5 **탱크**
tank
坦克
タンク

6 **전투기**
jet fighter
战斗机
戰鬪機

7 **미사일**
missile
导弹
ミサイル

8 **잠수함**
submarine
潜水艇
潜水艦

9 **총**
gun
枪
銃

10 **헬기**
helicopter
直升机
ヘリコプター

11 **수류탄**
grenade
手榴弹
手榴弾

12 **대포**
cannon
大炮
大砲

More Vocabulary

장갑차	armored vehicle	裝甲车	裝甲車
공군	air force	空军	空軍
군대	troops, military	军队	軍隊
적군	the enemy	敌军	敵軍
아군	our forces, friendly forces	我军	我が軍
계급	rank	军衔	階級
장군	general	将军	将軍
대령	colonel	上校	大佐
중령	lieutenant colonel	中校	中佐
소령	major	少校	少佐
대위	captain	大尉	大尉
중위	first lieutenant	中尉	中尉
소위	second lieutenant	少尉	少尉
하사관	noncommissioned officer	下士	下士官
병사	private	士兵	兵士
전쟁	war	战争	戰爭
전투	combat, battle	战斗	戰鬪
전술	tactics	战术	戰術
공격	attack	攻击	攻擊
훈련	training	训练	訓練

Appendix

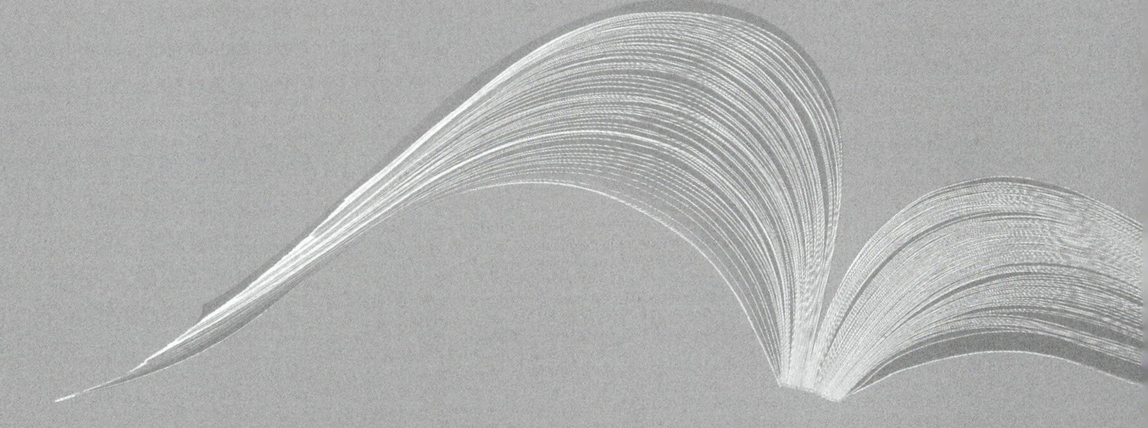

Phrases & Expressions

- 냅킨으로 입을 닦다　用餐巾纸擦嘴｜ナプキンで口を拭く
- 계산하다, 돈을 내다　结账｜計算をする、お金を払う
- (돈을) 각자 내다　各付各的｜割り勘する
- 예약하다　预定｜予約する
- 예약을 취소하다　取消预定｜予約を取り消す
- 친절하다 / 불친절하다　亲切 / 不亲切｜親切だ / 不親切だ
- 자리가 없다　没有座位｜席が無い
- 배달하다　传送｜配達する

주거 형태　Forms of Domicile｜居住形态｜住居の形態　p.71

- 엘리베이터를 타다　坐电梯｜エレベーターにのる
- 계단을 올라가다 / 내려가다　上楼梯 / 下｜階段を上がる/下りる
- 주차장에 차를 주차시키다 (주차하다)　把车停在停车场｜駐車場に車を駐車させる（駐車する）

주방　Kitchen｜厨房｜キッチン　p.73

- (야채를) 볶다　炒菜｜(野菜を) 炒める
- (시금치를) 데치다　烫（菠菜）｜(ほうれん草を) ゆがく
- (나물을) 무치다　凉拌野菜｜(ナムルを) あえる
- (콩나물을) 삶다　煮豆芽｜(豆もやしを) 茹でる
- (호박전을) 부치다　煎南瓜饼｜(カボチャチョンを) 焼く
- (오징어를) 튀기다　炸鱿鱼｜(イカを) 揚げる
- (국을 / 찌개를) 끓이다　烧汤｜(汁 / チゲを) 温める
- (콩을) 졸이다　炖(豆)｜(豆を) 煮詰める
- 밥상을 펴다 / 접다　打开桌腿 / 折叠桌腿｜膳を広げる / 畳む
- 밥을 푸다　盛饭｜ご飯をよそう
- 국을 뜨다　盛汤｜汁をよそう
- 숟가락질을 / 젓가락질을 하다　用勺子 / 用筷子｜(口に) スプーンを / 箸を運ぶ
- 생선 가시를 바르다　挑出鱼刺｜魚のとげをこそげ取る
- 간장에 찍다　蘸酱｜醤油につける
- 숭늉을 마시다　喝锅巴汤｜おこげ湯を飲む
- 빈 그릇을 치우다　收拾空碗｜空いた皿を片付ける
- 그릇을 씻다　洗碗｜食器を洗う
- 그릇을 말리다　烘干碗筷｜食器を乾かす
- 설거지를 하다　洗碗｜食器洗いをする

욕실　Bathroom｜浴室｜浴室　p.77

- 용변을 보다　上厕所｜用便を足す
- 물을 내리다　放水｜水を流す
- 물을 틀다 / 잠그다　放水 / 关水｜蛇口をひねる / しめる
- 비누를 칠하다　抹香皂｜石鹸をつける
- 세수를 하다　洗脸｜顔を洗う
- 수건으로 닦다　用毛巾擦头｜タオルで拭く
- 수건을 걸다　挂毛巾｜タオルを掛ける
- 치약을 짜다　挤牙膏｜歯磨き粉を絞る
- 면도하다　刮胡子｜髭を剃る
- 샤워를 하다　洗淋浴｜シャワーを浴びる
- 욕조에 물을 받다　往浴缸放水｜浴槽に水をはる
- 목욕을 하다　洗澡｜入浴する

- 체중을 달다　称体重｜体重を量る
- 렌즈를 끼다 / 빼다　戴隐形眼镜 / 摘｜コンタクトをはめる / 外す

청소 용구　Cleaning Devices｜清扫工具｜掃除用具　p.79

- 침대를 정돈하다　整理床｜ベッドを整える
- 시트를 갈다　换床单｜シーツを替える
- 이불을 개다 / 펴다　叠被子 / 铺｜布団を畳む / 敷く
- 환기시키다　换空气｜換気する
- 장난감을 치우다　收拾玩具｜おもちゃを片付ける
- (카펫) 진공 청소하다　吸地毯｜(カーペットに) 真空掃除機をかける
- 마룻바닥을 쓸다 / 닦다　扫地板 / 擦｜床を掃く / 磨く
- 걸레질하다　拖地｜ふき掃除をする
- 책장을 정리하다　整理书柜｜本棚を整理する
- 가구의 먼지를 털다　掸家具｜家具のほこりをはたく
- 창문을 닦다　擦窗户｜窓を磨く
- 쓰레기통을 비우다　倒垃圾桶｜ゴミ箱を空にする
- 쓰레기를 버리다　倒垃圾｜ゴミを捨てる
- 화분에 물 주다　给花盆浇水｜植木鉢に水をやる
- 정원을 가꾸다　整理院子｜庭を手入れする

공구　Tools｜工具｜工具　p.81

- 고장 나다　出故障｜故障する
- 전원이 나가다　停电｜電気が切れる
- 지붕이 새다　屋顶漏水｜雨漏りがする
- 벽에 금이 가다　墙上出裂纹｜壁にひびが入る
- 유리창이 깨지다　玻璃碎了｜窓ガラスが割れる
- 자물쇠가 부러지다　锁断了｜錠が折れる
- 계단이 부서지다　楼梯坏了｜階段が壊れる
- 보일러가 고장 나다　锅炉出故障｜ボイラーが故障する
- 수도꼭지가 새다　水龙头漏水｜蛇口から水が漏れる
- 싱크대 물이 새다　水槽漏水｜シンク台から水が漏れる
- 배수구 / 변기가 막히다　排水口 / 马桶堵塞｜排水口が / 便器がつまる
- 파이프가 얼다　水管冻了｜パイプが凍る

교실　Classroom｜教室｜教室　p.83

- 앉으세요　请坐｜座ってください
- 일어나세요　请起来｜立ってください
- 다시 한번 설명해 주세요　请再讲一次｜もう一度説明してください
- 읽어 보세요　请读｜読んでください
- 써 보세요　请写｜書いてください
- 따라 하세요　跟读｜では、一緒に
- 잘 들으세요　请听好｜よく聞いてください
- 숙제가 있습니다　有作业｜宿題があります
- 토론하다　讨论｜討論する
- 발표하다　发言｜発表する
- 공책에 쓰다　写在笔记本上｜ノートに書く
- 지우개로 지우다　用橡皮擦｜消しゴムで消す
- 질문하다　提问题｜質問する
- 학생들이 떠들다　学生吵闹｜学生が騒ぐ

- 수업이 시작되다 / 끝나다　上课 / 下课　授業が始まる / 終わる
- 교실로 / 교실에 들어오다　进教室　教室に入ってくる
- 출석을 부르다　点名　出席をとる
- 대답하다　喊到　答える
- 사전을 빌려 주다　借词典　辞書を貸す
- 단어를 찾다　查单词　単語を引く
- 단어를 암기하다　背单词　単語を暗記する
- 숙제를 제출하다　交作业　宿題を提出する

도서관　Library　图书馆　図書館　p.87

- 책을 신청하다　申请图书　本を申請する
- 도서를 예약하다　预订图书　図書を予約する
- 목차를 보다　看目录　目次を見る
- 컴퓨터로 (도서를 / 책을) 검색하다　用电脑检索 (图书 / 书)　コンピューターで (図書 / 本を) 検索する
- 책을 찾다　找书　本を探す
- 대출 중이다　出借中　貸し出し中である
- 연체료를 지불하다　付延期费　延滞料を払う
- 복사하다　复印　コピーする
- 책을 빌리다 / 반납하다　借书 / 还书　本を借りる / 返す

사무실 1　Office 1　办公室 1　事務室 1　p.91

- 인사하다　问候　挨拶する
- 명함을 주고받다　交换名片　名刺を交換する
- 악수하다　握手　握手する
- 자신을 소개하다　自我介绍　自己紹介をする
- 사무실을 안내하다　介绍办公室　事務室に案内する
- 업무를 설명하다　介绍业务　業務を説明する
- 회의하다　开会　会議する
- 협상하다　协商　協議する
- 접대하다　招待　接待する

사무실 2　Office 2　办公室 2　事務室 2　p.92

- 출근하다　上班　出勤する
- 퇴근하다　下班　退勤する
- 전화하다　打电话　電話する
- 서류에 사인하다　在文件上签字　書類にサインする
- 보고서를 작성하다　写报告　報告書を作成する
- 결재를 올리다　提交报告　(上司に) 決裁をあげる
- 도장을 찍다　盖章　印を押す

전화　Telephone　电话　電話　p.93

- 전화를 걸다 / 끊다　打电话 / 挂　電話を掛ける / 切る
- 전화를 잘못 걸다　打错电话　電話を掛けまちがう
- 응답기를 확인하다　接听留言　留守電を確認する
- 전화번호부를 찾다　找电话簿　電話帳で探す
- 114에 문의하다　问114　114に問い合わせる

컴퓨터　Computer　电脑　コンピューター　p.95

- 컴퓨터를 켜다 / 끄다　开电脑 / 关　パソコンをつける / 消す
- 메일을 확인하다 (체크하다)　打开电子邮件　メールを確認する / チェックする
- 마우스를 클릭하다　点击鼠标　マウスをクリックする
- 문서를 작성하다　写文件　文書を作成する
- CD를 넣다 / 빼다　放 / 拔光盘　CDを入れる / 抜く
- 파일을 열다 / 닫다　打开文件 / 关闭文件　ファイルを開く / 閉じる
- 파일을 불러오다　打开文件　ファイルを呼びだす
- 파일을 복사하다　复制文件　ファイルをコピーする
- 파일을 저장하다　保存文件　ファイルを保存する
- 파일을 삭제하다　删除文件　ファイルを削除する
- 파일을 전송하다　发送文件　ファイルを転送する
- 그림을 스캔하다　扫描图片　画像をスキャンする
- 출력하다 (프린트하다)　打印　出力する / プリントする
- 자료를 백업하다　备份资料　資料をバックアップする
- 문서를 편집하다　编辑文件　文書を編集する
- 자료를 다운받다　下载资料　資料をダウンロードする
- 컴퓨터가 다운되다　电脑死机　コンピューターがダウンする
- 바이러스 체크하다　检查病毒　ウイルスチェックをする

E-mail　Email　电子邮件　E-mail　p.97

- 로그인하다　登陆　ログインする
- 로그아웃하다　退出　ログアウトする
- 가입 신청하다　申请会员　加入申請する
- 아이디와 비밀번호를 넣다 (입력하다)　输入登录名与密码　IDとパスワードを入れる（入力する）
- 새 편지를 확인하다　打开收件箱　新着のメールを確認する
- 회신하다　回复　返信する
- 메일을 삭제하다　删除电子邮件　メールを削除する
- 첨부 파일을 보내다 / 받다 / 열다　发送附件 / 收 / 打开　添付ファイルを送る / 受け取る / 開く
- 저장하다　储存　保存する
- 편지를 읽다 / 쓰다　读邮件 / 写邮件　メールを読む / 書く
- 주소록을 보다　打开通讯录　住所録を見る

병원　Hospital　医院　病院　p.101

- 접수하다　挂号　受付する
- 예약하다　预约　予約する
- 진찰을 받다　做检查　診察を受ける
- 엑스레이 (X-ray)를 찍다　拍X片　レントゲンを撮る
- 검사를 받다　医诊　検査を受ける
- 링거를 맞다　打点滴　点滴を打つ
- 체온을 재다　量体温　体温を測る
- 혈압을 재다　量血压　血圧を測る
- 연고를 바르다　抹软膏　軟膏を塗る
- 소독하다　消毒　消毒する
- 입원하다　住院　入院する
- 수술하다　动手术　手術する
- 퇴원하다　出院　退院する

약국 및 응급 처치 Pharmacy and Emergency Care
药店及应急措施 | 薬局・応急処置　　p.105

- 다치다　受伤 | けがをする
- 의식을 잃다　昏迷 | 意識を失う
- 쇼크 상태에 있다　休克状态 | ショック状態にある
- 심장 마비를 일으키다　心脏麻痹 | 心臓麻痺を起こす
- 알레르기 반응을 보이다　过敏反应 | アレルギー反応を示す
- 화상을 입다　烧伤 | やけどをする
- 물에 빠지다　掉进水里 | 水におぼれる
- 질식하다　窒息 | 窒息する
- 출혈하다　出血 | 出血する
- 숨을 못 쉬다　不能喘气 | 息ができない
- 뼈가 부러지다　骨折 | 骨が折れる
- 주사 맞다　打针 | 注射をしてもらう
- 약을 먹다　吃药 | 薬を飲む
- 약을 과다 복용하다　用药过度 | 薬を過多に服用する
- 요양하다　疗养 | 静養する

은행 Bank | 银行 | 銀行　　p.107

- 입금하다 (돈을 넣다)　存款 | 入金する(=お金を入れる)
- 출금하다 (돈을 찾다)　取款 | お金を引き出す
- 자동 현금인출기 이용 방법　使用自动存取款机说明 | 自動現金引き出し機の利用方法
  1. 현금 카드 또는 통장을 넣는다　放入卡或存折 | キャッシュカードまたは、通帳を入れる
  2. 해당 항목을 누른다　按相关键 | 該当項目を押す
  3. 비밀번호를 누른다　输入密码 | 暗証番号を入力する
  4. 출금 금액을 누른다　输入取款金额 | 引出金額を入力する / 입금기에 입금액을 넣는다　把钱款放入存款机 | 入金機に入金額を入れる
  5. 돈을 확인한다　确认钱数 | お金を確認する
  6. 명세서와 카드 또는 통장을 받는다　取出清单和卡或存折 | 明細書とカード、通帳を受け取る

우체국 Post Office | 邮局 | 郵便局　　p.109

- 주소 / 우편 번호를 쓰다　写地址 / 邮编 | 住所を / 郵便番号を書く
- 우표를 붙이다　贴邮票 | 切手を貼る
- 우체통에 넣다　放进邮箱里 | 郵便ポストに入れる
- 소포를 포장하다　包装包裹 | 小包を包装する
- 저울에 달다　称量 | 重さをはかる
- 우체국 소인을 찍다　盖邮局注销印章 | 郵便局の消印を押す
- 축하 카드 / 전보를 보내다　发贺卡 / 电报 | お祝いカード / 電報を送る
- 편지 / 소포를 배달하다　送信 / 包裹 | 手紙 / 小包を配達する
- 우편 / 퀵서비스 / 택배로 보내다　发邮件 / 特快专递 / 宅急送 | 郵便 / バイク便 / 宅配便で送る

미용실 / 이발소 Beauty Salon / Barbershop
美容店 / 理发店 | 美容室 / 理髪店　　p.111

- 머리를 자르다　剪头 | 髪を切る
- 커트를 하다　剪发 | カットをする
- 파마를 하다　烫发 | パーマをする
- 머리를 말다　卷头发 | 髪を巻く
- 캡을 쓰다　戴热帽 | キャップを被る
- 염색하다　染发 | 髪を染める
- 머리를 올리다　盘头 | 髪を上げる
- 핀을 꽂다　插发卡 | ピンを挿す
- 머리를 땋다　扎辫子 | 髪を編む
- 고무줄로 묶다　用橡皮筋扎 | ゴムで束ねる
- 스프레이를 뿌리다　喷定型剂 | スプレーをかける
- 손톱을 정리하다 (다듬다)　修指甲 | 爪を整える
- 매니큐어를 바르다　抹指甲油 | マニキュアを塗る

백화점 / 쇼핑센터 Department Store / Shopping Center
百货商店 / 购物中心 | デパート / ショッピングセンター　　p.113

- 사다 (구입하다)　买 | 買う(購入する)
- 팔다 (판매하다)　卖 | 売る(販売する)
- 지불하다　支付 | 支払う
- 반환하다　退货 | 返品する
- 교환하다　交换 | 交換する

버스와 택시 Bus and Taxi
公交车与出租车 | バスとタクシー　　p.115

- 버스가 오다 / 가다　公交车到 / 开 | バスが来る / 行く
- 버스에 타다　上 (公交) 车 | バスに乗る
- 버스에서 내리다　坐在座位上 | バスから降りる
- 요금을 요금함에 넣다　把车费放进收费箱 | 料金を料金箱に入れる
- 패스 카드 / 교통 카드를 대다　刷 / 通行(交通)卡 | プリペイドカードをあてる
- 좌석에 앉다　坐在座位上 | 座席に座る
- 좌석에서 일어나다　从座位上起来 | 座席から立つ
- 자리를 양보하다　让座 | 席を譲る
- 손잡이를 잡다　握手柄 | 手すりにつかまる
- 안내 방송을 듣다　听报站广播 | 案内放送を聞く
- 벨을 누르다　摁下车铃 | (降車の) ベルを押す
- 버스를 잘못 타다　坐错 (公交) 车 | バスに間違って乗る
- 버스를 놓치다　没赶上 (公交) 车 | バスに乗りそこなう
- 택시를 잡다　叫出租车 | タクシーを拾う
- 목적지를 말하다　告诉目的地 | 目的地を言う

지하철 Subway | 地铁 | 地下鉄　　p.117

- 줄을 서다　排队 | 列に並ぶ
- 표 (정기권, 정액권)를 사다　买票 (定期票, 定额票) | 切符 (定期券、定額乗車券) を買う
- 표를 넣다 / 빼다　插票 /取票 | 切符を入れる / 取る
- 안전선 안쪽에서 기다리다　在安全线以内等 | 安全線の内側で待つ
- 지하철이 만원이다　地铁坐满 | 地下鉄が満員だ

- 지하철을 타다/내리다　坐地铁/下地铁　地下鉄に乗る/地下鉄を降りる
- 환승역에서 갈아타다　在换乗站换车　乗換駅で乗り換える
- 에스컬레이터를 타다　上自动扶梯　エスカレーターに乗る
- 개찰구를 통과하다　通过检票口　改札口を通過する
- 열차가 지연되다　火车延误　列車が遅れる

교차로　Intersections　交叉路　交差点　　p.119

- 셀프 주유　自助加油　セルフスタンド
- 자동 세차　自动洗车　自動洗車
- 셀프 세차　自助洗车　セルフ洗車
- 전면 주차　正面停车　前面駐車
- 후면 주차　朝后停车　後方駐車

자동차 운전　Driving Automobiles
汽车驾驶　自動車運転　　p.123

- 안전벨트를 매다 / 풀다　系安全带 / 解安全带　安全ベルトをしめる / はずす
- 시동을 걸다　发动　エンジンをかける
- 브레이크를 밟다　踩刹车　ブレーキを踏む
- 사이드브레이크를 올리다 / 내리다　向上拉手闸 / 向下推手闸　サイドブレーキを上げる / 下ろす
- 핸들을 조절하다　操纵方向盘　ハンドルを回す
- 기어를 넣다　挂挡　ギアを入れる
- 액셀러레이터를 밟다　踩油门　アクセルを踏む
- 출발하다 / 도착하다　出发 / 到达　出発する / 到着する
- 서행하다　慢行　徐行する
- 경적을 울리다　摁喇叭　クラクションを鳴らす
- 양보하다　让行　譲る
- 신호가 바뀌다　信号灯变更　信号が変わる
- 급정거하다　急刹车　急停止する
- 차선을 바꾸다　变换车道　車線を変える
- 신호를 기다리다　等信号　信号を待つ
- 과속하다　超速　スピードを出しすぎる
- 추돌하다　剐蹭　追突する
- 신호를 위반하다　违反交通信号　信号違反をする
- 중앙선을 침범하다　侵犯中央线　中央線を越える
- 차선을 위반하다　违反行车线　車線違反をする
- 역주행하다　逆行　逆走する
- 감시 카메라에 찍히다　被摄像机拍照　監視カメラに撮られる
- 교통경찰관에게 걸리다　被交警发现　交通警察官につかまる
- 딱지를 떼다　开罚单　切符を切られる
- 음주 운전을 하다　酒后驾驶　飲酒運転する
- 교통사고를 내다　出交通事故　交通事故を起こす
- 교통사고가 나다　发生交通事故　交通事故が起こる

자동차 부품　Automobile Parts
汽车零部件　自動車部品　　p.125

- 배터리를 갈다　换蓄电池　バッテリーを交換する
- 오일을 교환하다　换机油　オイルを交換する
- 타이어(바퀴)를 갈다　换轮胎　タイヤを取り替える

- 세차를 하다　洗车　洗車する
- 호스로 물을 뿌리다　用水管喷水　ホースで水をまく
- 스펀지로 닦다　用海绵擦　スポンジで磨く
- 마른걸레로 닦다　用干布擦　空布巾で磨く
- 광택제를 바르다　打蜡　ワックスを塗る
- 시트를 털다　抖脚踏垫　シートをはたく
- 엔진오일을 체크하다　检查发动机油　エンジンオイルをチェックする
- 냉각수를 채우다　加冷却液　冷却水を満たす
- 보닛을 열다 / 닫다　打开发动机盖 / 关　ボンネットを開ける / 閉じる

공항　Airport　机场　空港　　p.127

- 이륙하다　起飞　離陸する
- 착륙하다　降落　着陸する
- 경유하다　途径　経由する
- 결항하다　停航　欠航する
- 연착하다　延误　延着する
- 항공권을 사다　买机票　航空券を買う
- 짐을 체크하다　检查行李　荷物をチェックする
- 보안 검사를 통과하다　通过安全检查　保安検査を通過する
- 게이트에서 체크인하다　搭乗口检查　ゲートでチェックインする
- 비행기에 탑승하다　搭乗飞机　飛行機に搭乗する
- 좌석을 찾다　找座位　座席を探す
- 안전벨트를 하다　系安全带　安全ベルトをする
- 수하물을 찾다　取行李　手荷物を探す

TV와 오디오　Television and Audio
电视与音响　テレビとオーディオ　　p.137

- 텔레비전 (TV)을 켜다 / 보다 / 끄다　打开电视 / 看/关　テレビをつける / 見る / 消す
- 채널을 돌리다　换频道　チャンネルを回す
- 리모컨을 누르다　按遥控器　リモコンを押す
- 볼륨을 높이다 / 낮추다　调高音量 / 调低音量　ボリュームを上げる / 下げる
- 시청하다 / 청취하다　收看 / 收听　視聴する / 聴取する
- 프로그램을 녹화하다　拍摄节目 / 录制节目　番組を録画する / 予約する
- 비디오를 켜다 / 끄다　开录像机 / 关　ビデオをつける / 消す
- 녹음하다　录音　録音する
- 비디오를 빌리다　借录像带　ビデオを借りる
- 비디오를 반납하다　还录像带　ビデオを返す
- 건전지를 갈아 끼우다　换电池　乾電池を取り替える
- 헤드폰 (이어폰)을 끼다　戴耳机　ヘッドホン (イヤホン) をつける
- 주파수를 맞추다　调整频率　周波数を合わせる

여행　Travel　旅行　旅行　　p.139

- 렌터카를 이용하다　租赁汽车　レンタカーを利用する
- (숙소를) 예약하다　预订房间　(宿を) 予約する
- 사진을 찍다　拍照　写真を撮る
- 야영하다　野营　キャンプする

Practical Vocabulary

ㄱ

가게	store	店铺	店
가격	price	价格	価格
가구	furniture	家具	家具
가까이	near	近	近く
가능성	possibility	可能性	可能性
가로	width	横	横
가루	powder	粉	粉
가슴속	in one's mind / heart	心里	心中(しんちゅう)
가요	ballad	歌谣	歌謡
가죽	leather	皮	革
가짜	fake	假	偽物
각각	each	各	それぞれ
각국	each nation	各国	各国
각자	each person	各自	各自
각종	various kinds	各种	各種
간식	snack	零食	間食
감동	strong impression	感动	感動
감사	thanks	感谢	感謝
감상	appreciation (art, etc)	欣赏	感想
감정	emotion	感情	感情
값	price	价	値段
강물	river water	河水	川の水
강제	force	强制	強制
개인	an individual	个人	個人
거리	street	距离	街
거짓	false	虚假	嘘
거짓말	lie	谎言	嘘
걱정	anxiety	担心	心配
건강	health	健康	健康
건너편	the other side	对面	向かい側
건물	building	建筑物	建物
건축	building construction	建筑	建築
걸음	walking	走步	歩み
검사	examination	检查	検査
겁	fear	胆	恐れ
겉	surface	表面	表(おもて)
게임	game	游戏	ゲーム
결과	result	结果	結果
결국	after all	结果	結局
결정	decision	决定	決定
결혼	marriage	结婚	結婚
경기	match	比赛	競技
경기장	sports venue	体育场	競技場
경영	business management	经营	経営
경우	situation	情况	場合
경제적	economic	经济性(的)	経済的
경찰관	police officer	警官	警察官
경치	scenery	景色	景色
경험	experience	经验	経験
곁	side	旁(边)	側(そば)
계란	(hen's) egg	鸡蛋	鶏卵
계산	calculation	计算	計算
계약	contract	合同	契約
계획	plan	计划	計画
고개	the nape	头	うなじ
고개	the pass	山岭	峠
고객	customer	顾客	顧客
고교	high school (abbreviation)	高中	高校
고급	high rank	高级	高級
고기	meat	肉	肉
고등학생	high school student	高中生	高校生
고민	agony	苦恼	悩み
고생	suffering	吃苦	苦労
고속	high-speed	高速	高速
고전	classic(s)	古典	古典
고통	pain	痛苦	苦痛
고향	hometown	故乡	故郷
골목	side street	小巷	路地
골목길	side street	胡同	小路
골프장	golf course	高尔夫球场	ゴルフ場
곳	place	地方	場所
곳곳	here and there	处处	あちこち
공	ball	球	ボール
공간	space	空间	空間
공동	joint	共同	共同
공무원	civil servant	公务员	公務員
공부	study	学习	勉強
공짜	free	免费	無料
과	lesson	课	課
과	department	科	課
과거	the past	过去	過去
과목	subject	课目	科目

과장	an exaggeration	夸张	誇張
과장	department head	科长	課長
과제	task	课题	課題
과학	science	科学	科学
과학자	scientist	科学家	科学者
관계	relationship	关系	関係
관련	relation	相关	関連
관리	management	管理	管理
관습	custom	习惯	慣習
관심	interest	关心	関心
교류	exchange	交流	交流
교문	school gate	校门	校門
교수	professor	教授	教授
교육	education	教育	教育
교통	transportation	交通	交通
교환	change	交换	交換
구경	sightseeing	观看	見物
구멍	hole	洞	穴
구체적	concrete	具体的	具体的
국립	national	国立	国立
국어	national language	国语	国語
국제적	international	国际的	国際的
귀국	return to (one's) country	回国	帰国
규칙	rule(s)	规则	規則
규칙적	regular	规则性	規則的
그날	that (very) day	那天	その日
그늘	shade	荫凉	日陰
그다음	the next	然后	その次
그동안	during that time	这段时间	その間
그때	at that time	那时	その時
그룹	group	集团	グループ
그림	drawing	图画	絵
그림자	shadow	影子	影
그중	among them / those	其中	その中
근무	duty, work	上班	勤務
근처	vicinity, close-by	附近	近所
글	writing	文章	文
글쓰기	composition	写文章	作文
글씨	handwriting	字	(書かれた) 文字
글자	letter	文字	字
금	gold	(黄)金	金
금년	this year	今年	今年
금연	smoking prohibited	禁烟	禁煙

금지	prohibition	禁止	禁止
긍정적	positive	肯定的	肯定的
기간	period	期间	期間
기계	machine	机械	機械
기대	expectation	期待	期待
기도	prayer	祈祷	お祈り
기본	basis, foundation	基本	基本
기분	mood	心情	気分
기쁨	joy	喜悦	喜び
기사 (신문 기사)	newspaper article	消息	記事 (新聞記事)
기술	technology, skill	技术	技術
기억	memory	记忆	記憶
기온	(atmospheric) temperature	气温	気温
기운	(personal) energy	力气	気
기자	journalist	记者	記者
기준	standard	标准	基準
기초	basis, foundation	基础	基礎
기침	cough(ing)	咳嗽	咳
기회	chance	机会	機会
긴장	(nervous) tension	紧张	緊張
길	road	路	道
길가	roadside	路边	道端
길거리	street, road	街头	街頭
까닭	reason, cause	原因	原因
까만색	the color black	黑色	黒
꼭대기	summit, peak	顶	頂上
꿈	dream	梦	夢
끝	end	端	先

ㄴ

나머지	the rest	剩余	残り
나물	herbs, wild vegetables	野菜	ナムル
나뭇가지	tree branch	树枝	枝
나뭇잎	tree / bush leaf	树叶	木の葉
나중	the last	以后	あと
나흘	four days	四天	4日間
낙엽	fallen leaf / leaves	落叶	落ち葉
날	day	天	日
남녀	man and woman	男女	男女
남성	the male sex	男性	男性
남쪽	the south	南边	南
남학생	a male student	男学生	男子学生
낱말	word	单词	単語

내년	next year	明年	来年
내용	contents	内容	内容
냄새	smell	气味	におい
노랫소리	the sound of a song	歌声	歌声
노력	effort	努力	努力
노트	note	笔记本	ノート
녹색	green	绿色	緑色
논문	academic paper	论文	論文
농사	farming	农活儿	農業
눈물	tear(s)	眼泪	涙
눈빛	the look / mood of one's eyes	眼神	目つき
눈앞	before one's face	眼前	目の前
느낌	feeling	感觉	感じ
능력	ability	能力	能力

ㄷ

다	all, everything	都	皆
다리(교량)	bridge	桥	橋
다수	a large number	多数	多数
다음	next	下次	次
단맛	sweet (taste)	甜味	甘み
단어	word, vocabulary	单词	単語
단점	shortcoming	短处	短所
단체	group, organization	团体	団体
단편	a short story / film	短篇	短編
달러	dollar	美元	ドル
달빛	moonlight	月光	月光
담배	cigarette, tobacco	香烟	タバコ
담임	homeroom teacher (a teacher in charge)	班主任	担任
답장	reply (to a letter, email)	回信	返書
닷새	five days	五天	5日間
당장	immediately	马上	その場
대답	response (to question)	回答	答え
대부분	most	大部分	大部分
대신	instead of	代替	代わり
대중	the general public	大众	大衆
대중문화	pop culture	大众文化	大衆文化
대표	representative, a delegate	代表	代表
대학교수	university professor	大学教授	大学教授
대학생	university student	大学生	大学生
대화	conversation, dialogue	对话	対話
덕분	indebtedness, favor, thanks	福庇	おかげ
도구	tool, utensil	工具	道具

도둑	thief	小偷	泥棒
도로	road	道路	道路
도움	help, support	帮助	助け
도자기	chinaware, pottery	陶瓷	陶磁器
도중	on the way, en route	途中	途中
도착	arrival	到达	到着
독일어	German	德语	ドイツ語
돌	stone, rock	石头	石
동네	neighborhood, village	小区	町
동물원	zoo	动物园	動物園
동시	the same time	同时	同時
동안 (시간의 길이)	space of time	期间	期間
동양	the Orient, the East	东方	東洋
동쪽	the east	东边	東
동화	children's story	童话	童話
동화책	children's storybook	童话书	童話の本
뒤쪽	the rear, backside	后边	後ろ側
등록	registration	注册	登録
등록금	registration fee	注册费	登録金
디자이너	designer	设计师	デザイナー
땀	sweat	汗	汗
땅	land, earth	地	土地
땅콩	peanut	花生	ピーナッツ
때 (시간)	(point in) time, occasion	时候	時間
뚜껑	cap, lid	盖儿	蓋
뜻	meaning, intent	意思	意味

ㄹ

| 레스토랑 | restaurant | 餐厅 | レストラン |
| 리듬 | rhythm | 节奏 | リズム |

ㅁ

마루	(wooden) floor	地板	板の間
마사지	massage	按摩	マッサージ
마음	mind, heart	心	心
마음속	bottom of one's heart	心里	心中 (しんちゅう)
마중	receiving / welcoming someone	迎接	出迎え
마지막	the last, final	最后	最後
마찬가지	sameness	同样	同じこと
만남	meeting	相逢	出会い
만두	dumpling	饺子	ギョーザ
만약	if, in case	如果	もし
만일	if, by chance	假如	万一
말	word, language	话	言葉

169

말씀	word(s), language (honorific form)	话(敬语)	お言葉
맛	taste	味道	味
맞은편	the other / opposite side	对面	向かい側
매력	attraction, fascination	魅力	魅力
매일	every day	每天	毎日
머릿속	in one's head	脑子里	頭の中
먼지	dust	灰尘	ほこり
멋	smartness, stylishness	风度	おしゃれ
메모	memo	记录	メモ
며칠	a few days, how many days	几天, 几号	何日
명령	an order	命令	命令
모델	model	模特	モデル
모두	all	都	すべて
모습	looks, appearances	样子	姿
모양	shape, form	模样	形
모임	gathering, meeting	聚会	集まり
목소리	voice	声音	声
목욕탕	bathhouse, public bath	澡堂	銭湯
목적	purpose, object	目的	目的
목표	target, goal	目标	目標
몸	body	身体	体
몸무게	body weight	体重	体重
몸살	illness caused by fatigue	四肢酸痛	過労による体調不良
무게	weight	重量	重さ
무더위	hot and humid	酷暑	蒸し暑さ
무역	trade	贸易	貿易
문자	letters, character	文字	文字
문장	writing, a sentence	文章	文章
문제점	the point at issue	问题	問題点
문학	literature	文学	文学
문화	culture	文化	文化
물건	thing, an object	东西	物
물고기	fish	鱼, 鲜鱼	魚
물론	of course	当然	もちろん
물음	question	疑问	問い
미디어	media	媒体	メディア
미래	future	未来	未来
미소	smile	微笑	微笑
미인	beautiful woman	美人	美人
미팅	"meeting" (type of date)	会议	ミーティング
민족	nation, ethnic group	民族	民族
믿음	trust, faith	信任	信頼

ㅂ

바늘	needle	针	針
바닷가	seashore	海边	海辺
바닷물	seawater	海水	海水
바람	wind	风	風
바보	fool	傻瓜	ばか
박물관	museum (not for art)	博物馆	博物館
박사	doctor, Ph.D.	博士	博士
박수	applause	鼓掌	拍手
반 (절반)	half	一半	半分
반대	opposition	反对	反対
반말	banmal (familiar speech form)	非敬语	ため口
반찬	side dishes	小菜	おかず
받침	a support, prop	韵尾	支え
발견	discovery	发现	発見
발달	development	发达	発達
발생	occurrence	发生	発生
발음	pronunciation	发音	発音
발전	development, growth	发展	発展
발표	announcement	发表	発表
밤낮	night and day	日夜	昼夜
밤중	middle of the night	半夜	夜更け
밥맛	appetite	胃口	ご飯の味
밥솥	rice-cooker	饭锅	ご飯釜
방	a room	房间	部屋
방문 (방문하다)	visit (to call on)	访问	訪問 (訪問する)
방법	method, way	方法	方法
방송	broadcasting	广播	放送
방학	school vacation	放假	(学校の) 休み
밭	field, garden	旱田	畑
배	ship	船	船
배	double, times	倍	倍
배경	background	背景	背景
버릇	habit	习惯	癖
번역	translation	翻译	翻訳
번호	number (in a sequence)	号码	番号
벌레	insect	虫子	虫
변화	change	变化	変化
별	star	星	星
보고	report, information	报告	報告
보고서	written / published report	报告书	報告書
보람	worth	意义	やりがい
보통	normally	普通	普通

보험	insurance ｜ 保险 ｜ 保険
보호	protection ｜ 保护 ｜ 保護
복습	review (study) ｜ 复习 ｜ 復習
볶음밥	stir-fried rice ｜ 炒饭 ｜ 炒めご飯
본래	originally ｜ 本来 ｜ 本来
볼일	errand ｜ 事务 ｜ 用事
부근	neighborhood, vicinity ｜ 附近 ｜ 付近
부분	part, portion ｜ 部分 ｜ 部分
부엌	kitchen ｜ 厨房 ｜ 台所
부자	rich person ｜ 富翁 ｜ 金持ち
부작용	side effect, reaction ｜ 副作用 ｜ 副作用
부잣집	rich person's house ｜ 富家 ｜ 金持ちの家
부장	head of a department ｜ 部长 ｜ 部長
부족	lack, shortage ｜ 不足 ｜ 不足
부족	tribe ｜ 部落 ｜ 部族
부탁	a request, a favor ｜ 请求 ｜ 依頼
북쪽	the north ｜ 北边 ｜ 北
분위기	atmosphere ｜ 气氛 ｜ 雰囲気
불	fire, light ｜ 火, 灯 ｜ 火
불꽃	flame ｜ 火花 ｜ 花火
불만	discontent ｜ 不满 ｜ 不満
불빛	light (from fire, bulb) ｜ 火光, 灯光 ｜ 明かり
불안	anxiety, unrest ｜ 不安 ｜ 不安
비교	comparison ｜ 比较 ｜ 比較
비닐	vinyl ｜ 塑料 ｜ ビニール
비닐봉지	plastic bag ｜ 塑料袋 ｜ ビニール袋
비밀	secret ｜ 秘密 ｜ 秘密
비용	cost ｜ 费用 ｜ 費用
비타민	vitamin ｜ 维生素 ｜ ビタミン
빌딩	building ｜ 高楼 ｜ ビル
빛	light ｜ 光 ｜ 光
빨래	laundry ｜ 洗衣服 ｜ 洗濯

ㅅ

사고	an accident ｜ 事故 ｜ 事故
사람	person ｜ 人 ｜ 人
사랑	love ｜ 爱 ｜ 愛
사모님	wife of man in respected position ｜ 师母 ｜ 奥様
사무	business, official matters ｜ 办公 ｜ 事務
사물	objects, things ｜ 事物 ｜ 事物
사실	fact, reality ｜ 事实 ｜ 事実
사업	project, enterprise ｜ 事业 ｜ 事業
사용	use, consumption ｜ 使用 ｜ 使用

사용자	user ｜ 使用者 ｜ 使用者
사원	company employee ｜ 职员 ｜ 社員
사장	president (of company) ｜ 经理 ｜ 社長
사투리	dialect ｜ 方言 ｜ 方言
사회	society ｜ 社会 ｜ 社会
사회적	social ｜ 社会性(的) ｜ 社会的
사흘	three days ｜ 三天 ｜ 3日間
산소	grave, tomb ｜ 墓所 ｜ 墓
살	skin, flesh ｜ 肉 ｜ 肉
상	prize, award ｜ 奖 ｜ 賞
상대	counterpart, opponent ｜ 对手 ｜ 相手
상대방	counterpart, partner ｜ 对方 ｜ 相手方
상상	imagination ｜ 想象 ｜ 想像
상자	box ｜ 箱子 ｜ 箱
상처	wound, cut ｜ 伤口 ｜ 傷
상품	product, goods ｜ 商品 ｜ 商品
새끼	young animal ｜ 崽 ｜ 動物の子
새해	a new year ｜ 新年 ｜ 新年
색	color ｜ 色 ｜ 色
생각	thought, idea ｜ 思绪 ｜ 考え
생선	fish ｜ 鱼, 鲜鱼 ｜ 魚
생신	birthday (honorific form) ｜ 生辰 ｜ 誕生日の尊敬語
생활	(act of) living ｜ 生活 ｜ 生活
생활환경	living environment ｜ 生活环境 ｜ 生活環境
샤워	shower ｜ 洗淋浴 ｜ シャワー
서로	mutually, one another ｜ 互相 ｜ 互いに
서류	document ｜ 文件 ｜ 書類
서비스	service ｜ 服务 ｜ サービス
서양	the West, the Occident ｜ 西方 ｜ 西洋
서쪽	the west ｜ 西边 ｜ 西
석유	oil ｜ 石油 ｜ 石油
선물	gift ｜ 礼物 ｜ 贈り物
선배	predecessor, one with seniority ｜ 前辈 ｜ 先輩
선택	choice ｜ 选择 ｜ 選択
선풍기	electric fan ｜ 电风扇 ｜ 扇風機
설거지	dishwashing ｜ 洗碗 ｜ 皿洗い
설명	explanation ｜ 说明 ｜ 説明
섭씨	centigrade ｜ 摄氏 ｜ 摂氏
성	surname ｜ 姓 ｜ 姓
성격	character, personality ｜ 性格 ｜ 性格
성공	success ｜ 成功 ｜ 成功
성별	sex, gender ｜ 性别 ｜ 性別
성적	grade, result ｜ 成绩 ｜ 成績

세계적	global, worldwide	世界性 (的)	世界的
세금	tax	税金	税金
세기	century	世纪	世紀
세로	length, height	竖	縦
세상	the world, society	世上	世の中
세수	face washing	洗脸	洗顔
세탁소	laundromat	洗衣店	洗濯屋
소개	introduction	介绍	紹介
소나기	a passing rain shower	阵雨	夕立
소리	sound	声音	音
소문	rumor	传闻	うわさ
소비자	consumer	消费者	消費者
소설	novel	小说	小説
소설가	novelist	小说家	小説家
소식	tidings, news	消息	消息
속	the inside, the interior	内	中
속담	proverb	俗话	ことわざ
속도	speed	速度	速度
손님	guest, customer	客人	お客
손발	hand and feet	手脚	手足
손뼉	palm of one's hand	掌	手のひら
손수건	handkerchief	手绢	ハンカチ
송이	bunch, cluster (of fruit, flowers)	朵	～房
쇼	show	表演	ショー
쇼핑	shopping	购物	ショッピング
수돗물	tap / running water	自来水	水道水
수업	teaching, lessons	课	授業
수염	beard, mustache, whiskers	胡子	ひげ
수입	income, revenue	收入	収入
수입	importation	进口	輸入
수출	exportation	出口	輸出
수필	essay, miscellany	随笔	随筆
수학	mathematics	数学	数学
숙소	place where one is staying, lodging	住所	宿泊場所
숙제	homework, task	作业	宿題
순간	moment, an instant	瞬间	瞬間
순서	order, sequence	顺序	順序
술병	liquor bottle	酒瓶	酒瓶
술자리	gathering for a drink	酒席	酒席
술잔	glass (for alcoholic beverage)	酒杯	杯
술집	a drinking establishment	酒吧	飲み屋
숨	breath, respiration	呼吸	息
슈퍼마켓	supermarket	超市	スーパーマーケット
스스로	oneself, by oneself	自己	自ら
스케줄	schedule	日程	スケジュール
스키장	skiing area	滑雪场	スキー場
스타일	style	样式	スタイル
슬픔	sadness	悲哀	悲しみ
습관	habit	习惯	習慣
시대	era	时代	時代
시리즈	series	系列	シリーズ
시민	citizen	市民	市民
시설	facilities, equipment	设施	施設
시인	poet	诗人	詩人
시작	beginning	开始	始め
시장	a market	市场	市場
시절	season, the times	时光	時
시청	city hall	市政府	市庁
식구	members of a family	家人	家族
식빵	sliced bread	主食面包	食パン
식사	a meal	吃饭	食事
식품	food articles	食品	食品
신고	a statement, declaration	申报	申告
신문사	a newspaper company	报社	新聞社
신문지	a newspaper printed on	报纸	新聞紙
신용	confidence, credit	信用	信用
신입생	new student, freshman	新生	新入生
신청	application, petition	申请	申請
신호	signal, gesture	信号	信号
실내	indoors	室内	室内
실력	one's ability, talent	实力	実力
실례	rudeness	失礼	失礼
실수	mistake	过错	失敗
실제	actuality	实际	実際
실패	a failure	失败	失敗
심리	mental state, psychology	心理	心理
심부름	errand	跑腿儿	お使い
싸움	fight, struggle	吵架 / 打架	喧嘩

ㅇ

아까	a moment ago, just now	刚才	さっき
아래쪽	below, lower area	下边	下の方
아래층	downstairs, lower floors	下层	下の階
아무것	anything, something, nothing	什么	何 (も～ない)
아버님	father (honorific form)	父亲	お父様
아픔	pain, ache	痛	痛み

Korean	English	Chinese	Japanese
악수	handshake	握手	握手
안방	inner room, master bedroom	里屋	居間
안전	safety	安全	安全
앞길	the road ahead	前面的路	前の通り
앞뒤	before and behind	前后	前後
앞쪽	the front	前面	前
애인	lover, sweetheart	情人	恋人
야외	in the open, outskirts	野外	野外
약간	some, a little	略微	若干
약속	promise, engagement	约会	約束
어둠	darkness	黑暗	暗がり
어른	adult, grown-up	大人	大人
어머님	mother (honorific form)	母亲	お母様
어젯밤	last night	昨夜	昨夜
언어	language	语言	言語
얼마	how much / many	多少	いくら
업무	business affairs, office work	业务	業務
에너지	energy	能源	エネルギー
여고생	female high school student	女高中生	女子高生
여기저기	here and there	到处	あちこち
여대생	female university student	女大学生	女子大生
여성	woman, women (kind)	女性	女性
여유	room, mental space	余裕	余裕
여직원	female employee	女职员	女子職員
여학생	female student	女学生	女学生
역사가	historian	历史家	歴史家
역사적	historical	历史性	歴史的
역할	role	作用	役割
연구	research	研究	研究
연구소	(research) institute, laboratory	研究所	研究所
연구자	researcher	研究员	研究者
연기	smoke	烟	煙
연락처	contact information	联络处	連絡先
연말	year-end	年底	年末
연세	age (honorific form)	岁数	お年
연습	practice, an exercise	练习	練習
연휴	consecutive holidays	连休	連休
열	heat	热	熱
영상	above zero (temperature)	零上	(気温が) 零度以上
영어	the English language	英语	英語
영하	below zero (temperature)	零下	零下
옆방	the adjoining room	隔壁屋	隣の部屋
옆집	the house next door / nearby	隔壁	隣の家
예	an example	例子	例
예상	forecast, expectation	预料	予想
예전	formerly, the old days	以前	昔
예절	etiquette	礼节	礼節
예정	expectation, plan	预定 / 打算	予定
옛날	ancient times, the past	古时	昔
옛날이야기	an old story	昔日故事	昔話
오늘날	these days, nowadays	如今	今日
오래간만, 오랜만	after a long interval	隔了好久	久しぶり
오래전	a long time ago	很久以前	ずっと以前
오랫동안	for a long period of time	好久	長い間
오른발	right foot	右脚	右足
오른손	right hand	右手	右手
온도	temperature	温度	温度
온몸	the whole body	全身	全身
올해	this year	今年	今年
옷	clothing	衣服	衣服
와인	wine	葡萄酒	ワイン
왕	king	国王	王
외국어	a foreign language	外国语	外国語
외국인	a foreigner	外国人	外国人
외출	going out	外出	外出
왼발	left foot	左脚	左足
왼손	left hand	左手	左手
요리	cooking	菜	料理
요즈음	these days, nowadays	最近	近頃
요청	request, demand	邀请	要請
욕심	greed	贪心	欲
용돈	pocket money, an allowance	零花钱	小遣い
우리나라	my country	我们国家	わが国
우리말	my national language	我国语	私たちの言葉
운	luck, fortune	运气	運
운전	driving	驾驶	運転
울음	crying	哭	泣くこと
웃어른	one's elders	长辈	目上の人
웃음	laugh(ter), smile	笑	笑い
원래	originally, primarily	原来	元来
웨이터	waiter	男服务员	ウェイター
웬일	what matter, what reason	怎么回事	何ごと
위반	violation	违反	違反
위아래	up and down	上下	上下
위쪽	the upper direction	上边	上の方
위층	the upper floor, upstairs	楼上	上の階

위험	danger, risk	危险	危険
유리	glass	玻璃	ガラス
유리창	(glass) window	玻璃窗	ガラス窓
유명	fame, well known	有名	有名
유학	studying abroad	留学	留学
유학생	student studying abroad	留学生	留学生
유행	fashion	流行	流行
음료수	beverage	饮料	飲み物
음악가	musician	音乐家	音楽家
의견	opinion, view(s)	意见	意見
의미	meaning, significance	意思	意味
이것저것	this and / or that	这个那个	あれこれ
이곳저곳	here and there	到处	あちこち
이날	this day	这天	この日
이동	movement, transfer	移动	移動
이때	at this / that time	这时	この時
이미지	an image	印象	イメージ
이번	this time	这次	この度
이사	moving (one's residence, office)	搬家	引越し
이상	above, beyond	以上	以上
이상	an ideal, goal	理想	理想
이상	oddity	异常	異常
이성	reason, rationality	理性	理性
이야기 (얘기)	conversation, talk	(谈)话	話
이외	except, besides	以外	以外
이용	use, utilize	利用	利用
이웃	the neighborhood	街坊	隣
이웃집	neighbor's house, a house nearby	邻居	隣の家
이유	reason, cause	理由	理由
이익	profit, gain	利益	利益
이전	before said period	以前	以前
이제	now, at this point	现在	今
이튿날	the next / following day	第二天	次の日
이틀	two days	两天	2日間
이하	less than, below	以下	以下
이해	understanding	理解	理解
이후	after this, henceforth	以后	以後
인간	humanity, a human being	人间	人間
인구	population	人口	人口
인기	popularity	人气	人気
인사말	greetings, an introduction	问候语	あいさつの言葉
인삼	ginseng	人参	高麗人参
인상	impression, imprint	印象	印象

인생	life, human existence	人生	人生
인원	the number of persons	人员	人員
인터뷰	interview	采访	インタビュー
인형	a doll	绒布玩具	人形
일기	a diary, journal	日记	日記
일등	first place / rank, first class	一等	一等
일반	general, the whole	一般	一般
일반적	generally	一般的	一般的
일본어	the Japanese language	日语	日本語
일부	a part, section, portion	一部分	一部
일상	every day, daily	日常	日常
일상생활	everyday life	日常生活	日常生活
일정	itinerary, schedule	日程	日程
일주일	one week	一个星期	一週間
일회용	disposable, throwaway	一次性	一回用
일회용품	disposable product	一次性产品	使い捨て用品
임금	pay, wages	租金	賃金
임시	temporary	临时	臨時
임신	pregnancy	怀孕	妊娠
입구	entryway	入口	入り口
입원	hospitalization	住院	入院

ㅈ

자가용	private car	私家车	自家用車
자격	qualification, competence	资格	資格
자기	oneself, self	自己	自己
자동	automation	自动	自動
자료	material, data	资料	資料
자리	a seat, place	位子	席
자신	oneself	自己	自身
자신	self-confidence	自信	自信
자유	freedom	自由	自由
자체	oneself, of itself	本身	自体
작가	an author, writer	作家	作家
작년	last year	去年	昨年
잔	cup, glass	杯子	杯
잔치	feast, party	喜宴	宴
잘못	a fault, mistake	错	過ち
잠	sleep	觉	眠り
잠깐	for a little while	一会儿	しばらくの間
잠시	a short while	暂时	しばらくの間
장난감	a toy	玩具	おもちゃ
장래	the future, the time to come	将来	将来

장르	genre	体裁	ジャンル
장사	business, trade	生意	商売
장소	a place, location	场所	場所
장점	merit, a strong point	长处	長所
재료	ingredients, material	材料	材料
재미	interest, amusement	趣味	面白さ
재산	property, assets	财产	財産
재작년	the year before last	前年	おととし
재채기	sneezing, a sneeze	喷嚏	くしゃみ
저자	an author, writer	著者	著者
저축	saving(s)	储蓄	貯蓄
적	enemy	敌	敵
적극적	positively, actively	积极的	積極的
전	before, previous, former	前	以前
전개	development, expansion	展开	展開
전공	one's specialty, major	专业	専攻
전기	electricity	电(气)	電気
전날	the other day, before	前一天	前日
전문	specialty, expertise	专门	専門
전문가	specialist, expert	专家	専門家
전부	all, the whole	全部	全部
전자	an electron	电子	電子
전체	the whole, totally	全体	全体
전통	tradition	传统	伝統
전화번호	telephone number	电话号码	電話番号
절반	half	一半	半分
젊은이	a young person	年轻人	若者
점수	points	分数	点数
점심	lunch	午饭	昼食
점심때	lunchtime, noontime	中午	昼食時
점심시간	lunch hour	午间	昼食時間
점원	store employee	店员	店員
정	affection	情	情
정거장	train / space station	车站	停留所
정답	the correct answer	正确答案	正答
정도	grade, degree	程度	程度
정리	arrangement	整理	整理
정말	truth, really	真的	本当に
정보	information, data	信息	情報
정상	normalcy	正常	正常
정식	formality, official	正式	正式
정신	mind, spirit, mentality	精神	精神
정신적	mental, emotionally	精神上	精神的

제일	number one, the first	第一	第一
제품	a (manufactured) product	产品	製品
제한	a limit, restriction	限制	制限
조건	a condition, qualification	条件	条件
조금	a little, small quantity	一点儿	少し
조사	an inquiry, examination	调查	調査
조상	ancestor(s)	祖先	先祖
존댓말	honorific language	敬语	尊敬語
졸업생	a graduate	毕业生	卒業生
종류	a kind, sort, type	种类	種類
종이	paper	纸	紙
종이컵	paper cup	纸杯	紙コップ
종일	all day, daylong	整日	終日
종합	synthesis	综合	総合
좌우	left and right	左右	左右
주머니	pocket, mini purse	衣兜	ポケット
주먹	a fist	拳头	こぶし
주변	nearby, surroundings	周边	周辺
주부	housewife	主妇	主婦
주소	one's address	地址	住所
주요	the important, the essential	主要	主要
주위	surroundings	周围	周囲
주제	the theme, subject	主题	テーマ
주택	a residence, dwelling	住宅	住宅
죽	gruel, porridge	粥	粥
죽음	death	死亡	死
준비	preparation	准备	準備
준비물	items one must be brought	备用品	準備する物
줄거리	plot	梗概	あらすじ
중간	the middle, halfway	中间	中間
중국어	the Chinese language	汉语	中国語
중국집	Chinese restaurant	中餐	中国料理屋
중심	center	中心	中心
중요성	importance	重要性	重要性
중학생	middle school student	初中生	中学生
즉시	immediately, at once	马上	即時
즐거움	pleasure, delight	喜悦	楽しみ
증세	symptoms	症状	症状
지금	the present, now	现在	今
지난달	last month	上个月	先月
지난번	last time	上次	先ごろ
지난해	last year	去年	昨年
지붕	a roof	屋顶	屋根

지역	area, region	地区	地域
지점	a spot, point	地点	地点
지하	underground	地下	地下
직업	an occupation, job	职业	職業
직장	one's place of work	工作单位	職場
직접	immediateness, direct	亲自	直接
진짜	the genuine article, really	真的	本物
진출	advance, penetration	打入 / 走进	進出
질	quality	品质	質
질문	question	疑问	質問
질서	order, system	秩序	秩序
짐	load, luggage	行李	荷物
집안	family, household	家里	身内
집중	concentration, centralization	集中	集中
짓	an act, behavior	行为	ふるまい
짜증	temper, irritability	烦躁	嫌気
쪽	page	页	ページ
찌개	stew	汤	チゲ

ㅊ

차남	a second son	次子	次男
차례	order, sequence	顺序	順序
차이	difference, disparity	区别	違い
찬물	cold water	凉水	冷水
찻잔	a teacup	茶杯	湯飲み茶碗
창밖	beyond the window	窗外	窓の外
책임	responsibility	责任	責任
책임자	person responsibility	负责人	責任者
처음	the first time, the beginning	第一次	最初
첫날	first day	第一天	初日
청소	cleaning	清扫	清掃
체육	physical exercise	体育	体育
체중	body weight	体重	体重
초대	invitation	招待	招待
초보	first step, beginner	初步	初步
초보자	a beginner	新手	初心者
초청장	invitation card	请柬	招請状
최고	the best, highest	最高	最高
최근	the latest, recently	最近	最近
최대	the biggest	最大	最大
최선	the best (choice), one's best	全力	最善
최소한	a minimum	至少	最小限
최초	the first	最初	最初

추억	memory, retrospection	回忆	追憶
축구공	a football	足球	サッカーボール
축제	a festival	狂欢节	祭り
축하	congratulations, celebration	贺喜	お祝い
출구	exit, the way out	出口	出口
출근	going to work	上班	出勤
출발	departure	出发	出発
출입	entering and leaving, admission	出入	出入り
출입문	(first/outer) door	出入口	出入りの門
충격	impact, shock	冲击	衝撃
취직	finding a job, being hired	就业	就職
치료	medical treatment	治疗	治療
친구	friend	朋友	友達
친절	kindness, goodwill	亲切	親切
칭찬	praise, admiration	称赞	賞賛

ㅋ

카페	café	咖啡馆	カフェ
코피	nosebleeding, nose blood	鼻血	鼻血
콤플렉스	a complex	自卑感	コンプレックス
크기	size	大小	大きさ
크리스마스	Christmas	圣诞节	クリスマス
큰길	a main road	马路	大通り
큰소리	a loud voice, shouting	大声	大声
큰일	an important affair	大事	重大なこと
키	height	个子	背丈

ㅌ

탑	a tower, pagoda	塔	塔
태도	attitude, approach	态度	態度
태풍	typhoon	台风	台風
터널	tunnel	隧道	トンネル
테스트	test	考试	テスト
텍스트	text	文章	テキスト
토론	debate	讨论	討論
통	bucket, can	桶	桶
통신	communications, correspondence	通讯	通信
통일	reunification	统一	統一
퇴근	to leave work, be off duty	下班	退勤
특별	special	特别	特別
특징	characteristic	特点	特徴
팀	team team	(团)队	チーム

파도	wave, surf	海浪	波	
파일	file	文件	ファイル	
파티	party	宴会	パーティー	
판단	a judgment, decision	判断	判断	
판매	sales, merchandizing	销售	販売	
패션	fashion	时装	ファッション	
평생	one's whole life, lifelong	一辈子	一生	
평소	ordinary times, normally	平时	平素	
평화	peace	和平	平和	
포스터	poster	海报	ポスター	
폭	width, range	幅度	幅	
표정	facial expression	表情	表情	
표현	an expression	表达	表現	
풍경	a landscape, a scene	风景	風景	
프로	professional	职业的	プロ	
프로그램	program	程序	プログラム	
플라스틱	plastic	塑料	プラスチック	
피(를 흘리다)	blood	(出)血	血(血を流す)	
피로	fatigue	疲惫	疲労	
필요	necessity, requirement	必要	必要	

ㅎ

하루	a day	一天	一日	
하품	a yawn	哈欠	あくび	
학기	semester	学期	学期	
학년	year, grade	学年	学年	
학습	studying (specific material)	学习	学習	
학원	private educational institute	补习班	塾, 予備校	
한국말	the Korean language	韩国语	韓国語	
한국어	the Korean language	韩国语	韓国語	
한글	Hangeul, the Korean script	韩文	ハングル	
한동안	for quite some time	一阵	しばらく	
한번	once	一次	一度	
한숨	a breath, relief	叹气	一息	
한자	Chinese characters	汉字	漢字	
한쪽	one side, one way	一边	一方	
한참	for some time, for a time	一阵 / 半天	しばらく	
한편	on the other hand	一方面	一方	
합격	passing an examination	合格	合格	
해결	resolution, solution	解决	解決	
해석	interpretation	解释	解釈	
햇볕	sunlight	日光	日光	

햇빛	sunbeam	阳光	日差し	
햇살	sunbeam	阳光	日差し	
행동	action, movement	行动	行動	
행복	happiness, good fortune	幸福	幸福	
행사	an event, function	活动	行事	
향기	fragrance	香气	香り	
현관	the porch, the entrance	门口	玄関	
현대	the present day, modern times	现代	現代	
현재	the present, now, currently	现在	現在	
형님	elder brother (honorific form)	哥哥	お兄さん	
혼자	one person, alone	独自	一人で	
혼잣말	talking to oneself	自言自语	独り言	
홈페이지	homepage	网页	ホームページ	
화(를 내다)	anger	(发)脾气	怒り(腹を立てる)	
확인	confirmation, verification	确认	確認	
환경	the environment	环境	環境	
환영	welcome, reception	欢迎	歓迎	
활동	activity, action	活动	活動	
회사	a company	公司	会社	
회원	member	会员	会員	
회의	a meeting, conference	会议	会議	
회장	chairman	会长	会長	
효과	effect	效果	効果	
후	after (wards)	(之)后	あと	
후배	one's junior (s)	晚辈	後輩	
휴일	holiday, a day off	假日	休日	
흥미	interest, amusement	兴趣	興味	
희곡	drama, a play	戏曲	戯曲	
희망	hope, aspiration	希望	希望	
힘	strength, power	力气	力	

Verbs & Adjectives

가

가꾸다	to cultivate	培植	(植物を)育てる
가늘다	to be thin	细	細い
가라앉다	to sink	沉淀 / 沉没	沈む
가리다	to hide	遮掩	遮る
가리다	to pick	分辨	選ぶ
가리키다	to point	指	示す
가지다	to take (with)	具有	持つ
간직하다	to keep, cherish	珍藏	大切にしまっておく
갇히다	to be confined	被关	閉じ込められる
갈다	to change	换	替える
갈다	to be sharpen	磨	研ぐ
갈다	to cultivate	耕 (田)	耕す
갈아입다	to change clothing	换 (衣服)	着替える
감다	to wind round	缠 (绷带)	(糸を) 巻く
감사하다	to audit	监查	監査する
감싸다	to wrap	裹	くるむ
감추다	to hide	藏	隠す
강조하다	to stress	强调	強調する
강하다	to be strong	强	強い
갖추다	to prepare	具备	整える
개다	to clear up	转晴	晴れる
거두다	to gather	收 / 获得	取り入れる
거르다	to skip	隔 / 滤	抜かす
거만하다	to be arrogant	傲慢	傲慢だ
거세다	to be rough	强烈	荒くて強い
거스르다	to oppose	逆	逆らう
거스르다	to give change	找钱	釣り銭をもらう
거절하다	to refuse	拒绝	拒絶する
건네다	to hand over	递给	渡す
건드리다	to touch	招惹 / 触动	触れる
건지다	to pick up	捞	取り出す
걷다	to walk	走 (路)	歩く
걸다	to hang	挂	掛ける
걸다	to initiate a conversation	搭 (话)	(ことばを) かける
걸다	to dial a telephone	打 (电话)	(電話を) かける
걸리다	to hang	被挂上	かかる
걸치다	to extend over	搭 / 披	かかる
검다	to be black	黑	黒い
게으르다	to be lazy	懒	怠惰だ
겪다	to undergo	经历	経験する

견디다	to bear	忍耐	我慢する
결심하다	to resolve (to do something)	决心	決心する
결정하다	to decide	决定	決定する
경쟁하다	to compete	竞争	競争する
경험하다	to experience	经验	経験する
계산하다	to calculate	计算	計算する
계시다	to be (honorific form)	在 (敬语)	いらっしゃる
고르다	to choose	挑选	選ぶ
고백하다	to confess	告白	告白する
고생하다	to suffer	吃苦	苦労する
고장나다	to break (down)	出故障	故障する
구별하다	to distinguish	区别	区別する
구하다	to purchase, ask for	求	救う
구하다	to rescue	救	求める
굵다	to be thick	粗	太い
굽다	to roast, toast, grill	烤	焼く
굽다	to be bent	弯曲	曲がっている
굽히다	to bend	屈服	曲げる
귀국하다	to return to (one's) country	回国	帰国する
그리다	to draw (a sketch, drawing)	画(画儿)	(絵を)描く
그리워하다	to miss	怀念	恋しがる
그립다	to be missed	想念	恋しい
그만하다	to be enough	充分	まあまあだ
근무하다	to be at work	上班	勤務する
긁다	to scratch	搔	掻く
기대다	to lean	靠	寄りかかる
기대하다	to expect	期待	期待する
기도하다	to pray	祈祷	祈る
기록하다	to record	记录	記録する
기르다	to raise	养育	育てる
기억하다	to remember	记忆	記憶する
긴장하다	to be tense	紧张	緊張する
길다	to be long	长	長い
깊다	to be deep	深	深い
깎다	to shave off	削 (果皮)	削る
깔다	to spread	铺	敷く
깨끗하다	to be clean	干净	清潔だ
깨다	to break (a dish)	打碎	(食器を) 割る
깨다	to wake (from sleep)	(睡) 醒	(眠りから) 覚める
깨닫다	to realize	领悟	悟る
깨물다	to crunch	咬	噛む
깨우다	to wake up	叫醒	覚ます

깨지다	to break	被打碎	壊れる
꺼내다	to pick out (of pocket)	拿出来	取り出す
꺾다	to break	掐 (花)	折る
껴안다	to embrace	搂抱	抱きしめる
꽂다	to stick into	插	差し込む
꾸다	to borrow	借 (钱)	(お金を) 借りる
꾸미다	to decorate	装饰	飾る
꿈꾸다	to dream	做梦	夢を見る
끄다	to extinguish	关 (灯) / 灭 (火)	消す
끊다	to cut off	断 / 戒(烟, 酒)	切る
끌다	to pull	拖	引きずる
끌리다	to be drawn	被拉	引かれる
끓다	to boil	沸	沸く
끓이다	to make boil	烧 (使动)	沸かす
끝나다	to come to an end	结束	終わる
끼다	to join	夹	加わる
끼다	to wear (eyewear)	戴 (眼镜)	(眼鏡を) かける
끼우다	to insert	夹	挟む

나

나가다	to go out	出去	出る
나누다	to divide	分 / 分成	分ける
나뉘다	to be divided into	被分成	分けられる
나쁘다	to be bad	不好 / 坏	悪い
나오다	to come out of	出来	出てくる
나타나다	to appear	出现	現れる
날다	to fly	飞	飛ぶ
날씬하다	to be thin	苗条	すらっとしている
날아가다	to fly away	飞走	飛んでいく
날아오다	to fly over	飞来	飛んでくる
남기다	to leave	剩下 / 留下	残す
남다	to remain	剩余 / 留下	余る
낫다	to be better	(比…) 更好	優れている
낭비하다	to waste	浪费	浪費する
낮다	to be low	低	低い
낮추다	to lower	降低	低くする
낯설다	to be unfamiliar	陌生	見慣れない
낳다	to bear (children)	生 / 下 (蛋)	生む
내다보다	to look out over	向外看	外を見る
내던지다	to throw (away from)	扔出去	勢いよく投げる
내려가다	to descend	下去	下りてゆく
내려오다	to come down	下来	下りてくる
내리다	to come down of	下 (车)	下りる
내리다	to fall (snow, rain)	下 (雨 / 雪)	降る
내밀다	to protrude	伸出	突き出る
내뱉다	to spit out	吐出	吐き出す
내버리다	to throw away	扔掉	捨てる
냉정하다	to be cold	冷静	薄情で冷たい
넉넉하다	to be plentiful	充足	十分だ
넓다	to be wide	宽	広い
넘다	to exceed	超过	あふれる
넘어가다	to cross over (border)	越过	越える
넘어지다	to fall	跌倒	倒れる
넘치다	to overflow	溢出 / 充满	あふれる
넣다	to put in	放进	入れる
노랗다	to be yellow	黄	黄色い
노래하다	to sing	唱歌	歌う
노력하다	to endeavor	努力	努力する
녹다	to melt	溶化 / 融化	溶ける
녹이다	to make melt	销熔	溶かす
놀다	to play	玩儿	遊ぶ
놀라다	to be surprised	吃惊	驚く
놀리다	to tease	玩弄	からかう
높다	to be high	高	高い
높이다	to elevate	提高	高める
놓다	to set (down)	放	置く
누르다	to press	按	押す
눈치채다	to sense	察觉	気づく
눕다	to lie down	躺	横になる
느끼다	to feel	感觉	感じる
느리다	to be slow	慢	のろい
늘다	to increase	增长	増える
늘리다	to make increase	增长 (使动)	伸ばす
늙다	to grow old	老	年を取る
늦다	to be late	晚	遅い

다

다가가다	to approach	靠近	近寄る
다녀오다	to be back, to go and see	去回来	行って来る
다니다	to go to and from	来往	通う
다듬다	to trim	修整	整える
다르다	to be different	不同	異なっている
다물다	to close (one's lips)	闭 (嘴 / 口)	つぐむ
다짐하다	to pledge	决心	誓う
다치다	to get hurt	受伤	けがをする
다투다	to quarrel	吵架	けんかする
닦다	to polish	擦	磨く
단순하다	to be simple	单纯	単純だ

닫다	to close	关	閉める
달다	to hang	带	(名札を) ぶら下げる
달다	to weigh	称	(重さを) 量る
달래다	to calm (down)	哄	慰める
달려가다	to run to	跑去	走って行く
달려오다	to come running	跑来	走って来る
달리다	to run	跑	走る
달아나다	to run off, to escape	逃跑	逃げる
닮다	to look like	像	似る
담그다	to soak (in liquid)	泡	漬ける
담다	to put into	盛	盛る
대접하다	to entertain	接待	もてなす
더럽다	to be dirty	脏	汚い
던지다	to throw	扔	投げる
덜다	to deduct	减轻	減らす
덮다	to cover	覆盖	覆う
덮이다	to be covered	被覆	覆われる
데려가다	to take (a person somewhere)	带走	連れて行く
도망가다	to escape	逃跑	逃げる
(운동장을) 돌다 to go round	转 (操场)	(運動場を) 回る
돌아다니다	to wander about	游	歩き回る
돌아보다	to look back	回头看 / 回顾	振り返って見る
돕다	to help	帮助	手伝う
되다	to become	成	なる
두껍다	to be thick	厚	厚い
뒤지다	to fall behind	落后	立ち後れる
뒤지다	to search	翻	くまなく探す
드리다	to give (honorific form)	赠 (敬语)	差し上げる
듣다	to listen	听	聞く
들다	to hold	拿	持つ
들리다	to hear	听见	聞こえる
때다	to make a fire	烧 (火)	(火を) たく
떨다	to tremble	发抖	震える
떨리다	to be trembling	发抖 (被动)	震える
떨어뜨리다	to drop	掉	落とす
떼다	to take off	撕下	はがす
똑똑하다	to be smart	聪明	明瞭だ
뚫다	to bore	穿孔 / 钻 (墙)	貫通する
뚱뚱하다	to be fat	胖	太っている
뛰어가다	to run (to)	跑去	走って行く
뜨겁다	to be hot	热	熱い
뜨다	to float (on water)	漂	浮く
뜨다	to fly (into sky)	飞	浮く

| 뜯다 | to tear down | 拆 | 取る |
| 띠다 | to assume duty, to be charged with | 带 | 帯びる |

마

마르다	to dry up	干	乾く
막다	to block	堵	ふさぐ
만족하다	to be satisfied	满足	満足する
말다	to roll	卷	巻く
말리다	to dry	晾干	乾かす
맛보다	to taste	品尝	味わう
망설이다	to hesitate	犹豫	ためらう
망하다	to go to ruin	破产	滅びる
맞다	to be right	对, 合适	当たる
맞다	to receive (a guest)	迎接	迎える
맞다	to be hit	挨打	殴られる
맡다	to be entrusted with	担任	受け持つ
매다	to tie	系	結ぶ
머물다	to stay	停留	止まる
먹다	to eat (food)	吃	食べる
멀다	to go blind	失明	目が見えなくなる
멀다	to be far	远	(距離が) 遠い
멋지다	to be gorgeous	精彩	すてきだ
메다	to shoulder (a bag)	扛	背負う
명령하다	to command	命令	命令する
모자라다	to be insufficient	不够	足りない
무겁다	to be heavy	重	重い
무덥다	to be sultry	闷热	蒸し暑い
무시하다	to disregard	无视	無視する
묵다	to stay (in a hotel)	住	泊まる
묶다	to bind	捆绑	くくる
묻다	to ask	问	聞く
묻다	to bury	埋	埋める
묻다	to be stained	粘	付く
묻히다	to get buried	被埋	埋もれる
물다	to bite on	咬	噛む
미끄러지다	to slide	滑	滑る
미루다	to put off	推迟	延ばす
미치다	to be crazy	疯	狂う
밀다	to push	推	押す

바

바르다	to paint	抹 / 涂	塗る
바르다	to be straight	正直	正しい
반성하다	to reflect	反省	反省する

반짝이다	to shine	闪烁	きらめく
반하다	to fall in love with	迷恋	惚れる
받다	to receive	接受	受け取る
발견하다	to discover	发现	発見する
발달하다	to grow	发达	発達する
밟다	to step	踩	踏む
방해하다	to obstruct	妨碍	妨害する
배고프다	to be hungry	饿	空腹だ
뱉다	to spit (out)	吐	吐く
버리다	to discard	扔掉 / 抛弃	捨てる
벌리다	to spread open	张开/展开	あける
벗기다	to remove (clothes)	脱 (使动)	脱がせる
베다	to cut (off)	割	刈る
병들다	to become diseased	生病	病気にかかる
보관하다	to maintain custody of (object)	保管	保管する
보내다	to send (object, person)	派 / 送	送る
보다	to see	看	見る
보살피다	to take care of	照顾	面倒を見る
보이다	to show	看见	見える
복잡하다	to be complicated	复杂	複雑だ
볶다	to roast	炒	炒る
뵙다	to meet (honorific form)	见 (敬语)	お目にかかる
부끄러워하다	to feel shame	害羞	恥らう
부드럽다	to be soft	柔和	柔らかい
부딪히다	to hit	碰撞	ぶつかる
부르다	to call out to	叫	呼ぶ
부서지다	to break	破碎	砕ける
부지런하다	to be diligent	勤快	勤勉だ
부치다	to send (a letter)	寄	送る
불다	to blow	吹 (口哨) / 刮 (风)	吹く
불쌍하다	to be poor	可怜	気の毒だ
붉다	to be red	红	赤い
붓다	to have a bloated face	发肿	(顔が)腫れる
붓다	to pour (liquid)	倒 (水)	(水を)注ぐ
붙잡다	to seize	抓住	つかむ
비교하다	to compare	比较	比較する
비비다	to rub (one's eyes)	揉 (眼睛)	こする
비비다	to mix (food)	拌 (饭)	混ぜ合わせる
비슷하다	to be similar	相似	似ている
비싸다	to be expensive	贵	高い
비웃다	to laugh at	嘲笑	あざ笑う
비참하다	to be pitiable	悲惨	悲惨だ
비틀거리다	to totter	跟跄	ふらふら歩く

빌다	to pray	祈求	祈る
빌리다	to lend	借	借りる
빠르다	to be fast	快	速い
빨갛다	to be red	红	赤い
빨다	to do laundry	洗 (衣服)	(洗濯を) 洗う
빨다	to suck (on candy)	吸 / 唖	(飴を)なめる
빼다	to pull out	拔 / 扣除	取り除く
빼앗다	to snatch	抢	奪い取る
뺏다	to take away	抢	奪う
뻗다	to stretch out	伸展	伸びる
뽑다	to pull out	拔	引き抜く
뽑다	to select	抽	選ぶ
뿌리다	to sprinkle	撒	まく

사

사과하다	to apologize	道歉	わびる
사귀다	to make friends	结交	付き合う
사납다	to be fierce	凶	荒々しい
산책하다	to take a walk	散步	散歩する
살다	to live	活	生きる
삶다	to boil	煮	茹でる
삼키다	to swallow (food)	吞下	飲み込む
상관없다	to have nothing to do with	无关	関係がない
상하다	to become damaged	伤害 (身体/ 自尊心)	傷む
생각하다	to think	想	考える
생겨나다	to have something new appear	长出来	生じる
생기다	to get	出现 (皱纹) / 发生 (事故)	できる
생활하다	to live, to subsist	生活	生活する
서다	to stand	站立	立つ
서럽다	to be sad	委屈	悲しい
서운하다	to be sorry	舍不得	名残惜しい
서투르다	to be unrefined	不熟练	下手だ
섞다	to mix	混合	混ぜる
설명하다	to explain	说明	説明する
성공하다	to succeed	成功	成功する
세다	to count	数	数える
세다	to be strong	强	強い
세우다	to make stand	立	立てる
소개하다	to introduce	介绍	紹介する
소리치다	to shout	喊	大声を上げる
소중하다	to be precious	珍贵	大事だ
속다	to be cheated	上当	だまされる
속이다	to deceive	欺骗	だます
숨다	to hide	隐藏	隠れる

쉬다	to rest	休息 ┊ 休む
슬퍼하다	to feel sad	伤心 ┊ 悲しむ
식사하다	to have a meal	吃饭 ┊ 食事する
싣다	to load onto	载 ┊ 載せる
실례하다	to be rude	失礼 ┊ 失礼する
심다	to plant	种植 ┊ 植える
싸다	to be inexpensive	便宜 ┊ (値段が) 安い
싸다	to wrap	包裹 ┊ (包装紙で) 包む
쌓다	to pile	堆积 ┊ 積む
썩다	to spoil	腐烂 ┊ 腐る
쏘다	to shoot (gun, arrow)	射 (箭) ┊ 射る
쓰다	to wear on head (hat, glasses, etc)	戴 (帽子) ┊ (帽子を)かぶる
쓰다듬다	to stroke	抚摸 ┊ なでる
쓸다	to sweep	扫 ┊ 掃く
씹다	to chew	嚼 ┊ かむ

아

아깝다	to be regrettable	可惜 ┊ もったいない
아끼다	to be sparing of	节省 ┊ 節約する
아끼다	to value	珍惜 ┊ 大切にする
아쉽다	to feel the lack of	惋惜 ┊ 物足りない
안기다	to be hugged by	抱 (被动) ┊ 抱かれる
안내하다	to guide	向导 ┊ 案内する
안다	to hold (in one's arms)	抱 ┊ 抱く
안타깝다	to be heartbreaking	心焦 ┊ 気の毒だ
앓다	to be ill	生病 ┊ 病む
약속하다	to promise	约 ┊ 約束する
약하다	to be weak	弱 ┊ 弱い
얇다	to be thin	薄 ┊ 薄い
얘기하다	to tell	谈话 ┊ 話す
어둡다	to be dark	黑暗 ┊ 暗い
어리석다	to be foolish	愚蠢 ┊ 愚かだ
어색하다	to be awkward	不自然 / 尴尬 ┊ ぎこちない
엎드리다	to lie prostrate	趴 ┊ うつ伏せになる
연습하다	to practice	练习 ┊ 練習する
오다	to come	来 ┊ 来る
오래되다	to have been for a long time	很久 ┊ 古い
올라가다	to go up	上去 ┊ 登る
옳다	to be right	对 ┊ 正しい
외우다	to memorize	背 ┊ 覚える
외출하다	to go out	出门 ┊ 外出する
용서하다	to forgive	宽恕 ┊ 許す
운전하다	to drive	驾驶 ┊ 運転する

움직이다	to move	动 ┊ 動く
원하다	to want	愿意 ┊ 願う
위로하다	to comfort	安慰 ┊ 慰労する
위험하다	to be dangerous	危险 ┊ 危険だ
유명하다	to be famous	有名 ┊ 有名だ
유행하다	to be in fashion	流行 ┊ 流行する
의심하다	to doubt	怀疑 ┊ 疑う
이기다	to win	赢 ┊ 勝つ
이다	to be, to become	是 ┊ だ
이야기하다	to tell	谈话 ┊ 話す
이해하다	to understand	理解 ┊ 理解する
익다	to be ripe	熟 ┊ 実る
일어서다	to stand up	站起来 ┊ 立ち上がる
일하다	to work	工作 ┊ 仕事する
읽다	to read	读 ┊ 読む
잃어버리다	to lose	丢掉 ┊ なくす
입다	to put on	穿 ┊ 着る
입학하다	to be admitted to school	入学 ┊ 入学する
있다	to be, to exist	在 / 有 ┊ ある
잊어버리다	to completely forget	忘掉 ┊ 忘れる

자

자다	to sleep	睡 ┊ 寝る
자라다	to grow (up)	生长 ┊ 育つ
자랑하다	to be proud	炫耀 ┊ 自慢する
자르다	to cut	切断 ┊ 切る
자연스럽다	to be natural	自然 ┊ 自然だ
자유롭다	to be free	自由 ┊ 自由だ
잘못하다	to make a mistake	做错 ┊ 間違う
잘하다	to do well	擅长 ┊ 上手だ
잠그다	to lock	锁 ┊ しめる
잠들다	to fall asleep	入睡 ┊ 寝付く
잠자다	to sleep	睡觉 ┊ 寝る
잡다	to hold on to	抓 ┊ つかむ
잡수시다	to eat (honorific form)	吃 (警语) ┊ 召し上がる
잡히다	to get caught	被抓 (被动) ┊ 捕まる
재다	to measure	量 ┊ 量る
적다	to write	记 ┊ (字を) 記す
적다	to be few	少 ┊ (量が) 少ない
절약하다	to economize	节约 ┊ 節約する
점잖다	to be dignified	文雅 / 稳重 ┊ おとなしい
접다	to fold	折 ┊ 畳む
정답다	to be friendly	亲切 ┊ 仲がよい
정직하다	to be honest	正直 ┊ 正直だ

정하다	to decide (on)	定	決める
정확하다	to be accurate	准确	正確だ
조르다	to press (someone to do something)	纠缠	締める
조르다	to tighten	捆紧	せがむ
조심하다	to be careful	小心	用心する
조용하다	to be quiet	安静	静かだ
존경하다	to respect	尊敬	尊敬する
졸다	to doze off	瞌睡	居眠りする
좁다	to be narrow	窄	狭い
죄송하다	to be sorry	抱歉	申し訳ない
주다	to give	给	与える
주무시다	to sleep (honorific form)	安寝 (敬语)	お休みになる
죽이다	to kill	杀	殺す
줄다	to decrease	减少	減る
줍다	to pick up	捡拾	拾う
지내다	to spend time	过 (日子)	過ごす
지다	to be defeated	输	負ける
지우다	to erase	删除	消す
지치다	to be exhausted	疲惫	疲れる
진하다	to be dark (coffee)	浓	濃い
짐작하다	to guess	估计	推測する
집다	to pick up (with thongs, fingers)	夹	握る
짙다	to be dark	浓	濃い
짜다	to wring out	拧 (洗濯を)	絞る
짧다	to be short	短	短い
쫓기다	to be chased	追赶(被动)	追われる
쫓다	to drive away	追 (赶)	追う
찌다	to steam	蒸	蒸す
찍다	to stamp	盖 (图章)	撮る
찡그리다	to frown	皱眉	しかめる
찢다	to tear	撕开	破る

차

차다	to become filled	满	(水がいっぱいに) 満ちる
차다	to kick	踢	(ボールを) 蹴る
차다	to be cold	凉	(気候が) 肌寒い
차분하다	to be calm	文静	もの静かだ
착하다	to be good	善良	善良だ
참다	to bear	忍耐	我慢する
체하다	to suffer from indigestion	积食	食もたれする
초대하다	to invite	招待	招待する
축하하다	to congratulate	祝贺	祝う
춥다	to be cold	冷	寒い

취직하다	to find a job	就业	就職する
취하다	to become intoxicated	醉	酔う
치다	to strike	打 (球)	打つ
칭찬하다	to praise	称赞	賞賛する

카

켜다	to turn on	点 (灯) / 打 (火)	つける
크다	to be big (in size)	大	(ゾウが) 大きい
크다	to grow (up)	长大	(子供が)育つ

타

타다	to burn	烧	(火が) 燃える
타다	to get on (a bus)	乘 (车)	(バスに) 乗る
타다	to put in, mix	冲 (水)	(コーヒーを) 入れる
타다	to play (gayageum)	弹 (琴)	(伽耶琴を) 弾く
태우다	to give (someone) a ride	上	焼く
털다	to shake off (dust)	抖	はたく
토하다	to vomit	呕吐	吐く
튼튼하다	to be strong	结实	丈夫だ

파

파다	to dig	挖	掘る
파랗다	to be blue	蓝	青い
팔다	to sell	卖	売る
팔리다	to be sold	卖 (被动)	売れる
편리하다	to be convenient	方便	便利だ
표현하다	to express	表达	表現する
피다	to bloom	开 (花)	咲く
피우다	to set fire to	抽 (烟)	吸う
피하다	to avoid	躲避	避ける

하

하다	to do	做	する
헤매다	to wander	徘徊	さまよう
혼나다	to be scolded	被教训	ひどい目にあう
화내다	to get angry	发火	腹を立てる
후회하다	to regret	后悔	後悔する
훌륭하다	to be excellent	优秀	立派だ
훔치다	to steal	偷	盗む
흉내내다	to imitate	模仿	まねる
흐르다	to flow	流	流れる
흐리다	to be cloudy	阴沉	曇っている
흔들다	to shake	摇	揺する
흘러가다	to flow along	流	流れていく
흥분하다	to be excited	激动	興奮する

한국어	영어	중국어	일본어	페이지
ㄱ				
가격표	price list, price tag	价格表, 价格标签	価格表、値札	**69, 113**
가구 광택제	furniture brightener	家具亮洁剂	家具光沢剤	**79**
가글	gargle	漱口水	うがい薬	**77**
가득하다	to be full	满	いっぱいだ	**13**
가래떡	garaetteok	条糕	カレトック	**57**
가로등	streetlight	路灯	街灯	**118**
가로수	tree lining a street	林荫树	街路樹	**119**
가루약	powdered medicine	药粉	粉薬	**105**
가방	bag	箱包	鞄	**44**
가볍다	to be light	轻	軽い	**13**
가수	singer	歌手	歌手	**137**
가스	gas	煤气	ガス	**81**
가스 밸브	gas valve	煤气阀门	ガスの元栓	**73**
가스레인지	gas stove, gas oven	煤气炉	ガスレンジ	**73**
가슴	chest	胸脯	胸	**26**
가습기	humidifier	加湿器	加湿器	**101**
가야금	gayageum	伽倻琴	カヤグム	**132**
가옥	house	房屋	家屋	**71**
가운 (숄)	gown, robe	睡袍, 工作服	ガウン、ショール	**40, 110**
가운데	middle	中间	真ん中	**15**
가위	scissors	剪刀	はさみ	**92**
가을	fall	秋天	秋	**11**
가이드	guide	导游	ガイド	**139**
가정	family, home	家庭	家庭	**28**
가제 (거즈)	gauze	脱脂纱布	ガーゼ	**105**
가족	family	家族	家族	**30**
가족 여행	family travel	家庭旅行	家族旅行	**139**
가죽 코트	leather coat	皮大衣	レザーコート	**40**
가지	branch(es)	树枝	枝	**140**
각도기	protractor	量角器	分度器	**88**
간	liver	肝	肝臓	**27**
간병인	person attending patient	护理人	看病人	**100**
간장	soy sauce	酱油	醤油	**63**
간호사	nurse	护士	看護士	**100**
갈비	ribs, galbi	牛排, 排骨	カルビ	**53, 56**
갈비탕	galbitang	排骨汤	カルビタン	**56**
갈색	brown	棕色 (褐色)	茶色	**14**
갈치	hairtail	带鱼	タチウオ	**52**
감	persimmon	柿子	柿	**51**
감기	a cold	感冒	風邪	**103**
감독	director	总教练, 导演	監督	**131, 135**
감사하다	to thank	感谢	感謝する	**35**
감시용 카메라	security camera	监视用摄像头	監視用カメラ	**107**
감시 카메라	traffic camera	监视摄像头	監視カメラ	**118**
감옥 (교도소)	prison	监狱	監獄 (刑務所)	**155**
감자	potato	土豆	ジャガイモ	**50**
갓길	shoulder of the road	便路	路肩	**119**
강	river	江	川	**147**
강남	Gangnam	江南	江南	**151**
강당	lecture hall	礼堂	講堂	**85**
강도	burglar	强盗	強盗	**155**
강북	Gangbuk	江北	江北	**151**
강아지	puppy	小狗	子犬	**142**
강원도	Gangwon-do Province	江原道	江原道	**150**
강의실	classroom	教室	講義室	**84**
개	dog	狗	犬	**142**
개구리	frog	蛙	カエル	**145**

고등학교	high school	高中	高校	89
고려	Goryeo	高丽	高麗	152
고릴라	gorilla	大猩猩	ゴリラ	143
고맙다	to be thankful	谢谢	ありがたい	37
고모	paternal aunt	姑姑	おばさん (父の姉妹)	31
고모부	husband of one's paternal aunt	姑父	おじさん (父の姉妹の夫)	31
고무신	rubber shoes	胶皮鞋	ゴム靴	43
고무장갑	rubber gloves	橡皮手套	ゴム手袋	78, 99
고속도로	expressway	高速公路	高速道路	119
고속도로 통행카드	expressway tollgate ticket	高速通行卡	高速道路通行カード	119
고속버스	long distance bus	长途汽车	高速バス	115
고양이	cat	猫	猫	142
고열	high fever	高烧	高熱	103
고조선	Gojoseon	古朝鲜	古朝鮮	152
고추	red hot pepper	辣椒	唐辛子	50
고추잡채	chilli chop suey	辣椒杂菜	コチュチャプチェ	58
고추장	gochujang	辣椒酱	唐辛子みそ	63
고춧가루	chilli powder	辣椒粉	唐辛子の粉	63
고혈압	high blood pressure	高血压	高血圧	103
골프	golf	高尔夫球	ゴルフ	131
곰	bear	熊	クマ	143
곰팡이 제거제	mold removal solution	防蛀剂	カビ取り	79
공개 채용	open hiring	公开录用	公開採用	91
공격	attack	攻击	攻撃	159
공과금	public imposts / duties	税金	公共料金	107
공구	tool	工具	工具	80
공군	air force	空军	空軍	159
공기 청정기	air cleaner	空气净化器	空気清浄機	105
공연	performance	演出	公演	134
공예	industrial arts	工艺	工芸	135
공작	peacock	孔雀	クジャク	144
공장	factory	工厂	工場	98
공중전화(기)	public phone	公用电话	公衆電話	85
공지 사항	alerts, notifications	公告	お知らせ	97
공책	notebook	笔记本	ノート	83
공항	airport	机场	空港	126
공항 직원	airport employee	机场服务员	空港職員	127
공항 터미널	airport terminal	侯机楼	空港ターミナル	127
공항버스	airport bus	机场班车	空港リムジンバス	127
공휴일	legal holidays	公休日	公休日	153
과식	overeating	过食	食べ過ぎ	63
과음	overdrinking	酗酒	飲み過ぎ	63
과일	fruit	水果	果物	51
과일주	fruit wine	果子酒	果実酒	55
과자	confectionary	饼干	菓子	61
관광객	tourist	旅客	観光客	139
관광버스	tour bus	旅游班车	観光バス	115
관광지	tourist region	旅游地	観光地	139
관리실 (경비실)	guard box	门卫室	管理室 (警備室)	70
관악기	wind instrument	管乐器	管楽器	133
관제탑	control tower	指挥塔	管制塔	127
광고	advertisement	广告	ＣＭ	137
광복절	Liberation Day	光复节	光復節	153
광업	mining	矿业	鉱業	156
광역시	metropolitan city	广域市	広域市	151
광주광역시	Gwangju Metropolitan City	光州广域市	クァンジュ広域市	151
광주민주화운동	Gwangju Democratic Movement	光州民主化运动	光州民主化運動	152
광택제 (왁스)	(auto) wax	蜡剂	光沢剤 (ワックス)	125
교과서	textbook	教科书	教科書	83
교복	school uniform	校服	学校の制服	41
교수 연구실	professor's office	教授研究室	教授研究室	85

남방	buttondown shirt	衬衫	開襟シャツ	38
남아프리카 공화국	Republic of South Africa	南非共和国	南アフリカ共和国	149
남자	man	男人	男	28
남편	husband	丈夫	夫	31
납치	kidnapping	绑架	拉致	155
납품하다	to deliver goods	供货	納品する	98
낮	day	白天	昼	20
내과	internal medicine	内科	内科	101
내부 기관	internal organs	内脏器官	内部器官	27
내비게이션	automobile navigation systems	汽车导航器	カーナビ	125
내일	tomorrow	明天	明日	11
냄비	pot	锅	鍋	73
냄비 받침	pot stand	锅垫儿	鍋敷き	67
냄비 집게	pot lifter	取物夹	鍋つかみ	73
냅킨	napkin	餐巾纸	ナプキン	68
냉면	naengmyeon	冷面	冷麺	56
냉장고	refrigerator	冰箱	冷蔵庫	73
너트	nut	螺丝母	ナット	80
넓이	width	宽度	幅	19
네덜란드	the Netherlands	荷兰	オランダ	148
넥타이	necktie	领带	ネクタイ	45
넥타이핀	tie pin	领带夹	ネクタイピン	45
넷째	fourth	第四	4番目	17
노란색	yellow	黄色	黄色	14
노래	singing	唱歌	歌	128
노령산맥	Noryeong Mountain Range	芦岭山脉	蘆嶺山脈	151
노르웨이	Norway	挪威	ノルウェー	148
노선	line, route	路线	路線	115
노선도	route map	路线图	路線図	115
노선 번호	(bus) line number	路线号码	路線番号	114
노약자 보호석	seat reserved for disabled and senior citizen	老弱保护席	優先席	117
노인	old person	老人	老人	29
노트북 컴퓨터	laptop	笔记本电脑	ノートパソコン	95
녹차	green tea	绿茶	緑茶	55
녹화방송	filmed television broadcast	录播	録画放送	137
놀랍다	to be surprised	惊人	驚くべきだ	37
놀이	game	游戏	遊び	128
놀이터	playground	儿童游乐场, 游乐场	遊び場	71
농구	basketball	篮球	バスケット	130
농구 코트	basketball court	篮球场	バスケットコート	85
농업	agriculture	农业	農業	156
농촌	farm village, farming region	农村	農村	151
높이	height	高度	高さ	19
뇌	brain	脑	脳	27
뇌졸중	stroke	中风	脳卒中	103
누나	elder sister of a man	姐姐	姉	30
눈	snow, eyes	雪, 眼睛	雪、目	12, 24
눈동자	pupil	眼珠	瞳	24
눈썹	eyebrow	眉毛	眉	24
뉴스	news	新闻	ニュース	137
뉴질랜드	New Zealand	新西兰	ニュージーランド	149
느리다	to be slow	慢	遅い	13
느티나무	zelkova tree	榉树	ケヤキ	140
늑대	wolf	狼	オオカミ	143
늙다	to be old	年老	年を取る	28
니트	knit	针织衣	ニット	39

ㄷ

| 다리 | leg | 腿 | 脚 | 26 |
| 다리미 | iron | 熨斗 | アイロン | 49 |

마른걸레	dry floorcloth	干布	乾いた雑巾	**78**
마스카라	mascara	睫毛膏	マスカラ	**46**
마스크	mask	口罩	マスク	**45**
마요네즈	mayonnaise	蛋黄酱	マヨネーズ	**62**
마우스	mouse	鼠标	マウス	**94**
마우스 패드	mouse pad	鼠标垫	マウスパッド	**94**
마을	village, hamlet, neighborhood	村庄	村	**151**
마을버스	neighborhood bus	小区班车	近隣バス	**115**
마이크	microphone	麦克风 (话筒)	マイク	**137**
마파두부	stir-fried tofu curd in hot sauce	麻婆豆腐	マーボ豆腐	**58**
막걸리	makgeolri	米酒	マッコリ	**55**
막내	lastborn	老幺	末っ子	**31**
만둣국	dumpling soup	饺子汤	マンドゥクック (餃子入りスープ)	**56**
만만하다	to be easy	小看	くみしやすい	**37**
만족하다	to be satisfactory	满足	満足だ	**35**
말	horse	马	馬	**142**
말레이시아	Malaysia	马来西亚	マレーシア	**148**
맑다	to be clear	晴天	晴れている	**12**
망명	defection	亡命	亡命	**149**
망아지	foal	马驹子	子馬	**142**
망치	hammer	锤子	かなづち	**80**
매니큐어	manicure	指甲油	マニキュア	**46**
매미	cicada	蝉	セミ	**145**
매실주	Japanese apricot, plum brandy	杨梅酒	梅酒	**55**
매출액	(amount of) sales	销售额	売上高	**91**
매트리스	mattress	床垫	マットレス	**75**
매표소	ticket office	售票处	チケット売り場, きっぷ売り場	**117, 135**
매화	Japanese apricot	梅花	梅	**141**
맥주	beer	啤酒	ビール	**55**
머리	head	头	頭	**24**
머리 모양	hair style	发型	ヘアースタイル	**25**
머리띠	headband	发带	ヘアバンド	**45**
머리카락	hair	头发	髪の毛	**24**
머리핀	hairpin	发夹	ヘアピン	**45**
머큐로크롬	Mercurochrome	红药水	赤チン	**105**
먼지떨이	duster	掸子	はたき	**78**
멀미	nausea	晕车	乗り物酔い	**103**
멀티탭	extension cord	多用分接头	マルチタップ	**94**
멍	bruise	淤血	あざ	**103**
멍게	ascidian	海囊	ホヤ	**52**
메뉴	menu	菜单	メニュー	**64**
메뚜기	grasshopper	蚱蜢	イナゴ	**145**
메모지	scratch paper	便笺	メモ用紙	**92**
메밀국수	soba noodles	荞麦面	ざるそば	**59**
메시지	message	信息	メッセージ	**93**
메일 주소	mail address	邮件地址	メールアドレス	**96**
멕시코	Mexico	墨西哥	メキシコ	**149**
멜빵바지	pants with suspenders	背带裤	つりズボン	**38**
며느리	daughter-in-law	儿媳妇	嫁	**31**
면	cotton, myeon, township	棉, 面	綿, 面	**41, 151**
면바지	cotton pants	棉裤	コットンパンツ	**39**
면도기	shaver, razor	剃须刀	かみそり	**76**
면세점	duty free shop	免税店	免税店	**127**
명소	famous spot, place of interest	名胜古迹	名所	**139**
명예훼손	defamation of character	损害名誉	名誉毀損	**155**
명왕성	Pluto	冥王星	冥王星	**146**
명절	traditional holidays	节日	祝祭日	**153**
명함	business card	名片	名刺	**92**
모	fur	毛	毛	**41**
모기	mosquito	蚊子	カ	**145**
모니터 (화면)	monitor	显示器	モニター (画面)	**94**

한국어	영어	中文	日本語	페이지
ㅅ				
사격	shooting	射击	射撃	**131**
사과	apple	苹果	りんご	**51**
사기	fraud	欺诈	詐欺	**155**
사닥다리 (사다리)	ladder	梯子	はしご	**79**
사랑하다	to love	爱	愛する	**37**
사망	death	过世	死亡	**33**
사무실	office	办公室	事務室	**90**
사물함	glove compartment	手套箱	私物箱	**125**
사법부	judicial branch	司法部	司法府	**155**
사서	librarian	图书管理员	司書	**87**
사슴	deer	鹿	シカ	**143**
사용 메일 용량	storage in use	已用空间	使用メールの容量	**97**
사용 설명서	manual	使用说明书	使用説明書	**95**
사우디아라비아	Saudi Arabia	沙特阿拉伯	サウジアラビア	**148**
사위	son-in-law	女婿	婿	**31**
사이	between	之间	間	**15**
사이드미러	sideview mirror	后视镜	サイドミラー	**125**
사이즈	size	型号	サイズ	**41**
사자	lion	狮子	ライオン	**143**
사장실	president's office	经理办公室	社長室	**91**
사전	dictionary	词典	辞書	**83**
사진	photograph	照片	写真	**135**
사진 찍기	photography	拍照	写真を撮る	**128**
사진기	camera	照相机	カメラ	**138**
사촌	cousin	堂兄弟	いとこ	**31**
사탕	candy	糖果	飴	**61**
산	mountain	山	山	**147**
산부인과	obstetrics and gynecology	妇产科	産婦人科	**101**
살균 소독기	sterilization device	杀菌消毒器	殺菌消毒機	**69**
살인	murder	杀人	殺人	**155**
삼각 붕대	triangular bandage	三角绷带	三角巾	**105**
삼각자	set square, triangle	三角尺	三角定規	**88**
삼각팬티	briefs	三角内裤	ブリーフ	**42**
삼겹살	boned rib of pork, samgyeopsal	五花肉	三枚肉	**53, 56**
삼계탕	samgyetang	参鸡汤	サムゲタン	**56**
삼국시대	Three Kingdoms Period	三国时代	三国時代	**152**
삼촌 (숙부)	uncle, younger brother of one's father	叔叔 (叔父)	おじさん (父の兄弟)	**31**
삽	shovel	铲子	シャベル	**80**
삽화	illustration	插图	挿絵	**135**
상의	upper garment	上衣	上着	**39**
상추	lettuce	生菜	サンチュ	**50**
상쾌하다	to be refreshing	爽快	爽快だ	**35**
상품권	gift certificates	商品券	商品券	**113**
새끼손가락	little finger	小拇指	小指	**27**
새마을운동	Saemaeul Movement	新农村运动	セマウル運動	**152**
새벽	dawn	凌晨	明け方	**20**
새우	shrimp, prawn	虾	エビ	**52**
새우 버거	shrimp burger	虾肉汉堡	シュリンプバーガー	**64**
색깔	color	颜色	カラー	**14**
색소폰	saxophone	萨克斯管	サクソフォン	**133**
샌드위치	sandwich	三明治	サンドイッチ	**60**
샌들	sandals	凉鞋	サンダル	**43**
샐러드	salad	沙拉	サラダ	**60**
샘플	sample	样品	サンプル	**111**
생강차	ginger tea	生姜茶	生姜湯	**55**
생기 있다	to be animated, lively	有朝气	生き生きとしている	**37**
생리통	menstrual pain	生理痛	生理痛	**103**
생머리	straight hair	直发	ストレートヘアー	**25**
생방송	live broadcast	现场直播	生放送	**137**
생산하다	to produce	生产	生産する	**98**

승무원	flight attendant	乘务员	乗務員	126
승용차	passenger car	轿车	乗用車	119
승진	promotion	晋升	昇進	33
승차권	passenger ticket	地铁票	乗車券	117
승차권 자동 발매기	automated ticket machine	自动售票机	乗車券自動発売機	117
승차문	front door (for entering bus)	上车门	乗車扉	115
승합차	passenger van	面包车	ワゴン車	119
시	hour, city	点, 市	時, 市	20, 151
시간	time	时间	時間	20
시계	watch, clock	手表, 钟	時計	45, 75
시골	country, countryside	乡下	田舎	151
시나리오	scenario, screenplay	剧本	シナリオ	135
시내	downtown	城内	市内	151
시내버스	city route bus	市内公交车	市内バス	115
시럽	syrup	糖浆	シロップ	105
시루떡	sirutteok	蒸糕	シルトック	57
시부모	parents of one's husband	公婆	夫の父母	31
시사회	preview showing	首映式	試写会	135
시아버지	woman's father-in-law	公公	舅	31
시어머니	woman's mother-in-law	婆婆	姑	31
시외	outskirts, outside the city	城外	市外	151
시외버스	inter-city bus	郊区公交车	都市間バス	115
시청자	television viewer	观众	視聴者	137
시트	sheet	床单	シーツ	75
시험	test	考试	試験	88
시험지	test paper	试卷	試験用紙	88
식기세척기	dishwashing machine, dishwasher	洗碗机	食器洗い機	72
식용유	cooking oil	食用油	食用油	63
식초	vinegar	醋	酢	63
식탁	dining table	饭桌	食卓	73
식탁 의자	table chairs	饭桌椅子	食卓椅子	73
식탁보	tablecloth	饭桌布	テーブルクロス	73
신나다	to get in high spirits	开心, 兴致勃勃	夢中になる	37
신라	Silla	新罗	新羅	152
신랑	groom	新郎	新郎	28
신문	newspaper	报纸	新聞	87
신문 판매대	newspaper stand	报刊销售亭	新聞販売台	117
신발	footwear	鞋	履物	43
신부	bride, priest	新娘, 神父	新婦、神父	28, 157
신분증	personal identification	身份证	身分証明書	107
신사복	(man's) suit	男装	紳士服	40
신용 불량	bad credit	信用不良	カード破産	23
신용 카드	credit card	信用卡	クレジットカード	23
신입 사원	new employee	新职员	新入社員	91
신장	kidney	肾脏	腎臓	27
신호등	traffic light	信号灯	信号	119
신혼부부	newlywed couple	新婚夫妇	新婚夫婦	28
신혼여행	honeymoon	蜜月旅行	新婚旅行	33
실내등	light	室内灯	室内灯	125
실로폰	xylophone	木琴	木琴	133
실크 (견)	silk	绢	絹	41
실험실	laboratory	实验室	実験室	85
싫다	to be disagreeable	不要 / 不喜欢	嫌いだ	35
심문	examination	审问	審問	155
심심하다	to be bored from inactivity	无聊	退屈だ	37
심야 할증	late-night charge	深夜加价	深夜割増し	115
심장	heart	心脏	心臓	27
십자가	cross	十字架	十字架	157
싱크대	sink	洗涤槽	流し台	72
싸다	to be inexpensive	低廉	安い	13
쌀	rice	米	米	62

오디오	stereo	音响	オーディオ	74
오렌지	orange	橙子	オレンジ	51
오렌지 주스	orange juice	橙汁	オレンジジュース	54
오르간	organ	风琴	オルガン	133
오르막 경사	Steep ascend	上陡坡	上り急勾配あり	121
오른쪽	right	右	右	15
오리	duck	鸭	アヒル	142
오리고기	duck (meat)	鸭肉	カモ肉	53
오보에	oboe	双簧管	オーボエ	133
오븐	oven	烤箱	オーブン	73
오빠	elder brother of a woman	哥哥	兄	30
오스트레일리아 (호주)	Australia	澳大利亚	オーストラリア	149
오이	cucumber	黄瓜	きゅうり	50
오이소박이	oi sobagi	黄瓜泡菜	キュウリの中に具を詰めたキムチ	66
오전	morning	上午	午前	20
오징어	cuttlefish	鱿鱼, 墨斗鱼	イカ	52
오케스트라	orchestra	管弦乐	オーケストラ	133
오토바이	motorcycle	摩托车	オートバイ	119
오페라	opera	歌剧	オペラ	135
오한	chills	恶寒	悪寒	103
오후	afternoon	下午	午後	20
옥상	rooftop	楼顶	屋上	71
옥수수	corn	玉米	とうもろこし	50
올림픽	Olympics	奥运会	オリンピック	131
옷감	cloth types, textures	衣料	生地	41
옷걸이	hanger	衣架	ハンガー	49
옷장	wardrobe	衣柜	洋服ダンス	75
와이셔츠	(dress) shirt	男衬衫	ワイシャツ	38
와이퍼	windshield wipers	雨刮器	ワイパー	125
완전 삭제	delete permanently	永久删除	完全削除	97
외과	surgery	外科	外科	101
외교	diplomacy	外交	外交	149
외교관	diplomat	外交官	外交官	149
외국	foreign country	外国	外国	149
외롭다	to be lonely	孤单	寂しい	37
외삼촌	maternal uncle	舅舅	おじさん (母方のおじ)	31
외숙모	wife of one's (maternal) uncle	舅妈	おばさん (母方のおじの妻)	31
외할머니 (외조모)	maternal grandmother	姥姥	おばあさん (母方の祖母)	30
외할아버지 (외조부)	maternal grandfather	姥爷	おじいさん (母方の祖父)	30
왼쪽	left	左	左	15
요구르트	yogurt	酸奶	ヨーグルト	54
요금	fare	车费	料金	115
요금 미터기	fare meter	标价器	料金メーター	115
요금함	fare box	收费箱	料金箱	114
요일	days of the week	星期(周)	曜日	10
요통	lumbago	腰痛	腰痛	102
욕실	bathroom	浴室	浴室	76
욕실 슬리퍼	bathroom slippers	浴室拖鞋	風呂用スリッパ	77
욕실용 세제	restroom cleanser	卫浴洁净剂	浴室用洗剤	79
욕조	bathtub	浴缸	浴槽	77
용의자	suspect	嫌疑犯	容疑者	155
우동	udon	乌冬面	うどん	59
우물 정	pound button	井字键	シャープ	93
우산	umbrella	雨伞	傘	138
우승	victory	优胜	優勝	131
우울하다	to be depressed	忧郁	憂鬱だ	37
우유	milk	牛奶	牛乳	54
우족	beef feet	牛蹄	牛の脚	53
우좌로 이중 굽은 도로	Winding road	右(左)側绕行	右(左)つづら折りあり	121
우체국	post office	邮局	郵便局	109
우체국 소인	postmark	邮局印章	郵便局の消印	108

장화	rain boots	长筒鞋	長靴	43
재다이얼	redial	重播	リダイアル	93
재떨이	ashtray	烟灰缸	灰皿	69
재미없다	to be uninteresting	没趣儿	つまらない	35
재미있다	to be interesting	有趣儿	面白い	35
재산세	property tax	财产税	財産税	71
재즈	jazz	爵士乐	ジャズ	133
재판	trial	裁判	裁判	155
잼	jam	果酱	ジャム	63
쟁반	tray	盘子	お盆	68
저녁	evening	晚上	夕方	20
저울	scale	秤	秤	109
저자명	author's name	作者姓名	著者名	86
저혈압	low blood pressure	低血压	低血圧	103
적군	the enemy	敌军	敵軍	159
적금	installment savings	定期储蓄	積立金	107
전광판	electric billboard	电光板	電光掲示板	106
전구	light bulb	电灯泡	電球	74
전국	the whole country	全国	全国	151
전기 위험	Electric hazard	触电危险	電気危険	99
전기 테이프	electric tape	绝缘胶布	電気用絶縁テープ	81
전기 통신	telecommunications	电子通讯	電気通信	156
전기면도기	electric shaver	电动刮胡刀	電気かみそり	111
전기밥솥	electric rice cooker	电饭锅	電気炊飯器	73
전기세	electricity fees	电费	電気代	71
전등	electric light	电灯	電気	75
전라남도	Jeollanam-do Province	全罗南道	全羅南道	150
전라북도	Jeollabuk-do Province	全罗北道	全羅北道	150
전선	electric wire	电线	電線	81
전술	tactics	战术	戦術	159
전시회	exhibition	展览会	展示会	135
전원 스위치	power switch	电源开关	電源スイッチ	94
전자레인지	microwave oven	微波炉	電子レンジ	73
전자사전	electric dictionary	电子词典	電子辞書	83
전자정보실	computer room	电子信息室	電子情報室	87
전쟁	war	战争	戦争	159
전조등	headlights	前照灯	ヘッドライト	124
전진하다	to move forward	前进	前進する	123
전철	subway	地铁	電車	117
전체 메일 용량	total storage available	邮箱总容量	メールボックスの容量	97
전통차	traditional tea	传统茶	伝統茶	55
전투	combat, battle	战斗	戦闘	159
전투기	jet fighter	战斗机	戦闘機	159
전학	transfer schools	转学	転校	83
전화	telephone	电话	電話	93
전화기	telephone	电话机	電話機	91
전화세	telephone fees	电话费	電話代	71
절	temple	寺庙	寺	157
절도	theft	盗窃	窃盗	155
절편	jeolpyeon	切糕	チョルピョン	57
젊다	to be young	年轻	若い	28
점	mole	痣	ほくろ	25
점퍼 (잠바)	jumper	夹克	ジャンパー	38
접시	plate, dish	盘子	皿	67
젓가락	chopsticks	筷子	箸	67
젓갈	salted fish	鱼籽浆	塩辛	63
정기 간행물실	periodicals room	期刊阅览室	定期刊行物室	87
정기권	(period specific) prepaid ticket	定期票	定期券	117
정당	political party	政党	政党	155
정맥	vein	静脉	静脈	27
정문	main gate	正门	正門	85

치킨 버거	chicken burger	鸡肉汉堡	チキンバーガー	65
치통	toothache	牙痛	歯痛	102
친척	relative	亲戚	親戚	31
칠부바지	cropped pants	七分裤	七分ズボン	38
칠판	blackboard	黑板	黒板	82
칠판지우개	blackboard eraser	黑板擦儿	黒板消し	83
칡차	arrowroot tea	葛茶	くず湯	55
침	acupuncture needle	唾液	針	101
침낭	sleeping bag	睡袋	寝袋	138
침대	bed	床	ベッド	75
침대 커버	bedspread	床罩	ベッドカバー	75
침착하다	to be composed	沉着	落ち着いている	37
칫솔	toothbrush	牙刷	歯ブラシ	76

ㅋ

카네이션	carnation	康乃馨	カーネーション	141
카드	card	卡片	カード	109
카드 메일	email greetings card	电子贺卡	カードメール	97
카드놀이	card game	玩牌	カード遊び	129
카드 단말기	card reader	终端机	カード端末機	114
카디건	cardigan	开襟毛线衣	カーディガン	40
카레라이스	curry rice	咖喱饭	カレーライス	60
카세트 플레이어	cassette player	磁带录音机	カセットプレーヤー	136
카세트테이프	cassette tape	磁带	カセットテープ	137
카센터	auto supply shop	汽车服务中心	カーセンター	119
카펫	carpet	地毯	カーペット	74
칼	knife	菜刀	包丁	72
칼국수	kalguksu	切面	カルグクス (韓国式手打ちうどん)	56
캐나다	Canada	加拿大	カナダ	149
캐리어	luggage carrier	行李车	キャリア	126
캐미솔	camisole	背心式女内衣	キャミソール	42
캐비닛	cabinet	橱柜	キャビネット	90
캐스터네츠	castanets	响板	カスタネット	133
캐주얼	casual wear	便装	カジュアル	40
캔버스	canvas	帆布 (印花布)	キャンバス	134
캠프파이어	camp fire	篝火	キャンプファイヤー	138
캠핑	camping	野营	キャンピング	139
캡	cap	电热帽	キャップ	111
캡슐 약	capsule	胶囊	カプセル薬	105
캥거루	kangaroo	袋鼠	カンガルー	143
커튼	curtain	窗帘	カーテン	74
커피	coffee	咖啡	コーヒー	54
커피 메이커	coffee maker	咖啡机	コーヒーメイカー	72
컨베이어 벨트	conveyer belt	组装带	ベルトコンベア	98
컴퍼스	compas	圆规	コンパス	88
컴퓨터	computer	电脑	パソコン, コンピューター	90, 94
컴퓨터 그래픽	computer graphics	电脑图表	コンピューターグラフィック	135
컴퓨터 기사	computer technician	电脑技师	コンピューター技師	95
컴퓨터게임	computer game	电脑游戏	コンピューターゲーム	129
컵	cup	杯子	コップ	65, 68
컵라면	cup ramyeon	杯装方便面	カップラーメン	63
컷	cut	剪	カット	111
케냐	Kenya	肯尼亚	ケニア	149
케이블 포트	cable port	电缆端口	ケーブルポート	95
케이블 TV	cable television	有线电视	ケーブルテレビ	137
케이크	cake	蛋糕	ケーキ	61
케첩	ketchup	番茄酱	ケチャップ	62
코	nose	鼻子	鼻	24
코막힘	stuffed nose	鼻塞	鼻づまり	103
코끼리	elephant	大象	ゾウ	143
코브라	cobra	眼镜蛇	コブラ	145

ㅍ

판탈롱 스타킹	knee-highs	短袜	ショートストッキング	42
판화	(a) print	版画	版画	135
팔	arm	胳膊	腕	26
팔꿈치	elbow	胳膊肘儿	肘	27
팔만대장경	Palman Daejang Gyeong	八万大藏经	八万大蔵経	153
팔보채	eight seafood and vegetables braised with mustard sauce	八宝菜	八宝菜	58
팔찌	bracelet	手镯(手链)	腕輪	45
팝송	(foreign) pop music	流行歌曲	ポップソング	133
팥빙수	patbingsu, red-bean sherbet	红豆牛奶冰	カキ氷	54, 65
팩	facial pack	面膜	パック	46
팩스	fax machine	传真机	ファックス	91
팬	pan	平锅	ファン	73
팬티	underpants	内裤	パンティー	42
팬티스타킹	pantyhose	连裤丝袜	パンティーストッキング	42
퍼센트	percent	百分比	パーセント	19
퍼즐 맞추기	doing puzzles	拼图	ジグソーパズル	129
펀드	a fund	基金	ファンド	156
페루	Peru	秘鲁	ペルー	149
페인트	paint	油漆	ペイント	81
페인트 롤러	paint roller	油漆滚棒	ペイントローラー	81
페인트 붓	paint brush	油漆刷子	ペイント筆	81
페티코트	petticoat	衬裙	ペチコート	42
펜션	pension	租赁木屋	ペンション	139
펜싱	fencing	击剑	フェンシング	131
펜치	pliers	铁钳	ペンチ	81
펭귄	penguin	企鹅	ペンギン	144
편안하다	to be peaceful	舒服	安らかだ	37
편지	letter	信	手紙	108
편지 찾기	email search	查邮件	メール検索	97
편지 쓰기	compose	写邮件	メールを書く	96
편지 읽기	open, read mail	读邮件	メールを読む	96
편지함	mailbox	邮件夹	メールボックス	97
편하다	to be comfortable	方便	便利だ	35
평일	weekday	平日	平日	10
포도	grape	葡萄	ブドウ	51
포도주	grape wine	葡萄酒	葡萄酒	55
포도 주스	grape juice	葡萄汁	ブドウジュース	54
포르투갈	Portugal	葡萄牙	ポルトガル	149
포스터	poster	海报/宣传画	ポスター	135
포스트잇	post-it	便条	ポストイット	92
포장	take out	包装	包装	65
포장 센터	gift wrapping	包装中心	包装センター	113
폭풍	storm	暴风	嵐	12
폰뱅킹	phone banking	电话银行	テレバンク	107
표 (티켓)	ticket	票 (入场券)	券 (チケット)	135
표지판	road sign	标志牌	標識板	119
프라이드치킨	fried chicken	炸鸡	フライドチキン	60
프랑스	France	法国	フランス	149
프렌치프라이	French fries	炸薯条	フライドポテト	65
프린터	printer	打印机	プリンター	95
플래시	flashlight	手电筒	フラッシュライト	81
플랫폼	platform	站台	プラットホーム	117
플로피디스크	floppy disk	软盘	フロッピーディスク	95
플루트	flute	长笛	フルート	133
피고	defendant, accused	被告	被告	154
피곤하다	to be tired	累	疲れている	37
피리	pipe	笛子	笛	133
피부	skin	皮肤	皮膚	27
피부과	dermatology	皮肤科	皮膚科	101
피아노	piano	钢琴	ピアノ	133

행복하다	to be happy	幸福	幸せだ	37
행정부	executive branch	行政院	行政府	155
향수	perfume	香水	香水	46
허리	waist	腰	腰	26
허벅지	inside of the thigh	大腿	内もも	27
허파 (폐)	lung	肺	肺	27
헌법재판소	Constitutional Court	宪法裁判所	憲法裁判所	155
헤드폰	headphones	头戴式耳机	ヘッドホン	136
헤어 드라이기 (드라이어)	hair dryer	吹风机	ドライヤー	77
헬기	helicopter	直升机	ヘリコプター	159
혀	tongue	舌头	舌	25
현금	cash	现金	現金	23
현금 카드	cash card	储蓄卡 (现金卡)	キャッシュカード	23
현악기	stringed instrument	弦乐器	弦楽器	133
현충일	Memorial Day	显忠日	顕忠日	153
혈압계	blood pressure gauge	血压计	血圧計	101
혐오하다	to disgust	厌恶	嫌う	35
형	elder brother of a man	哥哥	兄	30
형광등	fluorescent lamp	日光灯	蛍光灯	74
형제	brothers	兄弟	兄弟	31
혜성	comet	彗星	彗星	146
호남	Honam region	湖南	湖南	151
호떡	hotteok	烙饼	ホットック	57
호랑이	tiger	老虎	トラ	143
호른	horn	圆号	ホルン	133
호박	squash	南瓜	かぼちゃ	50
호수	lake	湖	湖	147
호스	hose	胶皮管	ホース	81
호텔	hotel	宾馆	ホテル	139
호흡 마스크	mask with air filter function	呼吸口罩	呼吸マスク	99
홍수	flood	洪水	洪水	12
홍역	measles	麻疹	麻疹	103
홍차	black tea	红茶	紅茶	55
홍합	sea mussel	贻贝	ムールガイ	52
화가	painter	画家	画家	135
화나다	to be angry	生气	腹が立つ	35
화물차	freight truck	货车	貨物車	119
화물차 통행금지	No Large Trucks	禁止货运汽车通行	貨物自動車等通行止め	120
화분	flowerpot	花盆	植木鉢	74
화산	volcano	火山	火山	147
화성	Mars	火星	火星	146
화요일	Tuesday	星期二	火曜日	10
화이트보드	white board	白板	ホワイトボード	82
화장대	makeup stand, dressing table	化妆台	化粧台	75
화장 솜	cotton pads	化妆棉	コットン	46
화장지	toilet paper	卫生纸	トイレットペーパー	76
환갑 (회갑)	60th birthday	花甲	還暦	33
환경 설정	settings / preferences	背景设置	環境設定	97
환승역	transfer station	换乘站	乗り換え駅	117
환율	exchange rate	汇率	為替相場	156
환자	patient	病人	患者	100
환전소	money change booth	换钱处	両替所	127
환풍기	ventilation fan	排风扇	換気扇	73
활주로	runway	跑道	滑走路	126
회색	gray	灰色	灰色	14
회식	eating out with coworkers	公司聚餐	会食	91
회원 카드	membership card	会员卡	会員カード	65
회의실	meeting room	会议室	会議室	91
회화	a painting	绘画	絵画	135
횡단보도	crosswalk	人行横道	横断歩道	119
효도 관광	filial piety tourism	孝道旅行	両親に旅行をプレゼントすること	139

5월	May	五月	5月	**11**
6 육 (여섯)	six	六	六 (六つ)	**16**
6.25 전쟁	Korean War	6.25战争	韓国戦争	**152**
60 육십 (예순)	sixty	六十	六十	**16**
6월	June	六月	6月	**11**
7 칠 (일곱)	seven	七	七 (七つ)	**16**
70 칠십 (일흔)	seventy	七十	七十	**16**
7월	July	七月	7月	**11**
8 팔 (여덟)	eight	八	八 (八つ)	**16**
8.15 해방	Liberation, August 15 Liberation	8.15解放	終戦記念日	**152**
80 팔십 (여든)	eighty	八十	八十	**16**
8월	August	八月	8月	**11**
9 구 (아홉)	nine	九	九 (九つ)	**16**
90 구십 (아흔)	ninety	九十	九十	**16**
9월	September	九月	9月	**11**
ARS 퀴즈	telephone quiz	ARS 智力竞赛	視聴者クイズ	**137**
CD	CD	CD	CD	**95**
CD 플레이어	CD player	CD 机	CDプレーヤー	**136**
CD ROM	CD rom	CD光驱	CD ROM	**95**
DVD 플레이어	DVD player	DVD播放机	DVDプレーヤー	**137**
DVD ROM	DVD rom	DVD光驱	DVD ROM	**95**
E-mail	E-mail	电子邮件	E-mail	**96**
L (대)	large	大	L(大)	**41**
M (중)	medium	中	M(中)	**41**
MP3 플레이어	MP3 player	MP3	MP3プレーヤー	**136**
MP3폰	phone with MP3 function	MP3手机	MP3フォン	**93**
MT	group retreat	郊游	合宿	**89**
PDA	PDA, palm pilot	掌上电脑	PDA	**95**
S (소)	small	小	S(小)	**41**
T자형 교차로	T-junction ahead	T形交叉	T形道路交差点あり	**121**
TV (텔레비전)	television	电视机	テレビ	**136**
UN 안전보장이사회	United Nations Security Council	联合国安理会	国連安全保障理事会	**149**
WTO	World Trade Organization	世界贸易组织	WTO	**149**
XL (특대)	extra large	特大	XL(特大)	**41**
XS (특소)	extra small	特小	XS(極小)	**41**

About the Author

Kang Hyoun-hwa

Ph.D. (Yonsei Univ.)
Professor, Department of Korean Language and Literature, Yonsei University
Former Professor, Department of Korean Language, Kyunghee University
President of The Korean Language & Culture Education Society
President of Grammar Education Circle
Vice President of The Korea Association of Foreign Languages Education
Vice president of The Korean Association for lexicography
Vice president of Korean Education

Chief Editorial Board of The International Association for Korean Language Education

[Books]
A Study in Contrastive Analysis (2003), Yeokrak Publishing
Learner's Dictionary of Korean (2005), Sinwon Prime
Korean Picture Dictionary_English/Chinese/Japanese (2006), Darakwon
Korean Language for Academics in Business Administration (2007), Darakwon
Korean Picture Dictionary_Vietnamese/Indonesian/Mongolian (2009), Darakwon
Korean Picture Dictionary_Workbook (2010), Darakwon
Korean Picture Dictionary_Spanish/French/German (2013), Darakwon
Start of Korean Language Research (2015), Bogosa
Theory and Practice of Research on Corpus-based Korean Language Education (2015), Bogosa
Data-based research for efficient Korean language teaching, (2015), Bogosa
What Teach for Korean Language Education (2015), Korea National Open University Press
How to Teach for Korean Language Education (2016), Korea National Open University Press
Korean Grammar for Korean Education (2016), Hangul Park
A Study on Korean Similar Grammar Items (2017), Hangul Park
Research on the construction and utilization of the Korean learner's corpus (2017), Sotong Press
Korean vocabulary learning with the principle of word formation 1 (2019), Sotong Press
Korean vocabulary learning with the principle of word formation 2 (2019), Sotong Press
Korean Language for Humanities Students (2019), Darakwon
Korean Language for Business Administration Students (2019), Darakwon

Assistant Author : **Kim Yu-mi** (Kyunghee University)

Korean Picture Dictionary_English / Chinese / Japanese

Written by   Kang Hyoun-hwa
Translated by   Peter Schroepfer, Piao Wenzi, Ogoshi Naoki
Illustrated by   Kim Moon-su, Joo Young-keun
First Published   November, 2006
11th Printing   May, 2025
Publisher   Chung Kyu-do
Editor   Lee Suk-hee, Lee Eun-ju, Jang Byung-sik
Designer   Son Hye-jung, Choi Young-ran
Cover Designer   Kang Sung-ae

DARAKWON Published by Darakwon Inc.
211 Munbal-ro, Paju-si, Gyeonggi-do,
Republic of Korea 10881
Tel : 02-736-2031 Fax : 02-732-2037
(Marketing Dept. ext.: 250~252 Editorial Dept. ext.: 420~426)

ISBN : 978-89-5995-761-3
      978-89-5995-758-3 (set)

http://www.darakwon.co.kr
http://koreanbooks.darakwon.co.kr